해양 언어의
다 양 성 과
보 편 성

해 양 인 문 학 총 서

Ⅰ

해양 언어의
다 양 성 과
보 편 성

박순혁 지음

한국학술정보

이 저서는 2016년 정부(교육부)의 재원으로 한국연구재단 대학인문역량
강화사업(CORE)의 지원을 받아 수행된 저서임

서문

보편성(universals)과 다양성(diversity)의 개념은 거의 모든 연구 영역에서 논의 되는 주제이다. 언어에 대한 연구에서도 예외는 아니다. 언어 연구에서는 1950년대부터 논의되기 시작한 이래로 보편성과 다양성은 가장 활성화된 주제이면서 핵심적으로 진행되어온 이론의 중심이다. 얼핏 모순되거나 적어도 상충되는 개념으로 생각될 수 있는 주제처럼 보이지만 언어 이론에서는 이 개념들을 분리하거나 독립적으로 다룰 수 있는 내용이 아니라 동전의 양면처럼 수용과 융합을 동시에 고려해야 하며, 큰 의미에서 하나의 개념으로 해결해야 하는 것으로 간주하고 있다.

표면적으로 현재 지구상에 7천개 이상의 언어가 사용되고 있는 것으로 알려져 있다. 이 중의 대부분 언어는 언어학적 기본 연구조차 이루어지지 않았지만, 사용되는 언어의 숫자가 이 정도라고 말할 수 있기 위해서는 분명히 언어들이 서로 다른 언어로 구별될 수 있는 근거와 이유가 있을 것이다. 언어의 다양성은 물론 그 숫자에 대한 논란은 있을 수 있지만 지금 껏 비교적 큰 혼란 없이 분석 및 연구되고 있다. 그러나 이러한 기조에서 언어의 보편성 개념에 관심이 시작된 것은 소위 언어 유형론(typology)의 활성화에 기인한다. 언어가 다양하다고 말할수록, 그 다양성에는 나름의 공통점들이 발견되고 그럼으로 기존 존재하는 언어의 숫자보다 훨씬 작은 단위로 언어들이 분류되기 시작하였다. 그러나 이러한 분석은 여전히 표면적 사실들을 근거로 이루어졌으며, 현실적으로 모든 언어를 같은 방식으로 분류할 수 없는 원천적 문제를 내포하고 있다.

또 다른 종류의 보편성은 표면이 아니라 심층의 단위에서 분석하는 방식이다. 표면과 심층의 표상(representations)의 구별이 과연 옳거나 바람직한 것인가 라는 또 다른 과제를 제기하고는 있지만, 심층의 혹은 추상적 보편성 개념은 지금까지 뿐 만 아니라 앞으로도 논의할 만한 충분한 가치가 있는 주제임에는 틀림없다. 심층의 혹은 추상적 보편성이 단순히 또 다른 종류의 언어 분석이라기보다는 지금까지 생각하지 못했던 영역과 주제들까지 등장시키는 심지어 언어 이외의 연구 영역으로까지 확대해야 하는 상황을 몰고 왔다는 것이다. 그 중에는 인간의 진화와 언어의 탄생과 진화에 관련되는 진화 인류학적, 생물학적, 유전학적, 신경 과학적, 생물 화학적, 심리학적, 언어 철학적 영역의 연구 결과들이 언어학과 연계되어 논의되면서 언어는 예전의 인간의 심성(mind)을 밝히기 위한 연구라는 목표에서 인간의 존재, 인간의 정체성, 인간의 현재와 미래 등의 주제로 모든 학문의 최종 목표에 중요한 역할로 기여하는 것으로 자리 잡게 되었다는 것이다.

따라서 본 저서에서는 언어의 보편성과 다양성을 논함에 있어, 통사 언어학적 자료뿐만 아니라 심리학적 자료 그리고 신경 과학적 자료들을 제시하고 상호 비교를 통해 범학문적 접근으로 논의 한다. 이 과정에서 보편 문법(UG)의 배경과 전개, 언어 진화와 변화, 심리적 실체, 언어철학적 근거, 특정 문형의 학습, 노화 관련 신경과학적 변화 및 L2 언어 습득이 각 장의 주제로 논의된다. 해양을 근거로 사용되는 언어를 대상으로 논의 하는 바, 해양 언어를 저서명으로 설정하고 태평양 연안에서 사용되는 언어들, 영어, 일어, 중국어, 미얀마어, 미주에서 사용되는 스페인어 그리고 한국어를 중심으로 논의하고 상호 비교 분석을 통해 언어의 다양성과 보편성을 살펴본다.

본 저서는 다음으로 구성되어 있다. 1장은 주제와 전망으로 저서의 개요, 보편성의 증명, 보편 문법 및 통합적 접근을 소개하고, 2장은 이론적 배경으로 생성통사 문법, 최근의 최소주의와 접합부 개념, 언어의 진화와 일생 동안의 언어 변화, 그리고 문법과 통계학습의 상대적 비교를 논의한다. 3장부터 5장까지는 통사론적, 심리학적, 그리고 신경과학적 증거들은 제시하면서 인간과 언어의 보편성과 다양성의 상관 관계를 비교 분석하며 논의할 것이다. 6장은 관련 주제들에 대한 정리와 요약 그리고 향후 연구 방향을 제시한다.

목 차

제 1 편

주제와 전망

1.1 해양 언어

언어의 보편성(universals)과 다양성(diversity)은 서로 양립될 수 없는 모순의 개념처럼 보인다. 언어가 보편적이라면 그 만큼 언어들은 닮은 점들이 많아야 하고, 그래서 비슷해 보여야 하고, 결국 지구 상에 사용되는 언어의 숫자도 적어야 할 것이기 때문이다. 그러나 현재 지구 상 사용되고 있는 언어의 숫자는 7천개가 넘는 것으로 알려져 있고, 그 어떤 언어들을 비교해도 닮거나 비슷한 것보다 서로 다른 것들이 너무 많고 확연해서 도저히 언어들 사이에 보편성이 존재하는지에 의문을 품지 않을 수 없다.

보편성이라는 개념은 일찍이 1960년대부터 논의되기 시작하였다. Greenberg(1966)은 일부 언어들의 자료를 수집하고 이를 언어 유형론(typological), 통사론(syntactic), 그리고 형태론(morphological)적 분류 방식을 통해 일종의 언어 보편성을 찾아냈다. 예를 들어, "평서문에서 명사 주어와 목적어는 거의 언제나 주어가 목적어를 선행한다," "VSO 어순의 언어들은 거의 언제나 전치사를 보유한다," "VSO의 평서문 어순을 기본형으로 하는 언어들은 의문사 의문문에서 의문사를 문두에 두며, SOV의 평서문 어순의 기본형 언어들은 이러한 규칙을 적용하지 않는다," 혹은 "접미사를 광범위하게 사용하는 언어에는 후치사가 있으며, 접두사를 광범위하게 사용하는 언어에는 전치사가 있다" 등이 그 보편성의 일부이다.

이러한 표면 상 드러나는 언어 유형별 보편성에 반하여, Chomsky (1965)는 심층의 보편성을 제기하였다. 즉, 의문사 의문문에서 어떤 언어들은 의문사가 원래의 자리에서 문장 앞자리로 가시적(overt) 이동을 하여 의문(interrogation)의 해석을 나타내고, 어떤 언어들은 의문사가 가시적으로 이동하지 않고 대신 의문 접사(question affix)로서 의문의 해석을 야기하지만, 해석 단계(logical form: LF)에서 다른 언어와 마찬가지로 의문사가 문두로 비가시적(covert) 이동을 하게 되고, 따라서 두 언어 유형 모두 해석(LF) 단계에 동일한 구조와 어순을 보유한다는 측면에서 심층적 언어 보편성을 주장하였다.

심층 층위에서의 언어 보편성은 따라서 기본적으로 언어 표상(representations)을 표층(surface)과 심층(deep)으로 나누고 있으며, 통사 운용(syntactic operations)의 마지막 단계가 의미 해석(semantic interpretation) 층위의 시작이 된다. 표층의 표상에서 보이는 언어 간의 차이는 언어의 다양성에 기인한 것이고, 한편 의미 해석의 표상은 언어의 보편성을 보여주는 것이라고 주장한다.

의미 해석의 표상은 일종의 추상적 단계로 일찍이 없었던 새로운

층위이다. 구조(structures)를 근간으로 했던 구조주의(structuralism)와
유사한 개념으로 보이지만 그 표상이 추상적이라는 면에서 아주 다
른 기조를 가지고 있으며, 이와 동시에 추상성이라는 개념을 정의내
리고 가시적 표상과의 연계성을 확인해야하는 새로운 과제를 남기
게 되었다. 사실, 언어학은 인간의 언어를 연구함으로서 인간의 심
성(mind), 정신적 활동(mental activities)을 밝혀낼 수 있을 것으로
본다. 추상성의 개념과 인간의 심성 파악이라는 주제를 함께 고려하
면, 언어학의 핵심 주제는 결국 언어의 보편성과 다양성의 긴장
(tension)을 해결하는데 있다고 보겠다.

다음의 예를 살펴보자.

(1)　　가. 하인이 말에게 물을 주었다.
　　　　나. ˈaˤtˌ â l-khˌâdimu　l-hˌisˌâna　　mâˈan
　　　　　　gave the servant nom the horse acc　water-acc
　　　　다. Suka　　hokkii puccu ndiyam.
　　　　　　servant gave　　horse　water
　　　　　　'The servant gave water to the horse.'

(1)은 같은 의미의 다른 세 언어들의 문장이다. (1가)는 한국어로
주어 '하인'과 목적어 '말'과 '물' 그리고 술어 '주었다'로 구성되어 있
다. (1나)는 아랍어로 한국어와 마찬가지로 주어와 목적어 그리고
술어로 구성되어 있지만 표면적으로 어순이 술어로 시작한다는 면
에서 다르다. (1다)는 훌라(Fula)어로 영어와 같은 어순을 보이고 있
으나 한국어와 아랍어와 다르고 논항(arguments)에 대한 격 표시자
(Case markers)를 가지고 있지 않다는 점에서 또한 다르다. 즉, 서로

다른 어족(language family)에 속하는 언어들은 어순, 격 표시자의 존재와 형태 측면에서 다양성을 보이고 있으나, 한편으로 모두 자음과 모음의 소리를 가지고 있고, 술어 '주다'에 해당하는 어휘를 가지고 있어 세 개의 논항들을 필요로 하며, 그 기능들이 유사하다는 측면에서는 언어의 보편성을 찾아볼 수 있다.

이처럼 언어학에서는 언어의 보편성과 다양성에 대하여 크게 다음의 두 의문을 제기한다.

(2)   가. What do human languages have in common?
       나. How do they differ from each other?

언어 보편성을 추구하는 학자들은 (2가)를 통해 표면적으로 달라 보이는 언어들이라 하더라도 실제로 조사를 해보면 생각하고 기대했던 것 이상으로 언어들 간에 공유하는 사실들이 많다는 것을 알고 놀라움을 표시한다. 그러나 언어의 다양성을 추구하는 학자들은 반대로 (2나)의 의문을 통해 이미 지구상에 7천개 이상의 언어가 존재한다는 사실만으로도 언어가 모든 층위의 표상에서 근본적으로 다르다는 점을 인정하기에 충분한 숫자라고 주장한다.

언어의 보편성과 다양성을 논의함에 있어서 본 저서는 연구 대상으로 해양 언어를 중심으로 삼는다. 보편성의 개념은 특정 어족이나 지역 혹은 부류에 국한되는 것은 아니지만 그렇다고 모든 언어를 대상으로 하는 것 또한 현실적으로 불가능하다. 여기서 특히 관심을 가지는 연구 대상은 태평양을 근거로 사용되는 언어들로 한정하고

자 한다. 태평양 주변의 언어들은 대개 범-태평양 파트너십(The Trans-Pacific Partnership: TPP)의 정의에 따르는데, 여기엔 호주, 브루네이, 칠레, 캐나다, 말레이시아, 멕시코, 뉴질랜드, 페루, 싱가포르 그리고 일본이 포함된다. 여기에 중국어와 한국어를 포함해서 본 저술에서는 주로, 미국 영어, 일본어, 중국어, 미얀마어, 미주 스페인어(멕시코)를 상호 비교하며 보편성과 다양성을 살펴보고자 한다.

해양 언어로 연구 대상을 국한하는 이유는 코퍼스 언어학의 증거에서 어느 정도의 이유를 찾을 수 있다. 본 저서에서 연구의 틀로 삼고 있는 언어의 생산-분포-해독(production- distribution-comprehension: PDC) 이론에 따르면 언어 형태와 유형은 해당 언어 활용에서의 빈도에 따른다고 한다. 즉, 발화하게 되는 상황과 상대의 문장을 해독해야 하는 상황이 공히 해당 언어에 대한 노출 정도에 달려있다고 한다. 만약 분포(distribution)가 중요한 척도가 된다면 해양에 노출된 언어 집단들은 어휘와 문형 및 의미 해석에서도 그렇지 않은 언어 집단과 구별될 수 있는 특징이 있을 수 있다.

Ooi(2017)의 코퍼스 자료에 따르면 해양(ocean)과 가장 많이 쓰이는 대양은 Atlanta(1126회)이고 그 다음이 Pacific(997회), Indian(794회) 등이었다.

(3)　　Partial Word Sketch for Ocean (EcoLexicon: Ooi 2017)

더 나아가 'Ocean'의 개념과 관련되는 어휘들의 네트워킹은 다음의 표에서 잘 드러나 있다(Ooi 2017).

(4)

해양을 근거로 사용되는 언어들은 이와 같은 어휘 자료들에 노출이

그렇지 않은 언어들에 비해 크다고 간주됨에 따라, 같은 언어 집단의 언어들은 나름대로의 보편성과 다양성을 포착할 수 있다는 전제에 따른다.

1.2 보편성의 정의

언어의 보편성(universals)과 다양성(diversity)은 동전의 양면처럼 병립될 수 없어 보임에도 그렇다고 분리하여 생각할 수도 없는 아주 독특한 양상이다. 우리는 한편으로 언어에 획기적인 보편성이 숨어있다는 사실에 흥분하며, 언어의 표층뿐만 아니라 심층적 사실들을 밝혀내는데 집중하기도 하고, 다른 한편으로 각 언어가 가지는 다양성과 독특함을 인정하고 보편성의 한계를 지적하기도 한다. 그렇다면, 여기서 언어의 보편성이란 무엇일까? 지구상에 현재 7천개가 넘는 언어가 존재한다고 할 때, 보편성은 과연 어떠한 것을 기준으로 정의 내리고 판단할 것이며, 무엇을 대상으로 그 기준으로 삼을 것인가에 주목하지 않을 수 없다. 이것은 마치 진위(truth/falsification)판단 여부의 과제로 시작하였지만, 어떠한 구체적 사실(facts)들이 상호 존재하고 확인되어 필연적 병존의 입장으로 밖에 귀결될 수 없는 경우와 같이, 언어의 보편성과 다양성은 선택의 문제가 아니고, 논쟁(tension)의 대상 또한 아니며, 적절한 정의와 방법으로 조화(reconciliation)로 해결해야할 대상으로 보인다.

실제로 표면적 측면 즉, 소리, 문법, 어휘, 그리고 의미 측면에서 언어들은 근본적으로 아주 다르다. 그 중에서 특히 구조상의 다양성은 현저하게 드러난다고 본다. 이렇듯 병존할 수 없는 것만 같지만 실제로 엄연히 존재하는 언어의 보편성과 다양성을 논하기 위해서는, 먼저 보편성의 종류와 정의들이 살펴볼 필요가 있다. 지금까지 논의되는 언어의 보편성을 대조 및 상응 측면으로 분류하면 다음 (5)와 같다.

(5) 가. 절대적(absolute)/통계적(statistical) 보편성
     나. 형식적(formal)/근본적(substantial) 보편성
     다. 암시적(implicational)/비암시적(non-implicational) 보편성
     라. 복합적(complex), 바-절대적(non-absolute/바-암시적
        (non-implicational) 보편성

보편성이라 할 때 기본적인 개념은 '이 세상의 모든 언어가 동일해야 한다'는 혹은 '적어도 특정 언어 현상이 모든 언어에 나타나야 한다'는 것이다. (5가)의 절대적 보편성이 바로 그러한 개념을 지칭한다. 여기서 절대성(absoluteness)은 가장 엄격한 정의에 따라 '모든 언어에 공유하는 현상이 적어도 하나라도 존재한다면'의 최소 조항이 아니라 '모든 언어에 공유하는 현상이 전부이어야 한다'의 최대 조건을 의미할 수도 있다. 모든 언어가 만약 이러한 최대 조건을 만족한다면, '어떤 언어에 나타나는 현상은 다른 모든 언어에도 나타나야 한다'고 할 수 있고, 그 현상이 근본적 보편성이 되는 것이고, 이것이 절대적 보편성을 보여주는 자료가 될 것이다.

그런데, 만약 이러한 최대 조건을 만족한다면, 지구상의 이런 숫자의 언어들이 현재 존재할 수도 없고 해서도 안 될 것이다. 적어도

2+의 언어가 존재한다고 말하는 한, 존재하는 언어들이 다르다는 것이고, 이 언어들이 다르게 보이게 할 수 있는 서로 공유하지 않는 내용이 있다는 것이며, 이는 결국 절대적 보편성을 어긴다는 것이므로, 절대적 보편성은 존재하지 않는다는 결론에 이르게 될 것이다. 그러나 여기서 흥미로운 사실은, 언어의 다양성이 현저하게 보인다 할지라도 다르게 보이는 언어들 간에는 공유하는 사실 또한 있다는 것이고, 이러한 사실들이 비교적 많다는 것이고, 표면이 아니라 심층적 측면을 보면 볼 수록 더욱 현저하게 나타난다는 사실이다.

보편성과 다양성의 논란에서 등장한 보편성이 통계적 보편성이다. 이것은 어느 정도의 예외를 허용하며, 특정 현상이 통계적 중요성(significance)을 보유하면 그것이 바로 언어의 경향이 되고 보편성이 된다는 것이다. 언어의 경향, 빈도, 통계적 산출과 해독에서 나타나는 현상으로 일종의 상대적 보편성에 해당한다고 볼 수 있다. 특정의 보편성은 그로 인해 암시되는 보편성이 잠재되어 있을 수도 있는데, 이것을 (5다)의 암시적 보편성이라 한다. 이렇게 언급된 보편성은 한편 복합적으로도 나타날 수도 있고, (5라)에서처럼 절대적 및/혹은 암시적 보편성과 연계되는 복합적 보편성이 되기도 한다.

언어 보편성에 대한 논의의 추세는 언어에 나타나는 다양성을 정당화하기에 있다기보다는 절대적 보편성의 예외 가능성에 초점이 맞추어져 있는 것 같다. 즉 실제 연구되고 있는 언어에서의 예외뿐만 아니라 아직 연구되고 있지 않은 언어들 및 이미 사어가 되어버린 언어에서 조차도 단 하나의 예외가 존재한다면 절대적 보편성에는 치명적 문제가 되기 때문이다. 즉, 일련의 보편적 현상이 단 하나의 언어에서만이라도 분석의 결과가 예외로 판정되거나, 단 하나의 보편적 현상이 어느 하나의 언어에서만이라도 나타나지 않는다면 절대적 보편성은 더 이상 성립될 수 없으며, 이러한 경우의 수는 현존하는 언어에서 뿐만 아니라 과거의 사어 및 미래의 언어에도 적용되어야 한다. 이러한 다소 위험스러운 절대적 보편성을 입증할 수 있는 좋은 방법에는 어린 아이들이 언어를 습득할 때 보다 보편적 원리를 사용한다는 것을 증명하거나 유전학적인 연구를 통해 생물학적 보편성을 확인하는 것이다.

본 저서는 절대적 보편성에 초점을 두고 다양성과 어떻게 병존하는 개념이 될 수 있는지, 그리고 절대적 보편성과 통계적 보편성과의 접합 혹은 융합의 증거가 될 수 있는 언어현상을 제시하고, 결국 인간 언어의 보편성이 어떻게 구성되어 있는지와 그러한 구성을 언어의 진화와 유전학 등 생언어학적(biolinguistics) 측면에서 살펴봄으로서, 보편성의 갈등(tension)과 조화(reconciliation)를 논의하고자 한다.

언어 보편성에 대하여 크게 네 가지 제안이 있다.

(6)   가. 단일기원(monogeneis)
       나. 언어 접촉(language contact)
       다. 생득성(innateness)
       라. 기능주의(functionalism)

(6)에서 보듯이 인간의 언어가 하나에서 출발했다는 단일 기원 (monogeneis), 인간의 대륙 간, 인종 간 접촉을 통한 언어 접촉

(language contact), 언어 유전자에 의한 생득성(innateness), 그리고 인간의 보편적 인지기능에 의한 기능 주의(functionalism)가 그것이다. 본 연구에서는 이 중에서 논의의 핵심이 되는 절대적 언어 보편성, 즉 생성 문법에서 제안하는 생득성의 보편 문법(Universal Grammar: UG)과 이와 관련하는 최근 두드러진 접근들을 중심으로 논의할 것이다.

언어 보편성을 핵심으로 삼는 보편 문법(UG)은 그에 대한 정당성을 확보하기 위해 선험적 연역(a priori deduction)을 논리의 기조로 삼는다. 실제로 이러한 기조는 보편 문법 테두리에서의 어떠한 주장도 절대 혹은 거의 부정될 수 없는 필수적 참(truth)이 될 수밖에 없는 논리를 가지고 있다. 그 이유는 절대적(근원적: substantial) 보편성을 부정하기 위해서 단 하나의 언어에서만 이라도 보편적이지 않다는 증거를 제시만 해도 되지만, 실제로 그것을 제시하기란 쉽지 않거나 불가능하기 때문이다. 참(truth)을 정의하는 것뿐만 아니라 거짓(falseness)임을 같은 논리로 증명해야 하는데 그것이 아직 가능해보이지 않아 보인다. 더구나 Chomsky(1986) 이후 원리-변항 이론 (Principles-Parameters Theory)은 예외라고 간주되던 대부분의 현상들이 매개 변항(parameters)의 테두리에서 설명될 수 있게 되면서, 언어 습득에서 뿐만 아니라 제시되는 유한의 도구(tools)만으로 충분히 절대적 보편성을 유지할 수 있기 때문이다.

보편 문법의 근간은 언어의 유전적 사실에 있다. 이것을 밝히기 위해 생물학적 및 심리적 실체를 추구해 왔으며, 초기 언어습득 장치(language acquisition device: LAD)를 제안하고, 설명적 타당성

(explanatory adequacy)을 정의내리고, 언어 습득 과정에서 한계 연령 가설(critical period hypothesis)을 증명하며, 결국 생득적 언어능력 (innate language competence)이라는 독립적 언어 인지 기능을 주장한다. 자극의 빈곤(poverty of stimulus: POS) 현상, 언어 유전자로 알려진 FoxP2의 발견(Lai et al. 2001, Fisher et al. 1998), 다양한 고 고인류학적 언어 진화의 증거(Klein 2004), 유인원의 대화 행태 등의 자료들은 인간에게 언어 기능(faculty of language: FL) 이라는 언어 기관(language organ)의 존재함을 주장한다.

이러한 생물학적 언어 기관, 즉 언어 기능(FL)에 대한 정당화는 생언어학(biolinguistics)의 개념으로 발전하고, 언어는 이제 생물학의 한 층위, 즉 인간 언어 기관(language organ)으로 정의된다. 이 기능은 힘들이지 않고도 습득되지만, 이것은 오직 인간(species-specific)에게만 해당 되며, 인간의 진화와 더불어 진화한다(Deacon 1997, Mendivil-Giró 2014). 소위 내재주의(internalism)의 견해로는, 언어는 심성의 내부 기관(internal mental organ) 혹은 특성이고, 언어의 대단한 복잡함에 대한 실제 지식이며, 언어를 자유로 적절히 그리고 무한대로 사용할 수 있는 능력이 된다. 이러한 제안들과 개념들을 통해 보면, 언어의 다양성과 보편성에 대한 접근은 언어란 어떠한 종류의 대상이며, 그 변이(variation)를 위한 능력에 대하여 우리가 어떠한 예측을 해날 수 있느냐를 분명히 하는데 달려있다.

Hauser et al.(2002)과 Fitch et al.(2005)은 인간의 언어 기관과 관련 기관들과의 상관 관계를 생물학적 및 진화 인류학적 자료를 토대로 다음의 구도를 제시한다.

(7)

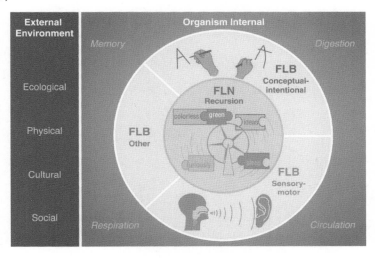

　광의의 언어 기능(broad sense of faculty of language: FLB)는 감각-운동(sensory-motor: SM)과 개념-의도(conceptual- intentional: CI) 영역 그리고 다른 연관되는 영역들을 포함하고 있고, 반면에 FLB의 부분에 해당하는 협의의 언어 기능(narrow sense of faculty of languageL FLN)은 인간 및 언어에만 유일하게 적용되는 영역으로 반복(recursive) 장치와 SM과 C-I 접합부(interfaces)로의 사상(mapping)을 포함하고 있다.

　연산 시스템(computational system: CS)의 핵심인 FLN에 대한 정의가 '출현(occurrence)'에서 '출현과 접합부' 등으로 여러 번 바뀌었지만, 핵심은 FLN이 나머지 FLB와 상호작용을 하며, SM과 C-I의 두 외부 시스템에 의해 제한된다는 사실이다(Chomsky 1995). 다시 말해, FLN은 연산 시스템(CS)을 포함하며 FLB와 상호작용한다는 것이다.

(8)   LEXICON

(numeration)

Merge

Spell-out

CI   SM

　

(8)의 구도를 보면, 연산 시스템은 언어 보편적으로 보편성이 지배적이라는 주장을 펼치는데 있어 아주 적절한 이론이 될 수 있다. 그러면 문제는 언어의 다양성이 과연 (8)에서 어떻게 설명될 수 있을까 하는 것이다. 보다 구체적 말해, 병합(Merge)에서 C-I 접합부로의 사상에 대한 연산(computation)은 사고(thought)의 장치로서 모든 언어에 보편하다고 볼 수 있다. 실제로 생성 문법은 연산 시스템(CS)과 C-I에 대하여 최적의 설계 지정(optimal design specification)이라고 표현하며, 모든 언어는 이러한 시스템으로 구성되어 있고, 이것이 인간 언어만의 특수성이며, 인간을 동물과 구별지울 수 있는 능력이라고 한다.

그렇다면 (8)의 구조 하에서 언어의 다양성은 어디에서 비롯되는 것일까? 결국 언어가 서로 달라 보이는 것은 어순, 굴절, 격조사 등에 비롯되며 이것은 전형적인 SM 접합부의 운용 결과라고 본다. 특히 소리화(Spell-out) 지점의 서로 다른 타이밍이 그 중요한 요인이 될 수도 있고, 특정 형태소의 실현의 차이일 수도 있으며, 보다 장기적으로 언어 그 자체라기보다는 운동 행위(motor action)에 가담하는 요인들을 포함해 SM 사상에서 일어날 수 있는 복잡한 문제들 때문일 수 있다.

Bickerton(2007), Gelderen(2007), 그리고 Park(2014)은 크게 두 단계의 순차적 언어진화에서 그 이유를 찾고 있다.

(9)   [CI] [SM] > [CI-CS] [SM] > [[CI-CS]-SM] (Park 2014)

(9)가 보여주는 것은 인간에게는 CI와 SM 두 영역이 별도로 존재하고 있었고, 인간 진화 과정에서 CI 영역이 CS와 1차 언어 진화를 겪어 인간의 언어 기능이 시작되었다고 보고, 이것은 지금까지 전례가 없었던 새로운 능력이고 정상적인 기능 인간이라면 모두 가지게 되는 선천적 기능이라는 것이다. 그 이후 인간이 계속 확대 다변화적으로 변화하면서 제 2차 언어 진화를 겪게 되어 기존 CI-CS 시스템에 SM 영역이 접합되고, 결국 [[CI-CS]-SM]의 지금과 같은 (8)의 구도가 되었다고 본다.

제 2차 언어 진화는 모든 인간에게 획일적으로 발현되었던 1차 진화와는 다르게 인종의 해부학적 차이, 기후나 환경의 생활터전 등의 요인에 따른 나름대로의 각자의 변화라고 판단되며, 이로 인해 지금과 같은 언어의 다양성이 출현하게 되었다고 본다. 정리하면, 인간의 언어에는 언어 탄생을 기반으로 하는 보편성에서부터 추후 개별 언어로의 다양성이 별도의 시기와 원인으로 발생하였다는 것이다. 따라서 인간의 언어에는 보편성과 다양성이 공존할 수밖에 없으며, 보편성은 사고에서부터 해석(interpretation)으로 연결되는 협소 통사론(narrow syntax: NS)에 존재하며, 무한대 병합(unbounded Merge)의 반복(recursion)으로 나타나며, 한편 다양성은 소리와 발성의 음성 형식(phonetic form: PF)으로 어순, 생략, 형태소 실현(morphological realization) 등으로 표현된다는 것이다.

1.3 보편문법

언어 보편성을 핵심으로 다루는 보편문법은 그에 대한 정당성을 확보하기 위해 논리적이고 실증적 증명에서부터 생물학적 증거를 제시하기 시작한다. 그 이유는 초기 생성문법에서 제시했던 언어습득 장치(language acquisition device: LAD)가 언어의 모든 특성을 보유하고 그것에 언어 능력이 발휘되며, 인간의 어떤 인지와도 다른 고유한 것으로 간주하고 이 LAD의 증명이 언어의 증명이며, 더 나아가 인간의 심성(human mind)를 읽어낼 수 있다고 주장하였기 때문이다.

그러나 이러한 주장은 쉽게 수정되는데, 이 과정에는 LAD의 탄생이 그 당시 인접 학문들의 발견과 이해 수준의 한계를 극복하지 못했으며, 더구나 L1/L2 언어 습득의 논쟁에, 심리학과 뇌과학과의 미비한 융합이 있었다. 비교적 고립된 영역에서의 주장과 제안은 유사 학문 영역과의 괴리감이 형성되고, 결국 Chomsky학파와

anti-Chomsky학파의 바람직하지 않게 구별되어 버리는 상황으로 몰락되었다. '생득적 능력 '을 주창하며 나온 생성 문법은 더 이상의 유전학적 증거를 제시하지 못했고, 생물학적 근거의 언어 습득에 대한 연구는 뚜렷한 발전방안을 찾지 못한 채 유명무실화 되어 버렸다. 지배 결속(government and binding: GB)이론은 미래의 발전 방향을 제시하기에 충분했지만, 여전히 원리들의 존재와 적용을 증명해야 하는 언어학자들의 과업에 있어서는, 절대적 보편성을 증명하는데 급급하였고 생물학적 근거를 제시하는 데는 성공적이지 못하였다.

생성 문법이 스스로의 알에서 깨어 나오기 시작한 시기는 1980년대 중반 유전학에서 K-family를 대상으로 언어장애와 유전인자의 연계성을 본격적으로 발견한 때와 관련성이 없지 않다. 뚜렷한 증거 없이 가설적으로 타당성과 정당성이 보장되어 왔던 언어 생득적 가설이 실제로 존재한다는 사실과 그것이 인간 진화에 따른 결과라는 점이다. 즉, 인간은 지금으로부터 적게는 20-30만년 많게는 100만년 쯤 언어가 발생하게 되었으며, 그것이 다원적인 자연 도태(national selection) 방식이 아니라 돌연변이(mutation)적이며, 인간의 특정 유전자의 변이에 따른 결과라는 것이다. 유전학적 및 진화 인류학적 증거들이 점차 제시되고 특히 뇌의 크기 변화, 인구 수의 급격한 증가 추세, 유목에서 정착 생활로의 전개, 가장 중요하게도 동굴 벽화와 타조알 조각품 등은 인간의 예술적 표출 욕구를 잘 드러내주는 증거이며, 이것이 언어 탄생과 더불어 자아-표출 욕구(desire of self-expression)로 전개되었다는 것이다(Bickerton 2004).

언어가 돌연변이적 탄생의 결과라면, 치명적으로 수반되는 것이 기존 장기(organs)들과의 호환성(compatibility)의 문제이며, 이와 더불어 언어 기관의 진화 문제이다. 최소주의(minimalism: Chomksy 1995)는 이러한 흐름을 반영하는 주장이며, 이것이 이론(theory)이 될 수 없고, 활성 프로그램(working program)일 수밖에 없는 이유는 소위 공가설(null hypothesis), 혹은 기존 LAD라고 했던 언어 장치에 대한 이해가 완료되었고, 이와 더불어 우리의 관심이 바뀠다는 것의 신호이기 때문이다. 다시 말해, LAD만 이해하면 될 것으로 판단했던 언어 기능, 그리고 그 속에 내재된 보편성의 추구가 잘못된 목표였다는 것이 밝혀지면서, FL이 언어 기능이고 이것은 실제로 증명을 할 필요없는 인간의 자아 표출 욕구를 만족시키기에 완벽한 해결(perfect solution)이라는 것을 알게 되었기 때문이다.

즉, 그 어떠한 제약과 원리도 필요치 않고 그야말로 '최소주의 생각(minimalist idea)'만으로 해결되는 인간의 언어 기능이라는 것이다. 이러한 추진의 배후에는 절대적 보편성 다지기에 있다. 다양성을 예기하면서 언어의 모든 정보를 포함해야 했던 LAD의 무용론을 주장한 이들에게 마치 변신의 모습으로 FL을 제시하고 그 FL에는 손끝 하나 댈 만한 내용도 대상도 존재하지 않고, 그래서 다양성 논의의 대상 조차 될 수 없는 것으로 만들어 버렸다는 것이다.

GB에서 그나마 매개 변항(parameters)이 여전히 절대적 보편성을 지키는 이론적 논리적 장치였음에도 불구하고 꾸준히 다양성의 공격을 받아왔다고 보면, 최소주의에서 FL은 매개변항이 존재하지 않음으로 어디에서 어떻게 다양성을 주장해야할 지 막연한 것이 되어

버렸다. Chomsky가 주창하고 지켜왔던 절대적 보편성은 최소주의에서 FL의 개념으로 더 이상 외부로부터의 공격을 받을만한 허점이 보이지 않는다. FL은 이 지구상 모든 인간에게 공유되는 언어 능력이고, 인간의 시작에서부터 언어 탄생에 이르기까지 인류의 공통된 진화를 기반으로 형성되고 변해온 절대적 현상이기 때문이다.

그럼에도 여전히 언어의 다양성은 실제로 존재하고, 많은 이들이 절대적 보편성에 어긋나는 증거를 찾기 위해 노력한다. 이러한 노력의 중심에는 반복(recursion) 혹은 무제한(unbound), 무노동(laborless)의 병합(merge)이 있다. FL에 존재한다는 가장 단순하고 기본적이어서 가장 쉬운 그러나 없으면 안 되는 그래서 증명의 대상이 되지 않는 것이 병합이다. 인간에게만 있고 언어에만 적용되며 문장 형성을 가능하게 하는 유일한 장치가 병합이다. 내부에서의 병합(internal merge)과 외부로 부터의 병합(external merge)이 통합되면서 병합이론은 완성을 이루었고 통사부의 전부가 되었다.

최소주의는 병합 현상을 포함해 언어 능력의 근간을 생물학적 증거를 바탕하고 그의 보편성을 유지하려고 한다. 그러나 GB에서 벌인 논쟁의 범위와 규모 및 내용과는 비교할 수 없을 만큼, 최소주의 틀에서의 언어 능력은 생물학적 증거를 공유하는 유사 학문들과의 일찍이 경험하지 못했던 첨예한 대립과 논쟁을 가져왔다. 병합이 언어 능력의 유일한 장치라는 주장에 대해 진화인류학, 유전학, 생물학 등의 시각에서는 엄청나고 치명적인 반례들을 제시한다. Pinker and Jackendoff(2002, 2005)는 병합이 언어의 유일한 장치가 아닐 뿐 만 아니라 돌연변이적 탄생도 아니라고 주장한다. 여러 측면의 진화적 사실들을 토대로 동물과 인간 사이의 본능적 구별, 돌연변이적 언어 탄생의 치명적 문제들을 들추어내면서 소위 언어기원에 대한 논쟁이 2000년대 초중반에 걸쳐 진행되었다.

이 과정에서 최소주의의 FL이 나름대로 새롭게 정리되면서 언어 보편성 유지에 필요한 이론적 틀이 만들어졌다. 그 가운데에는 Chomsky(1995)에서 제시된 순수 도출 조건(bare outputs condition: BOC)의 개념이 확대되었다. 즉, 언어는 근본적으로 FL의 언어능력이 언어보편적으로 존재하지만 진화론 혹은 생물 유전학 구도에서 여전히 주변 영역들의 외부적 지시(extraneous instructions)에대한 반응을 하고 있다는 것이다. 이것을 반영하는 것이 소위 접합부(interfaces) 이론이다. 즉, 과거 LAD 속에 언어의 보편적 본질과 변형을 유발하는 요인 등이 매개변이(parameters)의 모습으로 공존했다면, 가장 최근의 최소주의에서 FL은 병합(merge)이라는 언어 보편성이 존재하고 언어를 다르게 보이게 하는 다양성은 FL의 본질이 아니라 그 주변 영역에서나 이루어지는 접합부 현상이 되었기 때문이다. 즉 언어 보편성을 유지하기 위해서 그기에 해당하지 않거나 어긋나는 현상들 다루는 별도의 영역을 만들었다는 것이다.

이러한 접근의 최대 장점은 보편성와 다양성이 같은 곳에 있었기 때문에 논란이 되었다면, 이제는 각각이 서로 다른 영역과 기능이 되었기 때문에 선택할 이유도 구별할 필요도 없는 상태가 되었다는 것이다. 그럼으로 언어보편성은 더 이상 논쟁의 대상도 아니며 될 수도 없는 것이 되어버렸고 그럴수록 생성문법의 언어 보편성은 부정될 수 없는 절대적 보편성으로 그 입지가 확고히 되었다고 볼 수 있다. 생성문법의 접근 방법으로는 더 이상 하나라도 예외를 찾아다니는 일이 무의미하게 되었으며 결국 접합부 현상에 대한 구현이 생성문법 학자들의 몫이 되었다.

1.4 융합 접근

생성문법의 언어 보편성에 대한 반증은 더 이상 FL의 증명 여부에 달려있지 않다. 언어학과 그 주변 학문들의 증거와의 이해에 의해 제시된 다양성은 접합부에 달려있다고 할 수 있다. 즉 FL 자체에 있던 보편성의 논쟁이 별도로 마련된 접합부라는 장에서 이루어지게 함으로써 FL은 안전하게 보존되고 결국 인간의 언어는 생득적 보편원리가 언어 보편적으로 존재한다는 주장이 유지될 수 있다.

이처럼 새로운 논의의 장이 되어버린 접합부는 과연 어떤 영역이며 어떠한 역할을 하며 이것이 과연 진화 인류학적이고 유전학, 생화확, 심리학적으로 존재하는 것인가? 또한 존재한다고 하더라도 FL과는 무관한 것인가? 무관하지 않다면 FL이 접합부로부터 어떠한 영향을 받게 되고 그로인해 변할 수 있는 것은 무엇인가? 등의 연속된 일련의 의문들이 제기된다.

Fitch et al.(2002)에 의해 구별된 소위 협의(narrow sense)와 광의(broad sense)의 언어 기능(faculty of language: FL)에서 후자에 해당하는 것으로 보이는 접합부(interfaces)는 진화 인류학적 측면에서 적어도 소리와 의미 기관(organs)과 연계되는 영역으로 언어 정보가 이 두 기관으로 유입되는 통로가 될 뿐 아니라 통제하는 기능도 하게 될 것이다. 소리 기관(sensory-motor: SM organ)과 의미 기관(conceptual-intentional: C-I organ)은 인간의 기존 기관으로 새로운 언어 기관과 호환성을 높이기 위해 끊임없이 진화하는 곳이라고 본다. 통사적 처리 능력이 존재하지 않은 동안에 소리와 의미 정보를 가지고 있는 어휘가 통사 기관의 출현으로 통사부에서 읽혀질 수 있는 정보들 사이의 어떠한 작동이 가능했을 것이다.

여기서 한 가지 의문은 보편문법 상의 제안에 따라 새롭게 정의된 보편성과 별도로 이처럼 접합부에서는 과연 어떠한 운용이 일어나고, 이러한 운용에 통사부의 어떤 정보가 개입되며, 결국 통사, 의미, 소리의 각 영역은 어떤 측면에서 독립성과 연관성을 각각 보이며 존재하고 작동하는가 하는 것이다. 언어 탄생이 만약 포인터 돌연변이적 생성이라며 이렇게 갑작스럽게 발생한 FL이 기존 기관들과의 호환성을 높이기 위한 시도들이 있었을 것이고, 그렇다면 언어의 다양성을 가능하게 하는 것은 결국 두 접합부에서 일어난 운용의 결과가 될 것이다.

그 중에서 특히 C-I 접합부가 아닌 SM 접합부가 적합성(adaptation)의 대상이 되었을 것으로 판단된다. 그 이유는 적어도 최소주의에서 협소 통사론(NS)은 비해석성(uninterpretable) 형식 자질에 값(value)을 부여하는 방식으로 운용되면서 결국 최적합의 해결(optimal solution)이 되기 때문에 진화 등의 변화의 여지가 없기 때문이다. 또한, 추상적 보편성을 감안할 때, 언어의 다양성은 외현의 모습, 즉 어순이나 형태자질의 실현(realization), 특정 표현이나 형태소의 존

재 등으로 나타나기 때문에 이들은 모두 SM 접합부의 기능과 관련
이 되기 때문이다.

현대와 같은 언어학의 연구 목표와 방법론이 있기까지 다소 고전
적인 배경이 있다. 언어라는 것을 심각하게 고려하기 시작할 때, 아
마도 대부분의 추상적 대상에서 그러하듯이, 그 존재와 기능을 그
당시 가장 중요하게 고려했던 것과의 연계를 통해 실체를 파악하려
고 했을 것이다. 따라서 인도 철학 초기, 언어에 대한 인식은 그 존
재를 인간의 신체(body)와 연계하는 것에서 출발하였다. 즉, 언어로
인간의 모든 것이 표현될 수 있다는 측면에서 언어는 인간의 몸 구
석구석에 있는 것으로 생각했고, 그것이 가능하기 위해서는 몸을
돌아다니는 혈액을 떠 올렸으며, 그 결과 언어는 혈관 및 혈액에 있
는 것으로 믿었다. 이러한 믿음은 결국 언어란 혈액의 모체인 심장
에 머무는 것으로 생각했고, 심장의 멈춤 즉 인간의 사망은 언어의
소멸을 의미했었다. 아리스토텔레스(384-322 BC)는 두뇌가 혈액을
식혀주는 기능이 있으며, 모든 지식의 보금자리는 심장이라고 믿었
다. 그러나 언어가 심장이 아니라 두뇌에서 생산된다는 생각이 시작
된 것은 인간의 해부학, 골상학 등에 대한 관심에 커지면서 본격적
으로 진행되었고, 그 이후 두뇌 과학이 시작이 되었다고 볼 수 있다.

언어학자들은 인간만이 소유하는 언어의 신비, 즉 인간이 언어를
어떻게 습득하고, 이해하며, 활용하는가를 밝혀내려고 노력해왔다.
대부분의 추상적 대상에 대한 연구가 그러하듯이, 언어학 역시 인간
이 발화한 언어 표현. 즉 의미 정보와 소리 정보를 대상으로 연역적
인 방법을 통해 그 실체를 확인해 왔다. 그러나 1990년대에 접어들

면서, 언어학은 연구 대상을 인간의 발화 그 자체에만 두지 않고, 인간 두뇌의 기능에 두기 시작했다. 이러한 접근 방법에서의 변화는 언어의 기원과 진화에 대한 관심이 높아지면서 이루어지게 되었다.

일반적으로 인간 언어의 기원과 진화는 인간 두뇌의 진화에 달려 있는 것으로 알려져 있다. 인간 진화에 대한 연구는 주로 고대 인간들이 고안한 여러 가지 생활 도구와 동굴 벽화의 기호와 그림 등에 의존하고 있는데, 이러한 연구에서 고고 인류학자들의 주요 관심은 인간이 지구의 권력자가 될 수 있었던 결정적인 계기가 무엇이냐 하는데 있다. 여기에 여러 학설들이 제시되었고, 이 학설들의 공통점은 인간의 지능이 어떤 이유로든지 '갑작스럽게(suddenly)' 좋아졌다는 것이다(Leslie, 2002).

고고 인류학적 접근과 더불어, 언어의 신비에 대한 신경언어학적 접근이 또한 활발히 이루어지고 있다. 이러한 시도는 Broca와 Wernicke의 여러 의학 보고서에서부터 시작되었으며, 그들은 실어증 환자들을 대상으로 실시한 일련의 보고서에서 언어의 영역이 뇌의 한쪽에 치우쳐져 있다고 주장하였다. 이들의 주장은 Leeuwenhoek의 현미경 발명으로 본격적으로 확인되기 시작하였으며, 1873년 Golgi는 신경 세포에 착색 방법을 고안하여 뇌신경 조직을 착색을 통해 현미경으로 뚜렷이 관찰할 수 있었다. 더 나아가 Ramon y Cajal은 뇌신경 세포가 하나의 독립적인 방으로 존재하고 있음을 밝혔으며, 그 이후 보다 정밀한 현미경의 개발에 의해, 세포 방 사이는 연접부(synapse)라는 공간이 있으며, 뇌세포 사이에 정보가 전달될 때 신경 전달체(neurotransmitter)라는 물질이 발생한다는 사실이 알려지게 되었다.

언어 진화와 관련한 생물 신경학적 접근에서 최근 Wolfgang et al.(2002)은 인간 진화과정의 마지막 단계에서 침팬지와의 분리를 증명 할 수 있는 형질 변화를 밝혀냈다고 주장한다. 인간 염색체 7q31에 위치하는 FOXP2라는 유전자가 언어와 관련되며, 유인원들과 달리 아미노산 코드와 뉴클리오티드 다형질에 변화가 일어났고. 이로 인해 입술 주위의 안면 근육이 부드러워지고 성대 구조가 변화하여 지금과 같은 발성이 가능하게 되었다고 한다. 그들은 언어 장애자들과 정상인에게서 이 유전자를 비교할 때 단백질 양의 차이가 있음을 밝혀냈다고 주장하고 있다.

뇌신경학을 비롯한 두뇌과학의 발전은 많은 후속 연구들을 가능케 하였다. 그 중에 Pinker and Ullman(2002)은 MEG와 fMRI을 이용한 일련의 실험에서 문장 구성 요소들의 각 정보, 특히 동사의 시제형(tense forms)에 대한 정보가 저장되는 뇌세포의 위치를 정확하게 포착해내고 그 정보가 어떻게 활용되는지를 밝히고 있으며, Pinker(2003)에서는 일란성 쌍둥이들의 언어 행태에 대한 유전자적 유사점을 지적해내고 있다. Li, Lin and Wakai(in preparation)가 진행하는 언어학과 의료물리학의 공동 실험에서는 36회선의 MEG 실험으로 중국어 의문사 의문문에 나타나는 최소성(minimality) 효과를 뇌의 전자파 반응으로 증명해 내고 있다.

인간의 언어 기능이 뇌에 존재한다는 것이 증명된 것은 오래 전의 일이지만, 뇌신경학과 생물 신경학이 언어의 특정 현상에 본격적으로 적용되기 시작한 시기는 1980년대 후반부터이다. Bloom(1970), Ferguson and Slobin(1973), Bickerton(1981, 1998), Comrie(1989), Loritz(1991, 2002), Calvin(1996) 및 Calvin and Bickerton(2001) 등의 연구들이 주축이 되어 시도해온 언어 현상에 대한 신경과학적 분석은 새로운 접근 방법 중의 하나이다. 본 연구는 언어학과 뇌신경학의 접목으로 최근 생성문법에서 제안하는 통사 이론들이 뇌신경학의 실험적 증거에 의해서 어떻게 해석될 수 있는지 알아보고, 이를 통해 앞으로의 발전 방향에 대하여 살펴본다.

신경 해부학에서 통사론이 연구의 주요 대상이 되는 이유는 통사론이 결합의 특징(combinatorial aspect)을 반영하고 있으며, 이러한 특징이 바로 Broca의 영역에 존재하고 있다고 믿기 때문이다. Broca 구역에서 처리되는 언어 정보에 대한 의견으로 Grodzinsky(1999)는 통사론적 모든 정보가 이 구역에서만 처리되는 것이 아님을 주장한다. 여러 실험 결과를 통해서 그는 변형, 특히 이동 요소와 그 흔적 사이의 관계에 대한 정보만 이 구역의 신경 조직망에서 처리되고, 구조-구축 과정 등의 통사적 과정은 다른 구역에서 이루어지고 있음을 제안하기도 하였다. 진위를 파악하기 위해서는 보다 추가적인 연구가 필요하겠지만, 현재는 최근 생성문법에서 제안하는 병합, 특히 OCC(urrence)-자질에 의한 내부 병합(internal Merge) 현상인 소위 이동(Move)인데, 언어 표현이 기본 어순에서 도출(derivation) 과정을 통해 파생되는 것으로 간주하는 언어학 이론에서 변형(transformation)은 오랫동안 관심의 대상이 되어왔다.

초기 생성문법은 변형을 구조적 기술(structural description)에서 어휘들 간의 자리-교체로 설명하였으며, 이것은 수형도 상에서 볼 때 교점-교체(node-swapping)에 해당한다. 그 이후 변형이 이동의 개념으로 국한되면서, 문장의 내부 구조 상 일종의 장벽(barriers)에 대한 인식을 통해 이동의 여러 운용을 제시되었고, 이러한 흐름은 최근에 들어와서 이동을 유인(attract), 자질(F)-이동, 병합 등의 이론으로 전개되었다. 그러나 일치(Agree)의 운용 방식이 제시된 후, 이동에 대한 개념은 큰 변화를 겪었다. 이전에는 (자질-)이동이라고 간주하였던 많은 현상들이 일치(Agree)라는 운용으로 그 설명이 대체되었으며, 그 결과 현시적이든 비현시적이든, 이동이라는 것은 언어의 특별한 현상으로 간주되었다. 이 특별한 운용을 위해 최소주의에서는 자질-점검을 수반하는 OCC-자질을 설정하게 되었고, 이동, 즉 내부 병합은 결국 OCC-자질에 의한 결과로 간주한다.

본 저술에서는 이동 현상에 대한 언어학 이론의 발달, 특히 일치와 국면(phase) 이론을 뇌신경학과 생물신경학의 실험적 제안들과 관련하여 살펴보고자 한다. 언어 생성(language production)에서 운용상의 부담(computational load)을 줄이려는 언어학 이론의 전개를, 언어정보 해석(language understanding)에서 능률적인 처리 과정을 위한 제안과 관련하여 논의한다. 이 과정에서, 먼저 언어(학습)정보 처리(language processing)의 뭉치 이론(Chunk Theory)을 연속 이론(Serial Theory)과 비교, 설명하고, 언어학의 병합 개념이 의미와 음운 정보를 처리하는 통사론적 단위에 해당함을 보여주는 예들을 소개하며, 일치가 대뇌 해부학적으로 통사론적 정보와 관련한 평형 층위에서의 신경망(neural network) 제안과 유사한 운용임을 밝힌다.

제 2 편

융합 이론적 접근

2.1 생성통사 이론

과거 전통문법과 구조주의 문법을 거쳐 오늘날의 언어학은 생성 문법의 시대에 들어와 있다. 1950년대 중반에 시작된 생성문법, 특히 생성 통사론은 MIT의 언어학자 Noam Chomsky 교수를 중심으로 대단한 위력과 득세 속에서 2000년도를 마감하였다. 전 세계에 걸쳐 활동하고 있는 그의 추종자는 한 때 일부 언어에 국한되었던 연구대상 언어를 다양화함으로써 이제는 세계 곳곳에서 높은 관심 속에 독자적인 학회를 운영해 나가며 학회지를 출판하고 있다.

문장 분석에 있어서 변형(transformations)와 변위(displacement)을 이용하는 접근 방법은 여러 가지 측면에 있어서 많은 장점을 가지고 있는 것으로 알려져 왔다. 특히 언어 습득 장치(language acquisition device: LAD)를 이용한 언어 습득은 모국어 습득의 수월함과 신속함을 설명하는데 효과적인 방안을 제시하고 있다. 그러나 계속되는 연구에서 변형(변위)이 오히려 언어 연산 시스템(CS)의 경제성이라는 대 명제에 위반된다는 주장이 제기되면서, 언어 체계의 운용에 있어서 변형(변위)의 필요성에관한 심각한 의문이 제기 되었다. 이와 같은 맥락에서 본 연구에서는 그동안 변형(변위)의 한 예로 간주되었던 뒤섞이 현상을 통사적 운용이 아니라 단순한 음성적 재배열, 즉 문체적(stylistics) 현상으로 재정의 내림으로서 통사적 변형의 부담을 줄이는 동시에 언어에 대한 최적합한(optimal) 분석으로의 가능성을 살펴보고자 한다.

생성문법의 태동이라고 볼 수 있는 Chomsky(1957)에는 실로 엄청난 제안들을 포함하고 있다. 그 가운데 가장 신비로운 것은 언어의 생득설이라고 할 수 있을 것이다. 그 이전에 주로 행동주의자들에 의해서 제시되었던 언어습득(language acquisition)의 과정들, 예를 들어 모방이나 교육 등을 통한 경험적 학습방법에서 탈피하여 언어의 창의성에 근거를 두는 언어의 새로운 분석은 언어학, 언어 교육, 언어 습득 등의 언어와 관련한 많은 분야에 큰 영향을 불러 일으켰다. 그러나 생성문법은 결코 언어 그 본질에 대한 연구 이외에 다른 곳으로 눈을 돌리지 않는다. 그 이유는 언어에 대한 본질규명이 전재되지 않고서는 언어 습득과 언어 교육 등 그 어떠한 분야도 성공적으로 수행될 수 없다고 믿기 때문이다. 그렇다면 언어에 대한 본질 규명은 어디쯤 와 있을까? 대답하기 어려운 질문이지만 안타깝게도 아직도 그 해답의 끝은 멀어 보이며, 혹자는 그 끝을 결코 우리가 찾아내지 못하게 될지도 모른다고 한다.

생성문법에서 주장하는 언어의 생득설은 주로 모국어 습득에 있다. 자신의 모국어가 무엇이든지 간에, 아이는 자신이 평생 동안 쓰게 될 언어를 터득하는데 걸리는 기간은 불과 2-3년이다. 그것도 아직 성인과 같은 완벽한 인지 기능을 갖추고 있지 못하는 3-5세의 나이에 그 엄청난 언어기능을 완벽히 깨우치고 유창하게 사용하는 것이다. 경험적으로만 보기 어려운 신비로운 언어의 습득을 설명하기 위해서는 언어기능의 일부가 이미 생득적으로 잠재되어 있다고 말할 수밖에 없었을 것이다. 소위 말하는 LAD는 마치 어린아이가 첫돌을 전후해서 두발로 걷기 시작한다든지, 사춘기를 거치면서 변성기를 맞이하는 일, 혹은 출생 시에 갖게 된 이빨들을 모두 갈아치운다든지 하는 일들이 모든 인간에 거의 비슷한 시기에 일어나는 것과 마찬가지로, 3-5세가 되면 서서히 언어기능이 작동하기 시작해서 불과 2-3년 만에 한 언어를 완벽하게 터득하게 된다는 것이다.

생성통사론의 핵심 내용에는 아이들의 이처럼 빠르고 쉬운 언어 습득에는 위에서 언급한 생득적인 언어 습득 장치(LAD)라는 언어장치의 존재 이외에도 그 장치를 돌리는데 필요할 것으로 판단되는 운용원리와 규칙들 또한 단순하고 쉬워야한다는 주장이 들어있다. 다시 말하면, 운용(문법)체계는 두 종류가 있다고 하겠다. 하나는 우리가 아직도 밝혀내고 있지 못하는 언어습득 장치(LAD) 자체의 신비로운 운영 체계 그 자체이고, 다른 하나는 아마도 그것이 이러이러할 것이라고 문법학자들이 가정하고 제시하는 나름대로의 운용 체계이다. 만약 문법학자들이 제시하는 이러한 운용체계가 올바른 방향으로 나아가고 있다면, 두 운용(문법)체계는 서로 닮아가게 되고 결국에는 같아질 것이지만, 만약 올바른 방향으로 나아가고 있지 않다면, 이 두 운용 체계는 점점 그 모습이 달라지게 되고 언어 본질에 대한 인간의 욕구는 물거품이 될 지도 모른다.

언어 연구의 방향을 판단하는 방법은 앞에서 언급한 것처럼 문법 학자들이 제시한 원리와 규칙들이 관연 어느 정도 합리적으로 구성 되어 있느냐를 검증하는 것이다. 예를 들어, 초인간적인 존재가 있 다고 가정해 보자. 그 초인간적 존재가 인간의 언어기능을 부여해 준다고 가정해 보자. 그러면, 과연 그(녀)는 인간에게 어떠한 종류와 성능의 언어기능을 부여해 줄 것인가? 미흡하고 부족한 언어기능을 부여할 것인가? 아니면 완벽하고 합리적인 형태의 언어기능을 부여 할 것인가? 만약 내가 그 초인간적 존재이라면 후자를 선택할 것이 다. 그렇다. 인간의 다양한 기능들 가운데 언어기능은 놀라울 만치 쉽고 빠르게 터득되는 것으로 봐서 가장 훌륭한 종류와 성능의 언어 기능을 부여받았다고 가정해 보자. 이것은 다시 말해 인간에게는 언 어기능을 담당하는 언어 습득 장치(LAD)가 존재하며, 그 장치의 운 용원리와 규칙은 완벽하고 합리적이다고 말할 수 있을 것이다.

그러나 안타깝게도—물론 다른 분야에서도 마찬가지이지만—인간 은 아직도 언어, 즉 언어 습득 장치(LAD)의 원리와 규칙들을 이해 하고 있지 못하고 있다고 하겠다. 겨우 1950년대 중반에 와서야 비 로소 언어습득 장치(LAD)의 존재를 발견하게 되었고, 그 이후 지금 껏 문법학자들은 이런 저런 종류의 원리와 규칙들을 제시해 왔으며, 지금 이 순간에도 지구 어디선가 문법이나 통사론 수업에서 언어의 원리와 규칙들이 소개되고 있을 것이다.

그러나 우리는 지금까지 언어학자들이 소개해온 많은 원리와 규 칙들이 진정 언어습득 장치(LAD)의 원리와 규칙에 닮아가고 있는지 를 재점검해야 하고, 만약 그렇지 못한 내용이 있다면 과감하게 제거하고 보다 나은 것으로 효과적으로 대체해야 한다. 대부분의 문법 학자들이 동의하고 있는 점은 우리들이 제안했던 운용의 원리와 규칙, 즉 문법이 실제보다 너무 복잡하고 어렵다는 것이다. 거의 2-3천 쪽에 해당하는 문법책에 수록되어 있는 무수한 규칙들을 어떻게 아이들이 이해하고 활용할 수 있을까? 초인간적 존재가 인간에게 부여한 언어기능을 수행하기 위해서 필요한 원리와 규칙이 바로 이런 것이란 말인가? 그렇지 않을 것이다. 3-5세에 충분히 활용할 수 있는 정도의 수준과 양을 가진 원리와 규칙일 것이다. 따라서 지금까지 소개되어온 많은 원리와 규칙들은 인간의 무지에서 나온 결과일 수 있으며, 완전히 잘못된 것을 인정하고 가르치고 있는 셈이다. 이처럼 언어습득 장치(LAD)라는 것을 제시한 이후 이것이 어떠한 체제로서 운영되는가를 밝히는데 모든 노력을 기울여왔고, 2000년도를 넘기기 직전 생성문법은 나름대로 모형을 제시하기에 이르렀다. 이제부터 언어습득 장치(LAD)의 운용체계에 대하여 살펴보도록 하자.

아이의 언어 습득 과정에서 보이는 수월함과 신속함은 언어습득 장치(LAD)가 두뇌 기능 속에 생득적으로 자리 잡고 있을 뿐만 아니라 그 언어습득 장치(LAD)를 움직이게 하는 운용 체계 또한 그렇기 때문이라고 보아야한다. 이를 위해 초기 생성문법에서는 변형(transformation)이라는 모형을 제시했다. 즉, 모든 문장은 기본 문장에서 도출되며 그 도출 과정에는 변형 규칙(transformational rules)이 존재한다는 것이다. 예를 들어, 모든 수동문(passives)은 그에 상응하는 능동문(actives)으로부터 수동화 규칙(passivization)을 통해 도출되며, 모든 의문문은 그에 상응하는 평서문에서부터 의문화 규칙(question formation rule)을 통해 도출되며, 모든 부정문은 그에 상응하는 긍정문에서부터 부정화 규칙(negation rule)을 통해 도출되는 등등이다. 따라서 이러한 문형의 짝들은 서로 독립된 형태가 아니라 상호의존적이며 그 사이에는 특정한 규칙이 놓여있다.

이는 언어 습득 측면에서도 잘 설명된다. 예를 들어, 언어 습득 과정에서 수동문이 능동문보다 늦게 습득되며, 부정문과 의문문 역시 평서문과 긍정문보다 늦게 습득된다. 이것은 그 아이가 기본 문형에서 도출시키기 위한 변형규칙의 습득이 먼저 이루어져야하기 때문이다. 앞에서 언급한 언어습득 과정에서 2-3년이 소요되는 것은 바로 이러한 모국어에서 필요한 개별규칙 체계를 터득하는 시기가 필요한 것이다. 이렇게 터득된 모든 필요 규칙들과 함께 언어 습득 장치(LAD)가 원활히 작동되며 비로소 모국어를 완벽하게 구사할 수 있는 능력이 생길 뿐만 아니라 상대방의 언어 또한 이해하고 판단할 수 있게 되는 것이다.

이처럼 1960년대와 1970년대에는 개별 언어에서 필요한 규칙 체계를 밝히는데 온갖 노력이 기울어져왔고, 그 결과 엄청 많은 새로운 규칙들이 발견되었다. 그러나 이 시대의 논란은, 이처럼 많은 규칙들을 모두 처리하기에는 아이들의 두뇌 활동이 용이하지 못할 수 있다는 사실이다. 아직 연산 체계(CS)가 원활하게 작동되지 않는 3-5세의 아이들이 이처럼 방대한 양의 운용 원리와 규칙들을 이해하고 적용하기에는 무리가 따를 수 있다는 지적이 나오면서 1980년 초 언어 규칙의 큰 변화를 거치게 된다. 얼핏 보기에는 전혀 다른 문법 체계가 제시된 것처럼 보일 수도 있지만 사실은 이미 예견된 수순이었다.

생성문법의 태동 이후 거의 25년 간 언어 문법학자들이 발견하여 발표한 사실들(facts)들은 그 양에 있어서 방대했고 실험적 측면에서도 충분한 것이었다. 확고한 자료와 증거를 토대로 구축된 이러한 원리와 규칙들은 결코 쉽사리 무너질 수 없는 것이었다. 그러나 1980년도에 들어오면서 이러한 것들이 한 순간에 소멸되는데 그 이유는 바로 이러한 제안들에는 개념적 필요성(conceptual necessity)이 없었기 때문이었다. 즉, 그러한 사실들(facts)들은 실제로 언어에 존재하지만 그것을 설명하기 위해 제시한 규칙들이 과연 개념적으로 타당한 것인가에 대한 의문이 제기되었던 것이다. 보다 손쉽고 빨리 언어를 터득하기 위해서 필요한 원리와 규칙들이어야 한다는 기본 개념에서 보았을 때 거리가 먼 것들이었다.

1981년 생성문법에서 큰 획을 그을 수 있는 책이 출판되었다. 소위 Chomsky의 '지배와 결속에 관한 강좌(Lectures on Government and Binding: LGB)'라는 것인데, 여기서 그는 인간의 자연언어 속에는 일종의 힘(에너지)이 흐르고 있는데 그것을 지배(government)라고 하였다.

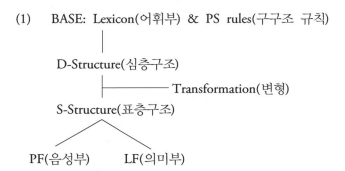

(1)   BASE: Lexicon(어휘부) & PS rules(구구조 규칙)

D-Structure(심층구조)

Transformation(변형)

S-Structure(표층구조)

PF(음성부)   LF(의미부)

즉, (1)의 도식에서 문장이 심층-구조(D-Structure)에서 표층-구조 (S-Structure)로 도출되는 과정에 변형이 적용되는데, 그 변형의 근본 적인 원동력이 바로 문장을 구성하는 어휘들 사이에는 서로 지배하 고 지배받는 관계가 된다. 그리고 모든 문장의 문법성은 바로 지배 개념에 의해서 결정된다는 것이다. 지금껏 제시되었던 그 많은 언어 현상들은 오직 지배라는 개념으로 판단될 수 있다고 주장하며 이를 조목조목 증명해 보였다. 음성적인 부분인 문장의 어순에서부터, 변 형 및 의미에 이르기까지 지배라는 원리가 지배하고 있다는 것이다.

마치 인간 사회에서 지배 구조를 연상하게 하는 구도이기도 한데, 여기서 우리가 이해해야 할 부분은, 모든 언어 현상의 기본 운용 체 계가 지배 개념이라는 것이 아니라, 그 어떠한 큰 하나의 원리에 의 해서 결정될 수 있다는 가능성을 발견했다는 것이다. 그것을 지배라 고 해도 좋고 자유(freedom)라고 해도 좋다. 다만 그런 원리가 존재 하고 그것에 의해 언어기능이 활용된다는 점이다. 그렇다면 이것이 바로 언어 습득 장치(LAD)의 기본 운용 체계일 것이고, 인간의 언 어 기능을 부여하였을 어떤 초인간적 존재는 우리에게 언어습득 장 치(LAD)라는 하드웨어에 지배라는 소프트웨어를 끼워주었을 것이 다. 이와 같이 복잡하게 나열되었던 원리와 규칙들은 지배라는 개념 으로 흡수되었고 아이는 지배원리 하나 만을 작동시키기만 하면 자 신의 언어를 구사할 수 있게 되는 것이다.

그러나 이것도 잠시, 문법학자들 사이에는 도대체 언어의 지배 (government) 개념이 무엇을 의미하느냐 라는 아주 기본적인 물음을 제기하기 시작 하였다. 지배라는 것이 마치 물리적인 개념처럼 보이지만, 언어에 있어서는 적어도 그렇지 못하다. 무엇이 무엇을 지배한다는 것이고 지배 관계에 있다는 것을 어떻게 알 수 있으며, 지배 관계에 놓여있다면 어떠한 결과를 얻을 수 있다는 말인가? '지배와 결속에 관한 강좌'라는 책에서, 지배자로서의 권한은 동사와 전치사 그리고 동사의 시제 굴절사(tense inflection)가 부여받는다.

따라서 이들에 의해 명사 목적어, 전치사 목적어, 및 주어 명사구는 각각 지배당하는 관계에 놓여있게 된다. 개념적으로는 한층 발전된 모습의 문장 속에서의 지배 개념은 그러나 실험적, 경험적으로는 그 구체적인 내용을 제시하지 못한다. 더욱이 서로 다른 어휘들 사이의 지배 관계, 소위 어휘 지배(lexical government) 뿐만 아니라, 같은 어휘라도 의문문이나 강조 구문 혹은 외치 구문(extraposition)에서와 같이 그 자리가 옮겨지는 경우 움직인 어휘와 원래 자리와의 관계를 소위 선행사 지배(antecedent government)라고 확대해석 하면서 반대의 목소리가 높아졌다.

개념적으로 인정받고 아주 광범위하게 효과적으로 활용되어온 지배 개념이 실험적/경험적 측면에 있어서의 취약점은 드러내면서, 문법학자들은 이를 대신할 원리와 규칙을 모색하게 되었는데, 이 당시 제시된 것이 몇몇 언어에서는 나타나는 일치 관계이다. 즉, 주어와 시제 굴절사 사이의 일치라든지, 동사와 목적어 사이의 일치, 및 전치사와 전치사 목적어 사이의 일치를 보여주는 형태론적 증거들이었다. 이는 두 어휘 사이의 막연한 추상적인 지배 개념보다는 무언가를 확실하게 보여줄 수 있는 설명력이 있었다. 이렇게 지배개념은 사라지고 대신 1990년대로 들어오면서 일치 개념이 도입되었다. 따라서 언어 습득 장치(LAD)의 기본개념은 일치가 되며 일치 개념이 확립되면 아이들은 언어를 완벽히 구사하기 시작한다.

일치 개념은 단순히 지배 개념을 대체했다기보다는 훨씬 더 중요한 의미를 가져다준다. 그것은 먼저 아이들이 자신의 언어에서 나타나는 일치 현상을 직접 어휘 형태론적으로 체험하면서 모국어의 모습을 구체화시킬 수 있다는 것이다. 물론 지배 개념으로도 가능할 수 있지만 아이들이 처음 언어를 접하게 될 때 어휘들의 청각적 및 시각적인 정보들을 훨씬 더 빨리 터득한다는 것은 여러 경로를 통해 입증된 사실이다. 따라서 아이들은 지배 개념보다는 일치 개념을 더 빨리 그리고 더 쉽게 터득하여 언어습득 장치(LAD)를 활용하게 된다고 말할 수 있을 것이다.

두 번째는 어휘들의 습득되는 방법에 관한 사항이다. 예를 들어, 영어의 동사 MEET는 다음의 여섯 가지의 어휘형태를 갖고 있다 —'meet'(3인칭 단수를 제외한 현재시제), 'meets'(3인칭 단수 현재), 'met'(과거시제), 'to meet'/ 'meeting'(동사원형), 'met'(완료)). 아이들이 이 동사를 습득한다고 하자. 과연 어떠한 방법을 취하겠는가? 한 가지 방법은 아이들이 먼저 동사 원형을 입력하고, 각각의 굴절사를 입력하여 두 요소를 적절하게 결합한다는 것이고, 다른 하나는 여섯 가지의 종류를 모두 통째로 입력한다는 것이다. 이 두 가지의 가능성 중에서 생성문법에서는 후자를 취한다. 그 근거는 어휘론자(lexicalists)의 입장을 따른 것인데, 그들은 적어도 어휘 입력에 있어서 인간 두뇌의 용량은 충분하기 때문이라는 것이다.

그렇다면 다음과 같은 문장을 표현한다고 가정해 보자.

(2)   John meets Mary everyday.

　이 문장을 표현할 수 있기 위해서는 적어도 이미 아이의 어휘기억
장치 속에는 'John,' 'meets,' 'Mary,' 그리고 'everyday'라는 어휘가 입
력되어 있어야 한다. 그러면 여기서 일치원리는 어떻게 작동하는 것
일까? 앞에서 언급한 바와 같이 이 아이는 이미 'meets'라는 어휘를
가지고 있기 때문에 처음부터 'meet'가 아니라 'meets'라는 어휘가
문장에 나타날 것이다.

　그런데 만일 아이가 'meet'라는 어휘만 가지고 있다면, 그것이 주
어 'John'과 일치관계에 놓이면서 'meets'로 변형된다고 해야 할 것이
다. 그러나 이 아이에게는 이미 'meets'라는 동사가 독립적으로 존재
하고 있기 때문에, 그러한 어휘형태의 변화는 필요없다. 오히려
'John'의 일치요소와 'meets'의 일치 요소가 제대로 짝을 이루고 있는
지 점검하는 과정이 필요할 것이다.

　만약 이 아이가 (3)와 같은 문장을 머릿속에 생각한다면 결코 외
부로 표현하지 않을 것이다.

(3)   John meet Mary everyday.

왜냐하면, 발언하기 전에 나름대로 일치관계를 적용시켜 보았을 것
이고, 이 과정에서 John과 meet사이의 일치 관계가 적절하지 못하다
는 사실을 발견하고 즉각 머리 속에서 파기(crash)시켜버렸기 때문이
다. 혹은 누군가가 이러한 표현을 했다면 당장 틀린 것으로 판단하

고 수정을 지시하게 될 것이다. 이러한 식으로 아이들은 언어를 외부로 표현하기 전에 머리 속에서 거르는 단계를 가지고 있는데 이를 도식으로 나타내면 다음과 같다.

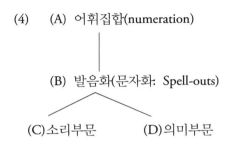

(4)   (A) 어휘집합(numeration)

(B) 발음화(문자화: Spell-outs)

(C)소리부문   (D)의미부문

(4)에서 (A)는 어휘집합(numeration)을 나타낸다. 즉, (2)와 같은 표현을 하기 위해서는 먼저 머리 속에 4개의 해당되는 어휘들을 어휘부(lexicon)에서 분리하여 따로 보관하고 있다가, (B)의 단계로 들어가면서 하나씩 선택해서 문장 구조를 엮는다. 이렇게 보관해 두었던 모든 어휘들이 모두 선택되어 문장 구조를 형성하게 되면 (B)에 도달하는데, 이렇게 형성된 구조는 여기서 각각 (C)와 (D)로 나누어진다. (C)는 인간의 조음-지각 체계이고 (D)는 개념-의도체계를 나타낸다. 어휘를 구성하는 음성적 요소들은 (C)로 들어가서 소리(음향)로 나타나고, 어휘들의 의미적 요소들은 (D)로 들어가서 그 문장의 의미가 파악되는 것이다. 따라서 (B)에 도달할 때까지 일치원리가 꾸준히 적용되어 각 어휘들 사이의 일치관계가 원활하게 유지되고 있는지를 점검하고, 만약 그렇지 못한 경우를 발견되면, (C)나 (D)로 들어가기 전에 그 도출과정을 파기해버린다.

이러한 일치 관계가 가져다주는 의의 중에서 가장 큰 부분은 다음과 같은 사실이다. 즉, 과거 변형이라고 불리었던 많은 현상들이 일치라는 운용체계에서는 불필요하게 되었다는 것이다. 예를 들어, (2)의 표현은 이전에는 다음과 같은 도출과정을 겪게 되었다.

(5)   John -s meet Mary everyday.

(5)에서 동사원형 'MEET'은 굴절사 '-s'와 결합하게 되는데, 그 과정은 '-s'가 'MEET' 뒤로 와서 결합할 수도 있고, 반대로 'MEET'이 '-s'앞으로 가서 결합할 수도 있다. 어느 방법이든 어휘 요소의 이동이 필수적이고, 이것이 일종의 변형이다. 그러나 이미 굴절된 형태의 어휘가 운용 체계에 들어오게 되면 이와 같은 이동은 필요하지 않으며 일치 관계는 그 자리에서 이루어지면 된다.

그러나 이러한 접근 방법에 대하여, 변형, 즉 이동이라는 과거 생성문법의 특징이면서 장점으로 간주되던 부분에 대한 대대적인 수정이 가해지게 되었다. 지금까지 언어습득 장치(LAD)의 운용체계의 변화에서 그 근간이 되었던 언어습득의 신속함과 수월함에 비추어 볼 때 변형 즉 이동이라는 것은 부담이 되지 않을 수 없었고 마침내 이를 개념적으로 제거함으로써 보다 향상된 모습의 언어분석을 이루게 된 것이다.

보다 자세한 내용을 위해 다음의 예를 보자.

(6)   가. There was a man in the backyard.
       나. There were two men in the backyard.

(6)의 예문에서 동사의 일치는 이어져 나오는 명사에 달려있다. 이를 설명하기 위해 (6)을 (7)로 간주한다.

(7)　가. A man was in the backyard.
　　　나. Two men were in the backyard.

실제로 발음되는 것은 (6)이지만, 이 문장들의 의미해석은 (7)이 되기 때문에 위 (4)의 도식에서 (D)의 부문에 들어가게 되면 (7)과 같은 변형을 거치게 된다는 것이다. 그러나 이제 일치관계를 이용하면 (6)는 굳이 (7)의 단계를 거치지 않더라고 그 자리에서 일치관계를 확인받을 수 있다.

　지금까지 생성문법의 언어분석에 대한 접근방법의 흐름을 살펴보았다. 실험적/경험적 측면에서뿐만 아니라, 개념적 측면에서도 거의 완벽에 와있는 것 같은 주장에는 한 가지 해결해야 할 부분이 여전히 남아있다. 가장 경제적인 도출과정과 변형을 유발할 필요가 없는 일치라는 운용 체계에도 불구하고 실제로 인간의 언어에는 변형이 존재하고 있다.

(8)　John is likely to arrive soon.
(9)　What do you think that Mary bought?
(10)　I saw her not.

　(8)에서 'John'은 'arrive'의 주어-술어관계를 이루고 있다. 그러나 표면적으로 'John'은 문두에 나와 있으며, (9)에서도 'What'은 종속

절 동사 'bought'의 목적어이지만 역시 문두에 위치한다. 한편 (10)은 아이슬랜드어인데 목적어 'her'이 'not'뒤에서 앞으로 나와 있는 모습이다.

왜 이러한 변형이 인간 언어에 존재해야 하고 이를 어떻게 설명해야하는 지가 앞으로 해결해야 할 과제이다. 적어도 인간에 의해 만들어진 인공 언어(artificial language)에는 변형이라는 매카니즘이 존재하지 않는다. 만약 변형이 이처럼 부담스러운 존재라면 인간은 진화하면서 언어에서 변형을 없앨 수도 있을 것이다.

이제 다음과 같은 예문을 살펴보자.

(11) 서로의 비밀을 영희와 미자가 폭로했다.
(12) 영희와 미자를 서로의 친구들이 좋아했다.
(13) 어느 아들을 그의 부모가 꿈속에서 보았니?
(14) 모든 아들을 그의 부모가 꿈속에서 보았다.

위의 예문들은 소위 뒤섞이(scrambling) 현상을 보이고 있다. 우리말과 일본어, 힌디어 및 독일어 등에서 흔히 나타나는 어순 변화로서 여러 가지 통사적 특성을 보유하고 있다. 예를 들어, (11)에서 문두로 나온 목적어 '서로의 비밀을'에 포함되어 있는 상호사 '서로 '는 여전히 주어' 영희와 미자 '를 선행사로 가질 수 있으며 (참고,'서로의 비밀이 영희와 미자를 곤경에 빠트렸다.'는 비문), (12)에서는 오히려 문두의 목적어가 주어 속의 상호사 '서로'의 선행사가 될 수 있으며, (13)-(14)에서는 소위 약교차 위반이 뒤섞이에 의해서 사라지는 현상을 보여준다. 이러한

현상은 모두 통사적 변형과정으로 분류되던 것이고 이것으로 인해 뒤
섞이를 통사적 변형이라고 간주하고 있다.

그러나 뒤섞이는 다음과 같은 특성이 있다.

(15) nani-o   John-ga Mary-ga katta   ka sitteiru (koto)
      what-acc -nom   -nom bought   Q knows (fact)
      'John knows what Mary bought.'

(16) daremo-ni   dareka-ga Mary-ga   atta to omotteiry (koto)
      everyone-dat someone-nom   -nom met   thinks (fact)
      'Someone thinks that Mary met everyone.'

예문 (15)과 (16)의 일본어 예문은 의문사와 양화사가 뒤섞이에 의
해 각각 주어 앞으로 이동해나간 문장인데, 이 구문의 특징은 뒤섞
이가 이들 요소의 작용역(scope)에 영향을 미치지 않고 있다는 것이
다. 즉, 위의 예에서 의문사 nani-o 'what'의 작용역은 여전히 종속절
에 한정되어 있고, 양화사 daremo-ni 'everyone'는 주절 주어
dareka-ga 'someone'의 작용역을 넘을 수 없다.

만약, 뒤섞이가 통사 이동이라고 한다면 설명되기 어려운 현상인
데, 왜냐하면 아래에서 보듯이 비논항-이동으로 간주하는 주제화 구
문과 의문사 이동의 구문에서 작용역의 해석에는 변화가 따르기 때
문이다.

(17) *What, John knows who saw.

(18)　??Who said that the man that bought what, Mary knows
　　　　whether John likes?

즉, (17)의 주제화 구문에서 'what'이 가질 수 있는 유일한 작용역은
주절이 되며, (18)에서도 'what'의 작용역은 주절에까지 미친다.

　의문사 이동에서도 비슷한 현상을 보이고 있는데, (19)의 경우는
'whom'의 작용역이 'who'보다 넓을(wide) 수도 있고 좁을(narrow)
수도 있는 애매한 문장이며, (20)에서의 'whom'은 언제나 'who'보다
작용역이 더 넓은(wide) 해석만 나온다.

(19)　Who knows which picture of whom Bill bought?
(20)　??What picture of whom do you wonder who bought?

이처럼 비논항-이동의 특징들을 가지고 있는 것처럼 보이는 뒤섞이
현상이 실제로 전형적인 비논항-이동과 다른 성격이라는 점을 보여
주고 있다.

　이러한 문제점에 대한 해결방안으로 뒤섞이를 음성부 현상으로
간주한다. 이를 통해, 통사부 현상으로 간주함으로써 발생하게 되는
모든 문제점을 해결할 수 있다. 다만 (11)-(15)까지 나타나는 뒤섞이
의 통사적 효과를 해결해야 한다. 이를 위해서 뒤섞이가 음운 부문
에서 최종 착지점으로 움직이기 전 통사부에서 중간 도출 과정을 거
치는 것으로 본다. 따라서 음성적 효과이외의 모든 뒤섞이의 효과들
은 이러한 중간 도출 과정에서 이루어지게 된다.

먼저 비논항-이동의 현상으로 간주되었던 재구성효과를 다시 살펴보자.

(21) 서로의 고백을 영희와 미자는 믿지 않았다.

뒤섞이를 음성부 현상으로 간주함으로서 가장 손쉽게 해결할 수 있는 현상이 (21)에서와 같은 대용사 결속과 관련되는 재구성효과이다. 먼저 통사적 현상이라고 간주했을 때 일어났던 착지점에 대한 논란이 없어지고, 협소 통사부(NS)에서는 앞으로 옮겨간 목적어 ‘서로의 고백을’에 해당하는 음운 자질 이외의 모든 자질이 원래의 자리에 남겨져 있기 때문에, 선행사 ‘영희와 미자’와의 결속에는 아무런 문제가 없다.

한편, 뒤섞이의 통사적 현상 중에서 논항-이동과 같은 현상을 살펴보자.

(22) 영희와 미자를 서로의 친구들이 좋아했다.

(22)은 뒤섞이로 이동해 나간 목적어가 주어의 부분인 대용사를 결속하는 경우이다. 앞에서 언급한 것처럼, 만일 뒤섞이가 음성부 현상이라면 의미에 아무런 영향을 줄 수 없기 때문에, 문장의 문법성을 설명할 수가 없게 된다. 이를 위해서 먼저 다음의 문장을 살펴보자.

(23) 가. 누군가가 모두를 좋아한다.
      나. 모두를 누군가가 좋아한다.

(23가)에서 양화사 '누군가'는 '모두'에 대하여 넓은 작용역을 가지고 있는 해석만 가능하지만, (23나)에서처럼 양화사 '모두'가 뒤섞이 이동을 하여 문두로 나오게 되면 애매한 문장이 되어버린다. 이러한 의미상의 변화를 설명하기 위해 다음과 같은 도출과정을 설정한다.

(24) [$_{vP}$ 모두를 [$_{v'}$ 누군가가 [$_{VP}$ 좋아한다]]

즉, 참스키(1999)의 틀 하에서, 경동사 v에는 EPP 자질이 부여되고, 이 자질에 의해 목적어 '모두를'이 v의 외곽 지정어 자리로 이동하게 된다. 이 과정은 통사부에서 이루어지는 것으로 이 곳에서 목적어 양화사 '모두를'은 INT(erpretation) 해석, 즉 전제적/명시적 해석을 받게 되어 넓은 작용역 해석이 된다.

이후의 도출과정은 아래 (25)에서 보는바와 같이 T의 EPP 자질에 의해 주어 양화사 '누군가'가 지정어 자리로 이동을 하게 되는데, 여기서 v의 외곽 지정어 자리에 있는 목적어 '모두를'이 T의 지정어 자리로 가지 못하는 것은 비해석성 구조격 자질이 그 자리에서 제거되었기 때문이다. 그 후 음성부에서 '모두를'의 음성자질이 시제정보를 가지고 있는 기능범주 T의 최대투사와 병합하여 다음과 같은 도출이 이루어진다.

(25) [$_{TP}$ 모두를 [$_{T'}$ 누군가가 T [$_{vP}$ 좋아한다]]]]]

한편, v에 EPP 자질 설정이 이루어지지 않으면, (23b)의 문장은 (24)의 과정을 겪지 않고 직접 음성부에서 주어 앞으로 나가게 된다.

이처럼 뒤섞이가 v의 지정어 자리를 거칠 수 있다는 증거는 다음에서도 볼 수 있다.

(26) 가 ?*죤은 빨리 만화책은 읽지만, 천천히 논문은 읽는다.
　　 나. 죤은 만화책은 빨리 읽지만, 논문은 천천히 읽는다.

윤상헌(1997)은 [THEME]을 주제화 혹은 강조화와 관련된 일종의 형식-형태소 자질이라고 규정하면서, 한국어의 '-은'이 여기에 해당한다고 제안한다. 따라서 (26나)의 뒤섞이는 '-은'의 자질점검을 위한 필수적 이동이 되며, 결국 이것이 경제성을 만족하는 하나의 통사현상이 된다는 견해이다. 이를 Chomsky(1999)로 다시 해석하면 결국 (26나)의 이동은 v의 EPP 자질에 의한 지정어 자리로의 이동으로 표현될 수 있을 것이다.

계속해서 존재 구문(existential constructions)에서의 뒤섞이 현상을 살펴보자. 일반적으로 이 구문에는 두 가지의 해석이 가능한 것으로 알려져 있다. 하나는 장소 해석(locative reading)이며 다른 하나는 부분-전체 해석(part-whole reading)이다.

(27) 가. 엔진이 비행기에 있다.
　　 나. 비행기에 엔진이 있다.

즉, (27가)에서는 이 중에서 장소 해석만이 가능하지만, 뒤섞이를 겪은 (27나)에서는 전체-부분 해석이 살아난다. 이러한 현상 또한 장소어구 '비행기에'가 v의 지정어 자리로 가서 특별한 해석을 받기 때문이라는 설명이 가능하겠다.

우리말에서는 앞에서 본 바와 같이 뒤섞이 이동을 하는 목적어는 명시적 해석 등을 받을 수 있을 뿐만 아니라, 아래의 예에서 보듯이 강조 해석도 가능하다.

(28) 가. 철수가 비밀리에 영희를 만났다.
      나. 철수가 영희를 비밀리에 만났다.
      다. 영희를 철수가 비밀리에 만났다.

위 문장에 대한 강조해석 여부에 대한 조사에 의하면 (28나, 다)에서 목적어 '영희를'에게 강조해석을 부여하는 경우에는 (28가)를 기본어순으로 삼고 '영희를'을 앞으로 이동시킨 것으로 간주하고 있는 경우가 많았다. 이는 결국 (28나b)의 경우는 목적어 '영희를'이 v의 지정어 자리로 이동하여 강조해석을 받게되는 경우이고, (28다)에서는 그곳에서 더 나아가 음성부에서 음성 자질의 이동이 일어난 경우가 된다.

한편, 또 다른 논항-이동의 성격으로 간주되는 약교차 효과에 대한 논의는 다음과 같다.

(29) 어느 아들을 그의 부모가 꿈에서 보았나?
(30) 어떤 아들을 그의 부모가 꿈에서 보았다.

위 예에서 나타나는 약교차 현상의 제거는 뒤섞이의 결과처럼 보이지만, 이 역시 앞에서 언급한 것처럼 뒤섞이를 겪은 목적어는 명시적 해석만을 지니고 있으며, 이는 결국 v의 외곽 지정어 자리에 있었다는 것을 의미하게 된다. 그 자리는 결국 논항-자리가 되고 v의 내곽 지정어 자리의 주어에 대한 약교차 현상은 일어나지 않게 된다. 그 후, 역시 주어가 T의 EPP 자질에 의해 T의 지정어 자리로 통사부에서의 이동이 일어나며, 음성부에서는 v의 외곽 지정어 자리의 목적어 음운 자질이 T의 지정어 자리로 이동함으로서 위와 같은 어순이 도출되게 된다.

이상으로 생성문법에서 제시하고 있는 언어분석의 전반적인 흐름을 살펴보았으며, 그동안 이론의 핵심을 이루던 변형(변위)에 대한 재검정을 시도하였다. 언어 습득에서 나타나는 수월함과 용이함은 변형(변위)이라는 이론의 개념적 필요성에대한 의문이 제기되는데, 본 연구에서는 이에 대한 보다 발전적 방향으로의 접근 방법을 제시했다. 즉, 우리말의 소위 뒤섞이를 통사부 현상에서 음성부 현상으로 재정립하고, 필요에 따라 v의 EPP 자질을 설정하여 통사부에서의 부분이동을 인정함으로써 알려져 있는 통사부 이동으로서의 효과들을 설명하였다. 이러한 접근 방법은 결국 언어 체계의 연산 작용에 있어서 최적합한 운용을 위한 하나의 시도가 될 수 있을 것이다.

2.2 최소주의와 접합부

언어학 분야에서 융합 접근이 본격적으로 시도 되면서 극기야 2000년에 접어들면서 일종의 전쟁과도 같은 설전이 시작되었다. 인

간의 언어 기능(faculty of language: FL)의 본질에 대한 논의인데 그
핵심에는 Pinker와 Chomsky가 있었다. 언어학, 유전학, 심리한, 진
화인류학, 생물학 등의 학자들이 나뉘어져 언어기능의 본질을 밝히
기 위해 언어기능의 시작과 진화 그 동기 등에 대한 논의를 본격적
으로 하기 시작한다.

먼저 이들은 다음의 의문에 대하여 관심을 갖는다.

(31)   What kind of biological system is the FL?
(32)   How is it related to other systems in our own species and
       others?'

Hauser et al.(2002) 입장에서는 언어 기능을 광의의 언어 기능
(faculty of language in the broad sense: FLB)와 협소의 언어 기능
(faculty of language in the narrow sense: FLN)으로 나눈다. 그 기준
은 그 능력이 언어에만 국한되는 것인지 아니면 인간의 다른 기능
혹은 다른 기관과 공유되는 것인지에 따른다. FLN은 FLB의 한 부
분으로 연산 작용의 핵심인 '반복(recursion)' 가능만을 의미하며, 반
복기능은 협소 통사론과 접합부로의 사상(mapping)에 적용된다.

한편, Jackendoff and Pinker(2002, 2005)는 대체적으로 이분법
(dichotomy) 방식에 대하여 인정하는 경향을 보이지만, 언어 기능에
대한 협의-광의의 이분법과 핵심-비핵심의 이분법 분류에 대하여 동
의하지 않는다. 이들이 주장하는 바에 따르면, 전자는 인류의 진화
과정에서 실질적으로 수정되었을 기능들을 완전히 배제하고 있다는

것이고, 후자는 상당한 언어학적 현상들이 협소 통사론의 개념 하에서는 제대로 설명되지 못하게 되고, 따라서 반복이 언어 진화에서 유일하게 발전된 것이라는 그릇된 생각이라는 펴고 있다는 것이다.

이들 두 그룹의 입장은 통사론의 기원에 대하여 첨예한 입장 차이를 보이고 있는데, 언어가 의사소통의 필요성에 의해서 진화되었는지의 판단 여부가 FLN의 본질을 규명하는 핵심이 된다. 이를 살펴보기 위해서는 먼저 FLB와 FLN을 보다 자세히 검토해 볼 필요가 있으며, 이 과정에서 언어 기능이 어떻게 출현하게 되었는지 그리고 언어 기능이 왜 인간에게만 나타나게 되었는지를 재고해야 한다.

자연 도태(natural selection)와 유전상 돌연변이(genetic mutation)에 대한 논의를 해보자. 이러한 논의에는 언어학적, 심리언어학적, 신경과학적 증거와 자료들을 검토해야 하는데, 이러한 자료들 중에는 언어 기능이 반복으로만 설명될 수 없다는 사례들이 있다. 최소주의는 연산 작용을 가능한 최대로 단순하게 적용되도록 함으로써 부담을 줄여 주고, 병합(Merge)은 하나의 통사 단위 A가 구조 상 최상위의 통사 단위 B를 목표로 삼아 문장 구조를 확대해나가도록 구성되어 있다. 그러나 실제로 내부 병합(Internal Merge: IM)로 구조가 커지지 않는 경우들이 존재한다(Pesetsky 1997; Chomsky2006). 최소 연산 작용(minimal computation)이 쉬운 정보처리(easy processing)보다 언제나 선호되거나 우선적이지 않다.

그 예로, 원거리 의존성(long-distance dependencies)에서 아동 영어는 이동 경로에 의문사나 조동사가 복사되어 발화되는 현상을 보인다. 통사적으로 복잡한 발화에서 타당성(plausibility)에 대한 반응을 통해 언어 수행이 언어 기능(FL)의 내부 체계에 영향을 줄 수 있음이 보인다. 심리언어학적 실험 결과들에서 인지 능력의 외현적 지시(extraneous instructions)가 언어 기능(FL)의 매개변항을 변경시킬 수 있음을 보여준다. 노화와 관련된 신경화학적 증거들 또한 두뇌가 성숙될수록 언어 기능(FL)이 변할 수 있으며, 그 결과 정신 활동에 대한 반응이 달라 질 수 있다는 증거들을 제시한다(Calvin and Bickerton 2001). Koizumi(2004)는 더 나아가 FLN은 반복으로만 시작하지만 언어 기능(FL)은 인간의 역사 및 한 인간의 일생동안 매개변항에 노출되어 있다고 주장한다.

인간 언어에 대한 연구에서 가장 기본이 주제가 인간과 언어가 자연 세계에서 어떠한 입지를 가지고 있는가를 밝히는 것이다. Hauser et al.(2002)은 개념적으로 협의의 언어 기능(FLN)과 광의의 언어 기능(FLB)를 구별하고 협의의 언어 기능(FLN)은 반복 기능만 있고 반복이란 인간만이 소유하는 기능이라고 주장한다. 언어 진화를 통해 반복이 최근에 진화되어 생겨난 기능이고 이러한 기능으로 그 동안 의사소통을 위한 자연 도태적 진화 과정으로 설명되었던 내용들이 무용지물이 되고 말았다.

언어 기능(FL)이 언어 발생 이전에 이미 존재하고 있었으며, 이후 협의의 언어 기능(FLN)이 진화로 시작되었다는 것을 보여주는 증거들이 있다. 이에 대하여 Jackendoff and Pinker(2005)는 언어 기능(FL)은 전혀 새로운 능력과 비언어적이고 비인간적 능력을 위한 여지일 뿐이라고 반박한다. 현재의 기능과 원래의 기능이라는 이분법

만으로는 현재 사용되고 있는 용도로의 적응되기까지의 변화 가능성을 무시하는 것이라고 주장한다. 인간과 비인간 사이의 이분법은 따라서 같은 조상으로부터 물려받은 유전적 유사성과 별개로 진화된 동종 기능들의 유사성을 구별해 낼 수 없다.

이러한 논의의 핵심은 결국 상징적 요소(symbolic units)와 통사론 사이의 긴장(tension)에 관한 것이다. 인류학자들은 2-3백만년 전에 인류는 식량을 구하기 위해 소그룹으로 나누어졌고, 찾은 것을 이용하기 위해 다음엔 다시 모였다고 한다(Pinker 2003; Odling-Smee et al. 2003; Bickerton 2002). 이러한 행동 유형은 소 그룹 사이에 적절한 의사교환이 필요했으며 아마도 간단한 의사소통 방식이 생존을 위해서 사용되었을 것으로 생각한다. 그 결과 상징적 요소, 즉 어휘들이 점점 그 숫자가 늘고 숫자 확대에 제한은 없었다.

그러나 Bickerton(2007)의 주장은 다르다. 그는 상징적 요소들이 다양한 종족의 개념 구조에 잠재되어 있는 것이기 때문에, 이것이 의사소통을 위해 나타나게 되었다는 것이 신경학적이나 유전학적 심각한 변화를 초래하였다고 보지 않는다. 따라서 상징적 요소가 더 큰 단위의 구조와 융화되는 자동 장치가 있었다고 보기 어렵다고 주장한다. 반면에 통사부는 상징적 요소와는 근본적으로 다르다. 문화적 통제가 아니라 생물학적 통제에 따라 인간 두뇌에 근본적인 수정을 요구하게 되었을 것으로 본다. 따라서 통사부는 복잡성을 허용하게 되는데 이러한 양상은 초기 인류가 사냥하고 모이는데 필요한 내용이 아니었다.

그러면, 통사부가 시작된 이유는 무엇이고 왜 통사부가 지금처럼 존재하게 되었을까? Dunbar(1996)는 집단에서 그룹의 확대와 관련하여 흥미로운 사안을 제기한다. 그는 인간의 집단 규모가 너무 커져서 원시적인 교류의 방식이 더 이상 가동되지 못하는 수준에 이르게 되었다고 본다. 그러나 문제는 인간 집단이 유인원 집단보다 규모가 더 컸었는지는 알 수 없기 때문에 확실성이 떨어진다. 다른 가능성은 그 반대로 인구수의 증가는 통사부의 출현 이후에 나타났다고 보는 것이다. 또한 Donald(1991)는 다른 가능성을 제시하는데, 그는 인간의 큰 뇌가 인간을 더 똑똑하게 만들었고 인간의 똑똑함이 언어를 고안하게 되었다고 주장한다. 그러나 이 가능성에 대하여 Calvin and Bickerton(2001)는 현재까지 발견된 동굴 속 유물을 보건데 인간의 두뇌가 지금의 크기가 되기 이전에 이미 만들어졌다는 증거들을 제시하며 부정한다.

생성문법자들은 생물학적 증거에서 통사부가 진화해왔다는 것을 가정한다. Jackendoff and Pinker(2005)와 Hauser et al.(2002)는 광의의 언어 기능(FLB)를 언어 발생 이전에 존재한 것으로 본다. 이 두 그룹 간 논쟁의 핵심은 협의의 언어 기능(FLN) 즉 병합이 이전의 어떤 연산 장치로부터 도출되었는지의 여부에 있다. Jackendoff and Pinker(2005)의 주장은 협의의 언어 기능(FLN)이 길찾기(navigation), 사회적 인지, 혹은 미결정 된 어떤 목적에 따른 증거를 바탕으로 도출된 되었다는 것이다. 이러한 주장에 대한 예로서 시각을 들고 있다. 즉, 수정체는 안구를 움직이게 하는 근유조직이 없을 때도 유용하게 사용되었지만 그 반대는 상상하기 어렵다는 것이다. 수정체도 갖춰지지 않은 안구에 안구를 움직이게 하는 근육이 생길 수는 없다는 이유이다. 수

정체가 먼저 진화를 겪고 나서 추후에 안구를 움직이는 근육조직이 발생하는 것이 진화에서 자연스러운 진행 순서라는 것이다. 더 나아가 이들은 언어라는 측면에서도 처음엔 어휘 수준으로 상징적으로 의사소통을 했었을 것이고, 추후 의사소통에서 정보 전달역을 더 높이고 효과적이 되도록 하기 위해 통사부가 등장했을 것으로 본다.

한편, Klein and Edgar(2002)은 다른 견해를 가지고 있다. 그들은 인간이 똑똑하게 된 것은 갑작스러운 진화현상이라는 것과 두개골의 해부학적 구조의 증거를 토대로 언어 출현을 인구수의 증가나 두뇌 크기의 확장과는 무관하다는 것을 주장한다. 그 대신, 두뇌 신경 조직망의 질적 향상을 야기하는 돌연변이적 진화의 가능성을 제시하였다. 그 결과, 신경조직들 간의 정보 전달 속도와 양에서 크게 향상되어 인간은 지금과 같은 방식의 사고 표현과 전달 능력을 갖추게 되었다는 주장이다. Lieberman(1984, 1998)은 음운 체계를 발전시키는데 이용된 운동 통제 구역에서의 신경 장치들이 통사 구조를 형성하는데 일조 있을 것이라고 주장한다. Corballis (2002) 또한 두뇌의 지역화(lateralization)과 오른손잡이의 연관성에 대해서 지적하고 있다.

언어 발생에 있어서 언어를 해독하는데 사용되는 과정과 표상을 점검하기 위한 새로운 방법이 제시되었다. 인지 영역을 밝힘에 있어 다양한 학문적 영역을 넘나들고 언어 정보처리에 대한 특징적 양상들을 제시할 수 있는 방안들이 있다. Grodzinksy(2002)이 지적하기를, 인간 심성에 대한 연구의 핵심적 방법으로 언어학 연구가 등장하게 됨으로서 인접 학문들에게 강력한 장치를 제공하게 되었고 그 결과 실험적 뿐만 아니라 이론적 장치들의 개선이 가능하게 되었다

고 한다. 언어의 신경학적 접근이 이러한 발전과정에서 얻게된 최고
의 혜택이라고 말한다.

일반적 틀에서 볼 때, 가장 먼저 해결해야할 사안은 Chomsky(2001)가
말했듯이 다음이라고 볼 수 있다.

(33)   Are grammars or I-languages in our heads psychologically real as well
        as neurophysiologically real?

Smith(2004)는 그의 저서에서 Chomsky의 말을 인용하며 현재 생성
언어학의 방법과 방향이 물리학이나 생물학 및 화확 이론들이 그러
하듯이 옳고 바른길을 나아가고 있다고 주장한다.

언어 이론을 좀 더 자세히 논의하기 위해서 먼저 다음의 두 과제
들을 생각해보자.

(34)   What might the role of the internalized grammar?
(35)   How can knowledge about this grammar be integrated with
        other aspects of our understanding?

본 저서는 (34)와 (35)와 관련하여 통사적 복잡성(syntactic complexity)를
논의하는데 그 이유는 통사적 복잡성 개념에는 협의의 언어 기능(FLN)
에 직접적으로 연관되어 있는 반복(recursion)과 광의의 언어 기능(FLB)
에 연계되는 추가 기능들을 내포하기 때문이다. 이렇게 함으로서 통사 운
영에서 복잡성을 어떻게 처리하며 언어 생산(language production)을 하는

지를 연령 대비 심리언어학 및 신경생물학적으로 관찰할 수 있을 것이다.

최소주의(miminalist program: MP)에서 언어 기능(FL)의 개념은 병합(Merge)과 일치(Agree)에만 작동한다. 최소주의는 경제 원리에 따라서 수렴되고 반복(recursion)의 전형적인 운용인 병합(Merge)은 문장 구조를 확대시켜 통사 단위 A가 구조상 최상위의 통사 단위 B를 지정하고 그 가장자리(edge)로 병합한다. 그러나 구조가 병합으로 확대되지 않는 경우가 발생한다면 소위 확대조건(extension condition)을 어기게 된다.

(36) 가. Which picture of Bill that John likes did he buy?
      나. [which picture of Bill [that John likes]] did he buy
          [which picture of Bill]

(36나)에서 관사구(determiner phrase: DP) 'Bill'이 대명사 'he'과 동일지시를 이루지 못하는 이유는 그 대명사가 가장 내포되어 있는 상태의 관사구 복사(copy)인 'Bill'을 성분-통어하기 때문이며, 관사구 'John'은 관계절이 늦게 병합되어 구조로 들어오기 때문에 대명사가 관사구를 성분-통어 할 수 없기 때문이다. Frampton and Gutmann(2002)은 이런 현상과 관련하여 비순환적인 운용은 정보처리를 극단적으로 어렵게 만들어, 그 운용을 기존 구조로 되돌아가서 재연산해야 하는 부담이 늘게 된다고 지적한다. Chomsky(2001)은 집합 병합(Set Merge)과 쌍 병합(Pair Merge) 공히 순환적 과정이라고 말하지만, 그 결과는 오히려 운용 시스템이 복잡해 질 수 있는데 그 이유는 부가-병합(adjunct-Merge)이 추후 부가 운용을 하게 되

는 소위 SIMPLE 운용을 통해 집합 병합으로 전환될 때까지 구조적으로 보이지 않아야 하기 때문이다.

연산 시스템은 단계별로 통사체(syntactic objects)를 구축하고 배번집합(numeration)의 부분 집합은 계층적 대상을 형성한 뒤 해석을 위해 접합 하위 체제로 이전된다. 이러한 도출 개념은 부분적으로 효율적 연산운용에 따른다. 일단 구성체가 접합부로 이전되면, 연산체제는 그 내용을 잊고, 활동 기억(working memory)의 부담을 (burden) 최소화 한다. 그러나 경우에 따라서는 국면(phase)의 부분 집합에 여전히 추가적 운용에 적용받는 요소가 남아 있어야 한다. 국면의 머리어(head)와 그 가장자리가 여기에 해당한다.

예를 들어, 쿼키(quirky) 주어와 주격 목적어는 T가 탐색할 수는 있는 이유는 국면 방해 조건(phase intervention condition: PIC)을 수정하여 vP 국면의 이전을 TP 투사가 완성될 때까지 지연시키기 때문이다(Taraldsen 1995 and Sigurðsson 1996). Chomsky(2006) 자질 승계(feature inheritance) 이론에 따라 T의 자질이 머리어에 고유한 자질이 아니고 C 자질 조합의 한 유형이고 승계에 의해서 습득된다. C의 병합으로 vP 국면이 이전되고 C의 탐색 자질들이 T로 넘어간다. vP이 이전된 후, v와 그 가장자리만 T에 접근가능하다. VP 내부 주어 관사구는 T의 비해석성 Φ-자질에 값을 주고 그 관사구는 TP로 병합되어 격을 가지게 된다. 이것이 자질 승계 이론으로 야기되는 확대 조건의 위반이다,

도출을 연산하는 것은 협의의 통사 조건을 따르는데, 이것은 최소

의 비용에 의한 최소의 도출이어야 한다는 것이다. 내부 병합은 어휘
가 국면의 가장자리 마다 여러 번 출현(occurrences) 할 수 있게 하며,
원거리 의존성(long-distance dependency)에서 연결성(connectivity)이
이루어 진다. 음성(PF) 접합부에서의 경제성은 도출의 마지막 단계에
서만 복제(copy)의 음성적 효과를 보이도록 한다.

언어들 중에는 중간 도출 단계에 있는 복제들도 일부 형태적으로
실현되는데 이것은 엄연한 최소 연산(minimal computation)의 반례
에 해당된다.

(37)　가. Was glaubst Du, wovon sie träumt?
　　　　　what think you, expl you dream
　　　　　'What do you believe she dreams of?'
　　　나. Was glaubst Du, was Susi denkt, wovon Maria träumt?
　　　　　what believe you what　think　expl　dream
　　　　　'What do you believe Susi thinks Maria dreams of?'

독일어 의문사 의문문(37)에서 의문-허사 'wovon'이 문두로 전치된
의문사 'was'와 무관하게 독립적으로 발음화 됨을 보여준다.

다음의 문장들을 보면 중간 위치의 의문사들이 형태적으로 실현
되고 있음을 알게 된다.

(38)　가. Wen glaubt Du, wen sie getroffen hat? (German)
　　　　　who believe you who she met　　has

'Who do you think she has met?'

나. Wêr tinke jo wêr't   Jan wennet? (Frisian)

where think you where-that   resides

'Where do you think where-that Jan resides?'

다. Waarvoor dink julle waarvoor werk ons? (Afrikaans)

what   think you what   looking for

'What do you think we are looking for?'

라. Kas o Demiri mislenola kas Arifa dikhla? (Romani)

who does   think   who   saw

'Who does Demir think Arifa saw?'

(38)에서 동일한 의문사 'wen,' 'wêr,' 'waarvoor,' 그리고 'kan'이 문두에서 뿐만 아니라 중간 자리에서도 발음화 되는데 이것은 최소 연소에 반하여 쉬운 처리(easy processing)이 선호됨을 보여주는 예들이 될 수 있다.

쉬운 처리에 대한 언어 발달관련 증거에는 다음의 원거리 의문사 의문문에서처럼 아동들이 연결성 의문사를 사용하는 것에서 찾을 수 있다.

(39) 가. What do you think what Cookie Monster eats?

나. Who do you think who the cat chased?

다. How do you think how Superman fixed the car?

이른 아동 영어(early child English)에서 의문사가 주절 앞과 종속

절 앞에 각각 나타나는 것을 볼 수 있다. 다음의 예는 더 나아가 조
동사 역시 중복되어 사용된다.

(40) Why did the farmer didn't brush his dog? (Radford 2004)
(41) What did Mary claim did they steal? (Belfast English)

성인 영어에서도 유사한 증거가 있다.

(42) It's a world record which many of us thought which wasn't
      on the books at all.
(43) He is someone who I don't know anyone that likes him.

(42)와 (43)은 의문사가 복제되는 경우 및 경우에 따라서는 대명사
로 실현되는 것을 보여주는데, 이런 현상의 설명은 이른 아동 영어
현상과 연계되어 있을 수 있다.

  의문사와 조동사의 복제현상은 언어 기능(FL)이 과연 완벽한지
혹은 언어 기능(FL)이 반복만으로 구성되어 있는지에 대한 의문을
야기한다. 최소주의에서 모든 복제는 생략되어 연산을 최소화해야
한다. 그러나 위의 예문에서 보듯이 일부 복제는 남아서 '채우기
(filler)-빈자리(gap)의 해석에 도움을 주기도 하는데, 이것은 언어 기
능(FL)의 언어능력(competence)에 대한 심각한 문제가 될 수 있다.

  반복(recursion)이란 인간 언어의 가장 기본적 특성으로 출력
(output)이 입력(imput)이 되는 수학적 기능이다. 언어의 이해는 이

론 언어학에 그 틀을 두고 있다. 그래서 대부분의 제안들이 언어학적 용어로 정리된다. 영어 실어증 환자들에 대한 연구에 따르면 기본 어순에서는 문장 해독이 정상으로 이루어지지만 기본 외의 어순에서는 해독에 어려움을 겪는 것으로 보고된다. Grodzinsky(2000)는 이러한 현상을 일종의 통사 구조체에서 생략(deletion)이나 혼란(disruption)이 일어나기 때문이라고 설명한다. 인지 심리학 용어로도 설명될 수 있는데, 언어 수행에서 나타나는 전형적 특성들이 활성 기억의 손상이나 해독의 신호(cues)를 감지하지 못하는데 기인하는 것으로 본다(Bates et al. 1987).

한편 Pulvermueller(1995)는 언어란 신경학적 현상이기 때문에 신경 조직망의 정보전달 체제 내에서 설명할 필요가 있음을 역설한다. 언어 장애를 신경조직망에서가 아니라 이론 언어학 체제로 설명하려는 것은 기본적으로 환자들의 언어 수행이 본래 범주화 되어 있다는 사실을 전제로 하고 있다. 그러나 실제로 환자들에 따라서는 정해놓은 틀 속에 잘 들어맞지 않는 경우가 많다. 비록 신경망 모델이 기능의 단계별이 아니라 감퇴를 나름대로 잘 표시해주고는 있지만, 실어증에 나타나는 기능 감퇴 현상에 있어서는 그다지 잘 표시해주고 있지 못하다. 가장 큰 이유는 아마도 문장이 복합적(compositional) 해석과 더불어 계층적 구조를 가지기 때문일 것이다.

문법성(grammaticality)와 수용성(acceptability) 간의 논쟁은 구어체에서 특히 심하다. 어떠한 언어적 현상이 발견되고 특정 문법에서 이를 간과한다는 것은 과장하는 것만큼이나 심각한 문제가 된다. 언어의 원(raw) 자료는 문법을 조장하는데 안되는 이유는 적어도 정보 처리과정에서의 일반적 인지상 제약들이 문법에서는 괜찮다고 허용할 수도 있는 표현을 적절하지 않은 것으로 판단할 수 있기 때문이다.

(44) The mouse the cat the dog chased chased ran away.

(44)의 중앙-내포 구문(center-embedding constructions)이 잘 알려진 경우이다.

문법성과 수용성을 구별하게 되면 비문법적이지만 수용 가능한 문장들을 연구의 대상으로 삼아야 하는 경우가 생긴다.

(45) 가. What does himself$_i$ want for his$_i$ supper?
      나. This is the house that I don't know its name.

(45가)는 'himself'를 결속이론에 적용되는 재귀사가 아니라 강조형으로 간주하면 수용 가능한 문장으로 해석된다. (45나)에 관하여, Ross(1967)와 Shlonsky(1992)는 대명사란 소유격 자리에서 허용되지 않는 흔적을 표층구조에서 방지하기 위해 최후의 수단 장치를 사용할 수 있다고 주장한다.

그러나 사실 비문법적이면서 수용 가능한 문장들은 문제다. 문법은 주어진 문맥에서 언어 사용자들의 경향을 어느 정도 허용해 줄 수 있어야하기 때문이다. 문법성과 수용성에 대한 원칙적 구별 없이는 실증적 증거를 하는 어떠한 이론 언어학도 온전하다고 볼 수 없기 때문이다. 문장이 문법적인지 문법적이지 않지만 수용 가능한 것인지에 대한 불확실성은 언어 지식이 과연 무엇으로 구성되어 있는 지를 결정하는데 중요하다. Cann et al.(2005)은 문법 이론들이 가끔은 일상에서 화자들이 거의 사용하지 않는 문장들을 만들어 내고 한편으로 실제로 많이 발화하지만 문법적으로는 허용하지 않는 다는 사실이 이론언어학의 역할 규명에 근본적인 문제가 된다고 지적한다.

일반 구 구조 문법(generalizaed phrase structure grammar), 범주 문법(categorized grammar)과 더불어 최소주의(minimalist program)는 언어라고 할 수 있는 일련의 표현들을 생성해 내고, 이렇게 생성되지 않는 표현들은 해당 언어가 아니라고 판단한다. 만약 어떤 표현이 해당 언어의 문법 체계에서 생성되지 않는다면, 그러한 표현은 사용되어져서도 안 되고 청자에게도 해독 불가의 표현이어야 한다. 문법성과 수용성의 구별이 모호한 상황에서 Pullum and Scholz(2001)은 문법이라는 것을 좀 완화해서 화용론적 원리들이 적용되어 관찰 가능한 언어 자료와 화자들에게 수용가능 판단 사이의 뚜렷한 비대칭성을 설명할 수 있도록 하자고 주장한다. 이것은 결국 언어 지식에 대한 개념과 언어 사용 사이의 보다 밀접한 접근을 해보자는 취지로 볼 수 있다.

중국어 화자들은 (46가)의 목적격 관계절(object relative clauses: ORC)이 (46나)의 주격 관계절(subject relative clauses: SRC) 보다 해독이 더 쉽다고 한다.

(46) 가. [__ yaochang fuhao] de guanyan
           invite   tycoon RC official
           'the official who invited the tycoon'

나. [fhao [yaochang __]] de guanyan
'the official who the tycoon invited'

한국어 화자들에게는 오히려 주격 관계대명사 구조(47가)가 목적
격 관계대명사(47나)보다 해독이 더 쉽다고 알려져 있다.

(47) 가. [__ 남자를 좋아하는] 여자
      나. [남자가 [__ 좋아하는]] 여자

Kim(2008)은 이 현상과 관련하여 L2 습득에서의 반응을 살펴보
기 위해 L1 중국어화자가 L2 한국어 관계절에 대한 반응 실험을 실
시했다. 그 결과 L1 중국어 화자들은 L2 한국어의 주격 관계절을 더
쉽게 해독하는데, L1 중국어에서는 더 어렵게 생각되었던 문형이다.

(48)   중국어   한국어
       [주어 [동사_]] 목적어   →   [__목적어 동사]주어

이러한 결과가 시사하는 바는 L2 한국어 주격 관계절에 대한 해
독 시간이 L1 중국어 화자들이 두 번째 명사에 도달 할 때 급격히
줄어든다는 것이다.

유사한 경우가 독일어에서도 보인다. 독일어는 문장에서 의문사
들의 순서에 대한 제약이 있다. Beck(1996)은 의문사가 문장에서 다
른 어휘를 뛰어 넘을 때 소위 방해 효과(intervention effects)가 나타
난다고 주장한다.

(49) 가. *Warum haben wenige Linguisten wem geglaubt?

　　　　why　　have few　　linguists　whom believed

　　　　'Why did few linguists believe whom?'

　　나. Warum haben wen wenige Linguisten geglaubt?

(49나)에서 의문사 'wem'은 양화사구 'wenige Linguisten'을 가시적으로 뛰어 넘어야 한다.

(50)　wh1　　　NP　　　wh2

　　　　　　　[+topic]

　　　　overt & obligatory

그 이유는 소위 Beck의 방해 조건을 방지하기 위해서이다..

문장(51)은 의무적 뒤섞이의 예를 보여주고 있다.

(51)　가. Wer hat was geme/kormplett/sorgfaltig　　　gelesen?

　　　　why have what with-pleasure/completely/care-fully read

　　　　'Who read what with pleasure/completely/carefully?'

　　나. *Wer hat geme/kormplett/sorgfaltig was gelesen?

　　다. Was hat wer geme/kormplett/sorgfaltig gelesen?

　　라. *Was hat geme/kormplett/sorgfaltig wer gelesen?

유일하게 가능한 어순은 *wh*-의문사 'wer'와 'was'가 모두 어순에 관계없이 부사들에 선행하는 경우이다. 뒤섞이는 지금까지 생성문법

이론에서 다양하게 설명해 왔다. 경우에 따라서는 음성적 현상으로, 협소 통사론의 틀에서는 통사적 현상으로 각각 생각했다. 어떠한 경우에서든 뒤섞이는 광의의 언어 기능(FLB)에서 볼 때 연산 부담을 가중시키는 운용인 것으로 본다.

최근 신경심리학의 다양한 틀 속에서 언어 해독에 관여하는 영역을 이해하는데 적용되는 도구들이 제시되고 있다. 그 중에서 아주 흥미로운 것은 성인들의 언어 체제 발달에 영향을 주는 일생에 걸친 변화들을 연구하는 것이다.

노화관련 증거들은 일찍이 1960년대 연구로 거슬러 올라간다. Chomsky(1969)는 실험에서 L1 영어 습득 아도들이 명사와 동사간의 표면상 거리와 심층적 통사구조 중에서 언어 정보처리에 더 의존하는 것이 무엇인지를 밝히고자 했다.

(52)　가. The doll is easy/eager to see.
　　　나. Bozo asked/promised Mickey to sing.
　　　다. Ask/tell Bozo what to eat.

그녀의 실험 결과는 연령이 높은 아동일수록 낮은 아동보다 해독의 정확성이 높다는 것이다.

언어 정보 처리에서 아동과 성인 간의 차이는 소위 말실수(slips of the tongue: SOT)와 귀실수(slips of the ear: SOE)에서 찾아볼 수 있다. 말실수에 해당하는 발화를 듣게 되더라도 우리는 귀실수를 적용해서 화자가 원래 의도했던 내용을 파악해서 재해석 하게 된다. 예를 들어 다음의 경우를 보자.

(53) 가. The man bit the dog.

      → The dog bit the man.

    나. John ironed and washed his shirt.

      → John washed and ironed his shirt.

정상적이고 일반적은 상황 하에서 (53)의 경우들은 납득하기 어렵게 발화되었다. 사람이 개를 물었다거나 다림질 한 뒤 빨래를 했다는 것은 일상생활에서는 접하지 않는 경우들이기 때문이다. 그러나 화자들은 화살표 이후의 발화로 재해석함으로써 화자의 의도를 파악하면서 발화를 이끌어 간다.

Clark and Clark(1977)은 연령이 높은 성인일수록 아동이나 연령이 낮은 성인보다 문장 해독 과정에서 SOE를 더 많이 활용하는 것 같다고 보고한다. 여기서 흥미로운 것은 SOE의 활용이 단어 인식에 의지하기 보다는 적절한 배경 지식과 세상 전반의 상식 등에 기반으로 이루어진다는 사실이다. Bond(1999)는 여기서 더 나아가 청자는 빠르고 일관성 없는 단어들을 직면하면 자기 언어 구조에 대한 지식에 근거하는 전략을 사용한다고 주장한다. 그렇게 함으로써 어색한 발화를 재해석해서 화자의 의도를 회복해 낸다는 것이다.

연령과 관련되는 또 다른 증거는 소위 말끝실수이다. 이것은 가장 적절한 단어 추출을 막는 현상인데, 그 당시 가장 떠올려지는 어휘를 선택 발화함으로써 그 상황에 가장 적절한 단어 추출을 막아버리는 현상인데 가끔 이런 단어들은 문맥에 맞지 않는 경우가 발생하게 되기도 한다. Jones(1989)과 Cross and Burke(2004)은 연령이 높은 성인들에게 TOT가 더 흔히 발생ㄴ하는데 이런 결과는 젊은 사람들에 비해 목표어에 관련하는 지식이 더 많기 때문이 아니라고 주장한다. 이들은 그 대신 의문에 대한 답을 하지 못할 때 의미적으로 관련되는 어휘들을 제시함으로서 정확한 답변이 어려워지고 TOT를 증가 시킨다.

최근 신경과학 실험들은 여러 연령대별 다양한 인지 과업을 수행하는 동안 활성화 되는 두뇌 구역에서의 변화를 살피는데 주력해 왔다. 아동들의 ERP 자료(N400과 P600)에 대한 일련의 연구들은 살펴보면, 의미 해석에 관련되는 N400 영역의 가장 흔한 현상들은 성인들에 비해 주파수가 높고, 지연(latency)이 자주 발행하며, 넓은 두피에서 반응을 보인다. 통사 정보 처리와 관련있는 P600에는 성인들에 비해 주파수가 높고, 지연이 빈번하게 나타난다(Holcomb et al. 1992 and Friederici and Hahne 2001).

통사적 변칙(syntactic anomaly)의 본질에 대한 연구에서 Achley et al.(2006)는 이러한 결과가 성인 문법에 대한 현재 모델과 아동 문법에 대한 작금의 연구에 부합한다고 주장한다. 일치 위반과 조동사 'do' 삭제 증거에 의거하며, 아동들은 조동사 'do'는 이따금 생략하지만 일치가 있을 때는 거의 일치 위반을 하지 않는다는 점을 주장한다. 또한 이러한 현상은 문법성 판단에서도 그대로 드러나는데, 나이가 젊을 때는 주어-동사 일치 위반 문장을 수용할 수 없다손 치더라도 조동사 'do' 생략은 허용하는 추세가 높다. 이들은 더 나아가 그 결과는 이동 운용에서 착지점(landing site)을 위한 두 다른 기능 핵을 포함하는 최소주의(MP)에서 가정되어 있음을 주장한다. 조동사 do가 의문문에 삽입되어 시제와 일치 점검을 위한 절의 요건을 만족하게 된다(Kahlaoui et al. 2007).

또 다른 사실은 신경과학 바탕의 실험에서 찾아볼 수 있다. 두뇌 구조상 발달과 메타볼리 수치의 변화와의 상관성을 기초로, MR 스펙트로스코피의 자료를 보면 메타볼리의 일반적 패턴을 이해하고 확인하는 도움을 주는 표본 조직의 메타볼리의 틀을 알 수 있다. 노화에 대한 두뇌의 초기 일반화에 따르면, 두뇌는 아동기 이후가 되면 더 이상 변화하지 않는다고 한다. Paus et al.(2001)은 그러나 두뇌 피질의 회색질의 크기가 나이가 들수록 줄어들지만 반대로 백색질은 20세까지 계속해서 약 12%까지 커진다는 사실을 보고했다.

Baslow and Gulifoyle(2007)는 더 나아가 GABA와 글루타민의 비율의 감소가 회색질 감소와 연관이 있음을 밝혀내고 노화의 진행에는 특정 화학물질이나 신경전달물질이 관여하고 있으며, 이러한 변화가 회색질과 백색질 간의 크기 변화와도 연계되어 있음을 주장했다. 이러한 연구들을 통해 두뇌가 성숙되어 갈수록 불필요한 신경들의 숫자가 감소하고 반대로 신경세포를 구성하는 축삭돌기들의 숫자가 크게 늘어난다는 사실을 알 수 있다(Koizumi 2004, Park 2008). 노화 과정에서 불필요한 신경들을 털어낸다는 것은 회색질의 감소의 결과로 나타나고, 신경대 신경간의 연결망 확대는 백색질의 증가로 알 수 있다.

이상에서, 인간과 동물들 간의 차이점들 가운데 인간을 독보적인 존재로 만드는 것은 상징 언어를 가질 수 있다는 것이다. 그러나 언어의 원초적 기능이 무엇인지는 여전히 미스터리이다. 왜 생겨났고 초기 호모 사피언스들의 사용 목적은 무엇이었을까? 한가지 분명한 것은 언어가 과거에도 현재도 사회적 도구이며, 고유한 능력으로 사회 구성체의 다른 대상들이나 생존 환경에 관련될 때만 특별한 기능을 발휘한다. 언어는 따라서 유아와 엄마 사이 더 나아가 사냥꾼, 전사들, 가족 구성원들 사이의 대화 수단으로 발전되었다고 생각된다.

발화는 수천의 두뇌 영역과 구조, 신경 매체, 감성과 행동, 근력 운동, 호흡 등의 복잡한 상호작용의 결과이다. 그러나 언어가 어떻게 작동하는지 인간 진화에서 어떻게 발생하게 되었는지에 대해서는 알려진 바가 거의 없다. 분명 언어는 적응의 기능이 있긴 하지만, 그 기능이 너무나 평범하기 때문에 순수 진화 기능과는 완전히 별개가 되었다. 시(poets)나 언어를 이용하는 다른 추상적 결과물들은 대화나 생존의 필요성과는 거리가 멀다.

본 저서에서 다룬 모든 사항들은 여전히 상당한 논란의 대상들이며 아마도 하나의 영역만으로는 그 해결책을 찾아내지 못할 수도 있다. 이러한 사항들에 대한 최근의 경향은 따라서 관련 영역들을 어우르는 통합 및 융합적 연구태도를 취하고 있다. 언어에 대한 이러한 융합 및 복합적 접근은 기본적 이슈들에서 뿐만 아니라 답하기 어려운 의문에 대해서도 초점을 맞추면서 오랫동안 내려오던 오래된 질문들에 비교적 참신하고 구체적인 해결을 제공하고 있다. 본 저서에서는 두 입장을 평가하고 그 대안을 제시하면서 비록 협의의 언어 기능(FLN)이 반복으로 시작되었지만 진화과정을 거치면서 협의의 언어 기능(FLN)은 인간 역사에서 그리고 인간의 평생 동안에 걸쳐 매개변항적 변화를 거쳐 왔음을 주장하였다.

2.3 언어 진화와 언어 변화

지금까지 언어 기능(FL)의 발생과 진화에 대하여 두 접근이 있어왔다. 그 중에 하나의 접근은 Hauser et al.(2002)의 제안이다. 협의의 언어 기능(FLN)은 무한계의 반복(recursion) 기능으로 구성되며, 이러한 반복 기능은 인간의 언어에 해당하는 고유한 것으로, 결국 통사론이 시작된 시기라고 본다. 한편 Jackendoff and Pinker(2005) 전혀 다른 견해를 밝히고 있다. 이들은 반복 기능이란 언어뿐만 아니라 인간의 여러 다른 능력에도 적용하는 것으로서, 언어가 발생하게 가장 큰 이유는 인간들 사이의 대화(communication) 때문이라는 것이다.

한편, Fitch et al.(2005)은 여러 주장들을 토대로 다음과 같이 주장한다. 즉, 협소 언어기능이란 반복(recursion)의 수행만 포함하고 있는 것이 아니라 이를 이용하여 사상(mappings)을 통해 접합부로 이어진다고 한다. 이 과정에서 소위 광의의 언어 기능(FLB)의 요건들이 만족되는 것이다. Chomsky(2007)에 따르면 언어 기능(FL)이 등장하는 데는 C-I 접합부와 밀접한 연관성이 있으며, S-M 접합부를 통해 언어의 외현화(externalization)가 이루어지기 때문에 C-I와

S-M은 완전히 별개이다. 앞에서 논의한 두 입장의 차이는 결국 배번집합에서 병합을 거쳐 접합부로 이어지는 사상(mappings)을 협소 언어기능으로 볼 수 있느냐에 달려있다.

이 두 견해를 비교하고 각각의 문제점을 지적 및 해결하는 것이 이 논제의 시작이다. 기본적으로 본 저서에서는 반복(recursion)과 접합부로의 사상(mappings)을 구별하고 각기 다른 기능으로 접근하는 분석을 따른다. 그러나 C-I 접합부가 언어 기능의 유일한 영역이라는 분석은 재론의 여지가 있다고 본다. 이러한 취지에는 C-I 접합부와 S-M 접합부가 전혀 다른 시스템으로 운영된다는 가설과 증거들에 반하여, S-M 접합부 역시 C-I 접합부와 동일한 혹은 유사한 적용이 가능한 현상들이 있다는 것을 최소 연산(minimal computation)과 쉬운 처리(easy processing)의 논쟁을 중심으로 살펴볼 것이다.

언어 진화의 주제에서 주목할 점은 진화의 대상과 방법 그리고 그 결과에 대한 논의이다. Chomsky(2007)는 적어도 반복 기능은 인간 언어만이 보유하는 유일한 능력으로 이것으로 인간이 다른 동물과 다르다고 구별할 수 있는 기준이며 따라서 언어 발생부터 지금까지 진화의 대상이 될 수 없다고 한다. 그러나 앞에서도 살펴보았듯이 아동의 언어습득, 인간의 노령화와 알츠하이머 질병 등의 경우 인지 기능의 변화로 인해 언어 수행의 변화가 발생하는데, 이런 현상들은 두 접합부로의 사상이 모두 언어 출현과 언어 진화에 관여되어 있을 수 있다는 가능성을 제시하는 것 들이다.

인간과 동물이 근본적으로 구별되는 존재로 간주하는 데는 언어의 존재가 가장 큰 기준이 되어왔다. 언어 능력의 존재는 언어를 통제하고 활용하는 시스템을 확인하고 증명하는 과업을 언어학과 주변 학문에서 진행하여 왔다. 생성론자들은 이러한 언어 시스템을 확인하기 위하여 언어 습득 장치(language acquisition device)의 존재를 제안하며 이전의 행동주의에서 제시하였던 행동인지적 접근을 반대하였다. 대신, 언어를 규칙과 원리로 구성되어 있으며, 언어 습득이란 결국 모국어에 해당하는 규칙과 원리를 알아가는 과정이 된다. 이러한 주장에는 진화인류학 및 유전학 등의 증거들과 최근 신경과학의 자료들을 통해 검증되고 확인되어 왔다.

언어에 대한 이론에서 초기에는 다양한 언어 현상을 설명하기 위해 규칙(rules)과 제약(constraints) 및 필터(filters)들이 제시되었다. 그러나 1980년 중반부터 언어의 보편화된 특성으로 소위 국부성(locality)에 대한 관심이 높아지고 1995년 Chomsky의 최소주의가 등장하면서 경제성 원리(economy principle)가 중심 개념으로 자리를 잡게 되었다. 이러한 변화는 인간의 진화 역사에서 언어의 출현과 그 동기에 대한 논의가 본격적으로 시작되었다.

진화론에서는 언어의 출현 특히 어휘단위에 해당하는 상징 단위(symbolic units)의 출현은 인간의 생존을 위한 수단으로 판단한다. 부족 단위의 수렵활동으로 생명을 이어가던 인간은 늘어난 인구수의 생명 유지를 필요한충분한 수렵활동이 필요하게 되었고, 수렵활동의 효율성을 높일 수 있는 장치가 요구되는 시점이었다고 본다. 수협활동은 소단위로 흩어져서 진행되고 따라서 노획물을 확보하거나 이용함에 있어서 보다 수월하고 원활함을 위한 의사소통이 절실

했을 것으로 생각한다.

　이렇게 발생한 상징 단위는 계속 더 복잡해진 생활에서 필요성에 의해 점차 그 수가 늘게 되었고, 또한 상징 단위의 숫자에 대한 한계는 없었을 것이라는 주장이다(Bickerton 2002, Odling-Smee et al. 2003, 및 Pinker 2003). Bickerton(2007)는 이러한 상징 단위들은 의사소통을 위한 것으로 인류 진화에서 특별한 신경학적 혹은 유전학적 변화를 요구하지 않았을 것으로 간주한다. 반면 통사부는 생물학적 요인으로 발생했을 가능성이 크며, 이는 인간 두뇌 상의 실질적 변화와 밀접한 관계가 있을 것임을 주장한다.

　진화 인류학은 언어 발생과 관련하여 크게 세 가지의 가능성을 논의한다. 그 첫 번째는 인간의 인구수가 폭발적으로 증가하게 된 시점이 있고 제한된 양식에서 서로 생존이라는 치열한 경쟁을 할 수밖에 없어 살아남기 위해 두뇌 활동이 많아지게 되고 이 과정에서 언어라는 기능이 출현하게 되었다는 주장이다(Dunbar 1996). 두 번째의 가능성은 인간 진화 과정에서 두뇌의 부피(volume)의 변화가 지속되었는데 그 크기가 지금과 같이 된 시점이 언어의 발생시점과 같다는 주장이다. 즉, 두뇌가 커지면서 새로 생긴 두뇌 부위에 기존에는 없던 새로운 기능이 생기게 되었고 그 중에 언어가 포함되었을 수 있다는 것이다(Donald 1991).

　세 번째 가능성은 이전의 두 주장에 대해 먼저 반론을 제시한다. 인구수의 갑작스러운 증가가 언어를 출현시켰다면 '인간보다 숫자가 많은 유인원이나 다른 동물들은 왜 언어가 출현하지 않았느냐'이고 또한 두뇌의 크기가 지금처럼 커진 것이 언어 출현의 이유가 되었다는 가능성에 대해서는 진화인류학적 증거들을 자세히 살펴보면 인간 두뇌가 지금처럼 커지기 전에 이미 많은 유적들에서 상당히 진화된 모습들이 발견되기 때문에 두뇌 크기와도 상관성이 떨어진다고 본다. 그 대신 인간의 두뇌가 다원적인 자연도태적 진화가 아니라 한 순간에 급진적으로 나타났을 가능성이 많고 이것은 진화론적으로 결국 돌연변이(mutation)에 의한 유전적 변화였을 것이라는 가능성을 제시한다. 신경세포 사이에 정보의 전달 속도와 양이 갑자기 빨라지고 많아짐으로써 생각하는 바를 표현할 수 있는 능력 또한 엄청나게 발달했다는 것이다(Lieberman 1984, 1998, 및 Corbalis 2002).

유전학의 증거들이 세 번째 주장을 뒷받침 해주었다. 언어 장애를 겪는 일련의 가족 구성원들의 언어 행태와 유전적 기록을 살펴본 결과 인간 진화에서 특정 유전자인 FoxP2의 단백질 변형과 유사한 형태의 변형을 발견하게 되고 이를 통해 언어를 관장하는 유전자의 존재를 심각하게 논의하는 계기가 되었다. 관찰 대상자였던 KE 가족은 4 세대 총 37명으로 구성된 가족집단으로 이중 15명에게서 언어의 장애가 있었다. 이들의 인지 능력상 변화를 추적하는 실험에서 이들은 FoxP라는 유전자에서 돌연변이가 발생하였다는 사실을 발견하였다. fMRI와 PET 두뇌 영상 실험에서도 모두 두뇌 구조상의 변화가 발생한 것이다. 특히, Basal Ganglia의 꼬리 모양의 핵에서 비정상적인 구조와 기능이 나타났으며, 후배부 구역에서 회색질의 감소가 심각한 상태로 변화되어 있었다. 일반적으로 회색질의 감소는 운동기능 저하를 유발하고 이는 결국 발화 기능의 장애를 가져오는 안면 근육의 이완이 발생하여 정상적인 발성에 필요한 유연함이 서서히 상실되게 되는 것이다.

진화론의 견해는 상당히 심각한 듯하다. FoxP 유전자가 인간과 동물을 구별하는 획기적 유전자로서 분명 인간의 언어 출현과 밀접한 관련이 있을 것으로 간주하고 있다(Lai et al. 2001 및 Chen and Li 2001). 인간의 FoxP2 유전자와 동물들의 FoxP2 유전자를 각각 비교분석함으로써 FoxP2는 지속적으로 진화의 대상으로 변화를 겪었고 이로 인해 관련 되는 다른 유전자 또한 변화를 유발하였으며, 결국 인간의 인지 기능과 운동 기능에 영향을 주게 되었다고 생각한다. 이러한 증거와 자료를 기초로 Enard et al.(2002)는 FoxP2가 인간에게 진정 특수한 진화를 거치면서 언어라는 새로운 기능을 가져오게 되었다는 것을 주장한다.

여기에는 두 가지 의문이 있다. 하나는 과연 FoxP2가 언어유전자가 맞는지와 다른 하나는 왜 언어의 출현이 자연도태가 아니라 돌연변이 때문이냐 하는 것이다. 여기에는 또 두 가지 가능한 설명이 있는데, 그 첫째는, 이 유전자 분석에 참여했던 연구진들의 말을 빌리면 언어의 출현은 두뇌의 시스템에 새로운 것이 습득되어 나온 결과가 아니라 기존 사용되고 있던 두뇌 시스템의 수정에 의한 결과라는 것이다. 다른 가능한 설명은 Jackendoff and Pinker(2005)가 주장하듯이 동물들의 생득적 항법, 공동체 조직에서의 기본적 인지적 행동과 마찬가지로 언어도 기존의 연산 시스템으로부터의 파생이라는 것이다. 즉, 앞에서도 이미 설명하였듯이 진화는 그 목적에 맞는 순서가 있는 것이고 망막과 안구를 움직이게 하는 안근육이 순차적으로 진화하였듯이 언어도 통사적 기능이 없었을 때에도 의사소통이라는 목적을 위해서는 이미 존재했을 것이며, 기능의 순차적 진화는 이로 인해 기존의 의사소통이 보다 효과적이고 능률적으로 활용할 수 있게 되었을 것이라는 주장이다.

한편, Fitch et al.(2005)와 Chomsky(in progress)는 Tattersall(1998) 의 인용을 통해, 인류학적으로 풍부한 상상력과 언어 및 상징 단위 의 출현 및 자연 현상에 대한 기록물을 제시하며, 언어의 출현은 갑 작스럽고 의외였으며, 이로 인해 수학 등의 많은 다른 인간 능력이 발휘되는 계기가 되었다고 주장한다. 이러한 주장을 위해 Savador Luria와 Francois Jacob 등의 주장을 받아들인다. 그들은 최소주의에 서 제시하는 두 접합부, 즉 S-M 접합부와 C-I 접합부 중에서 C-I 접 합부로의 과정이 더 우선이라고 주장하고, 따라서 언어는 의사소통 을 위하여 발생한 것이 아니라, 개인의 인지적 영상을 조장하고 상 징화하며 현실성을 구성하여 사고와 계획의 능력을 수행하기 위한 것이었다. 이것은 결국 무한대의 상징 단위 형성을 가능케 함으로써, 가능 세계에 대한 정신적 창조를 이루게 된다는 것이다.

만일 언어 출현이 의사소통의 효율화가 아니라 개인 스스로의 의 사표출 의지를 해소하기 위해서라면, 의사소통이라는 것은 타인과의 관계에서 비롯되는 것이기 때문에 결국 이것은 부수적(secondary) 목 적이 될 수밖에 없다. 이러한 주장의 근거는 비대칭성에 관한 다양 한 경험적(empirical) 증거들과 남아프리카에서 발견되는 동굴 벽화 및 타조알에 조각된 전시품 등에 따른다.

만약 이들의 주장이 옳다면, 최초 언어 발생은 개인 스스로의 의

사 표출을 위해서 발생했을 것이며, 타인 혹은 다른 공동체와의 의
사소통이라는 목적은 부수적인 것일 뿐이다. Chomsky(2007)는 실제
로 이러한 비대칭성이 경험적 증거들에서 나타난다고 주장한다. 연
산 체제(CS)의 비대칭성은 소위 최소 연산(minimal computation)과
쉬운 처리(easy processing) 사이의 갈등과 연계하여 볼 수 있다. 내재
적으로 형성된 언어 표현은 병합된 각 요소의 최초와 최후 출현
(occurrences) 뿐만 아니라 중간상의 출현도 모두 포함해야 한다. 그
이유는 각 출현이 의미 접합부에서 모두 필요한 요소들이며 해석에
영향을 미치기 때문이다. 그러나 이러한 출현이 SM 접합부에서는
모두 필요하지 않으며, 가장 현저한(prominent) 출현을 제외한 나머
지 출현들은 소리화(Spell-out)되지 않는다.

   이 두 접합부에서의 차이는 다음으로 해석될 수 있다. 즉, 모든 출
현들이 소리화 되는 것은 언어 정보처리에는 도움이 될 수 있지만,
한편으로 능률적인 연산 과정이 되지 못하며, 반대로 가장 현저한
출현만을 소리화한다면, 연산 과정은 최소화될 수 있지만, 한편으로
언어 정보처리는 그 만큼 발화된 요소와 삭제된 요소사이의 연관성
을 이해하는데 어려움을 주게 된다는 것이다. 이러한 두 접합부에서
의 갈등에서 주로 우선권을 갖는 것이 최소 연산 조건이며, 따라서
의미 접합부가 된다는 것이다.

   Chomsky(2007)는 최소 연산 조건이 정보 처리의 수월함보다 우
선한다고 주장하면서, 그 예로 세 가지를 제시하고 있다. 첫 째는, 최
소 연산, 즉 C-I 접합부 조건이 언어 보편적이라는 것이며, 둘째는
애매한 통사(syntactic ambiguity) 구조, 정원 길(garden path) 구조,

섬 구조 등이 연산의 능률성과 관련하여 설명할 수 있다는 것이며, 셋째는 수화(sign language)를 고안하거나 습득하는 과정이 구어 (spoken language)의 경우와 유사하게 진행된다는 것이다.

인간 언어의 발생에는 C-I 접합부 우선이라는 일반 현상에 기안 한다는 주장의 증거로 세 가지가 제시된다(Chomsky 2007). 첫째는 언어 구성(language design)에서 C-I 접합부의 우선권이 언어 보편적 이라는 것이다. 실제로 내부 병합(Internal Merge)을 통해 나타나는 출현들을 반복해서 발화하는 경우는 흔하지 않다.

(54) 가. Which pictures of himself did John said _ that Mary would buy ?

나. Many pictures of himself seem to John to be _ sold at the exhibition.

영어에서 (54가)의 의문 명사구 'which pictures of himself'는 내포 문 'buy'의 목적어로 최초 외부 병합되었으나 소리화는 여러 번의 내부 병합을 거쳐 문장 앞에서 이루어진다. 그러나 적어도 재귀대명 사 'himself'가 선행사 'John'의 결속해석을 받기 위해서는 밑줄 친 부분에서의 중간 출현이 필요하다. 또한, (54나)의 'Many pictures of himself' 역시 'John'의 해석을 받기 위해서는 밑줄 친 곳에서의 출현 이 필요하지만 소리화가 일어나지 않는다.

그러나 영어 이외의 언어에서 중간 출현들이 소리화되는 경우 또 한 많이 발견된다.

(55) 가. Was glaubst Du, wovon sie träumt?

what think you, expl you dream

'What do you believe she dreams of?'

나. Was glaubst Du, was Susi denkt, wovon Maria träumt?

what believe you what   think expl   dream

'What do you believe Susi thinks Maria dreams of?'

독일어 원거리 wh-의문문에서 내포문은 소위 wh-허사가 나타난다. 즉, (55)에서 의문사 'was'가 문두로 나갈 때, 내포문에서는 각각 'wovon'이 사용되고 있다. 다음의 문장들은 더 나아가 문두로 나간 의문사와 동일한 형태의 복사가 내포문에서 일어난다.

(56) 가. Wen glaubt Du, wen sie getroffen hat?

who believe you who she met   has

'Who do you think she has met?'

나. Wêr tinke jo wêr't   Jan wennet?

where think you where-that resides

'Where do you think where-that Jan resides?'

다. Waarvoor dink julle waarvoor werk ons?

what   think you what   looking for

'What do you think we are looking for?'

라. Kas o Demiri mislenola kas Arifa dikhla?

who does   think   who   saw

'Who does Demir think Arifa saw?'

Radford(2004)는 아동 영어(child English)에서 (55)와 (56)과 같은 *wh*-의문문의 경우, 문두와 동일한 의문사가 내포절에 복사되는 현상이 발견된다고 한다.

(57)　가. What do you think what Cookie Monster eats?
　　　나. Who do you think who the cat chased?
　　　다. How do you think how Superman fixed the car?

(57)에서 의문사 'what,' 'who,' 그리고 'how'가 문두로 나갈 때, 내포절에 동일한 의문사가 소리화되는 경우이다. 이와 유사하게 (58)의 예문에서는 의문사뿐만 아니라 조동사 'did(didn't)'도 복사되고 있음을 보여준다.

(58)　Why did the farmer didn't brush his dog?
(59)　What did Mary claim did they steal? (Belfast English)

만약 위의 문장들이 실제로 문장 처리의 수월함을 위한 것으로, 최소 연산 조건을 어기는 것이라면, Fitch et al.(2005)과 Chomsky(2007)에서 주장하는 언어 출현이 C-I 접합부와 관련이 있다는 주장은 그 근거가 약해지게 된다.

언어 발생이 소리를 수반하는 외현화, 즉 의사소통을 위한 것이 아니라 사고 중심의 표출인 C-I 접합부 만족을 위한 것이었다는 두 번째 증거는 통사적 복잡성(syntactic complexity)과 관련한 언어 표현들이다. 예를 들어, 통사적으로 애매한 구조들이나, 언어 처리를 어렵게 만들 수 있는 정원 길(garden path) 구조 등을 구사하고 있다는 사실, 그리고 섬(islands) 제약 구조 등이 통사적 복합성으로 설명될 수 있다는 점들이다.

통사 구조상의 애매함은 다음의 문장에서 찾아볼 수 잇다.

(60) 가. The spy saw a cop with a telescope.
      나. The spy saw a cop with a revolver. (Schűtze and Gibson 1999)

위의 문장(60)은 전치사구 'with a telescope'와 'with a revolver'가 어떤 부분을 수식하느냐에 따라 다른 해석이 가능하다. 즉 (60가)의 전치사구는 주어 'the spy'를 수식하거나 목적어 'a cop'을 수식할 수도 있다. 이처럼 애매한 문장은 만일 언어가 의사소통을 위해서 쉬운 처리(easy processing)를 목표로 한다면 절대로 발화되어서는 안되는 표현이다. (60나)의 경우는 (60가)와 다르게 전치사구가 수식할 수 있는 것은 'a cop' 뿐이다. 이상의 예에서 Rayner et al.(1983)은 소위 최소부가(minimal attachment) 규칙을 제안하며 (60가)와 (60나)에 나타나는 해석상의 차이는 통사적으로 구조상의 교점(nodes)의 수를 최소화 하는 방식으로 결정된다고 주장하였다. Abney(1987) 또한 논항 우선 전략(argument preference strategy)라는 규칙에 의해 통사적 애매함과 복잡성을 설명할 수 있다고 주장하였다.

언어 정보의 처리에서의 수월함에 반하는 또 다른 예가 소위 정원 길(garden path) 구조이다.

(61) 가. The horse raced past the barn fell.

나. The car driven past the barn crashed.

만일 읽기(reading)의 일반적 성향이 한 번에 한 단어씩 해독해 나가는 것이라고 한다면, (61가)에서 독자는 'the horse raced past the barn'까 지의 읽기 과정에서 주어인 'the horse'가 주체(agent)로서 'raced past the barn'의 상황에 처해있는 것으로 이해했을 것이다. 그러나 이어서 또 다른 술어 'fell'이 나오게 되면, 지금까지의 언어 처리과정이 적절 하지 않았음을 인지하고 앞으로 되돌아가 술어 'raced'를 과거 시제 형이 아닌 과거 분사형으로 해독하는 과정을 수행해야한다, 이처럼 해독상의 수정 과정이 심리 언어학에서의 실시간 독해 시간(reading time)과 안구 이동(eye movement) 측정 실험을 통해 그렇지 않은 문 장보다 언어 처리가 더 어렵다는 것을 밝히고 있다.(Gibson and Warren 2004, Phillips 2004, 등) 따라서 이러한 해독상의 어려움을 피하기 위해서는 (61나)와 같이 어휘의 애매함을 유발하지 않는 'driven'유형의 어휘만을 사용해야하지만 실제로 그렇지 않다는 사실 또한 언어 처리의 수월함 보다는 최소 연산 조건이 더 우세함을 입 증하는 예가 될 수 있다.

섬 제약(island constraints) 구조에 대한 이론적 설명은 국면(phase) 단위의 최소 연산으로 설명될 수 있다.

(62) 가. *What do you wonder [where John bought __]

나. *Who did the candidate read [a book [that praised __]]

다. *Who did [the fact [that Bush supported __]] upset voters in Florida

라. *Who seems [[it is likely __ to solve the problem]]

(62)는 모두 비문이며, Ross(1967) 이래 일종의 섬 제약조건을 위반한 것으로 설명되어 왔다. 그러나 1990년대에 들어오면서 이런 종류의 제약들은 국부성 개념으로 대체되었고, 이후 최소주의에서는 국면이론으로 설명하고 있다.

(63) 가. What might Mary think [Sue stirred __]
    나. Which car do you think [Mary said [John would fix __]]
    다. Who do you hope [that the candidate said [that he admires __]]
    라. Who seems [__ to be likely to have kissed Mary]

(63)의 문장들은 (62)과 유사한 이동을 내포하고 있지만 모두 정문이다. 최소주의의 국면이론에 따라 내부 병합과 같은 통사적 운용은 특정 머리어(head)를 넘어 일어나는 것을 금지된다. 이것은 일종의 경제성 원리(Economy Principle)를 어긴 것으로 결국 최소 연산 조건이 우선임을 보여주는 예가 된다.

그러나 실제 언어 발화에서 통사적 복잡성 현상이 C-I 접합부 우선이라는 제안을 지지하는 증거가 되지만, 한편으로 통사적 복잡성이 유발될 때, 음성-운동 접합부가 개입되는 경우 또한 많이 제시되고 있다.

(64) 가. He is someone who I don't know anyone that likes him
    나. It's a world record which many of us thought which

wasn't on the books at all.

(Pesetsky 1997)

(64)는 성인 영어의 경우에도 통사적 복잡성이 높아져서 문장 해독이 어려워질 때, 인칭 대명사 'him'이나 관계대명사 'which'를 복사하여 음성적으로 발화해준다는 사실을 보여준다.

(64)에서와 같이 음성적 실현이 문법성에 도움을 주는 경우와는 반대로 오히려 삭제되어야 되는 경우도 있다. 다음의 기생 공백 구조(parasitic gap constructions)를 살펴보자.

(65)　가. *What did [the attempt to repair __] ultimately damage the car

　　　나. What did [the attempt to repair __] ultimately damage _

소위 공 운용자(null operator)라는 이론으로 설명을 시도했던 (64)의 구조는 (64가)에서처럼 본 절에 'the car'라는 표현이 나타나면 비문이 되고, 오히려 (64가)처럼 삭제되면 정문이 된다. 이처럼, 동일한 구조라 하더라도 음성적 요소의 발화 유무가 문법성에 영향을 미치는 경우들이다.

통사적 복잡성과 소리화 실현의 연관성에 대한 또 증거는 심리언어학의 읽기반응 실험에서 찾을 수 있다.

(66)　가. 철수가 물약을 먹고, 영희가 알약을 먹었다. (기본 어순)

나. 철수가 물약을 먹고, 영희도 그랬다. (생략)

다. 물약을 철수가 먹고, 알약을 영희가 먹었다. (뒤섞이)

라. 물약을 철수가 먹고, 영희도 그랬다. (뒤섞이와 생략)

Park(2007)은 한국어의 뒤섞이(scrambling)와 동사구 생략(ellipsis) 구문에서 읽기 반응 실험을 실시했는데, 그 결과는 통사적 복잡성이 더 높을 것으로 간주되는 (66라)의 반응 속도가 오히려 덜 복잡한 (66나)보다 빠르게 나왔다. 즉, 총 36명의 대학과 대학원생들의 피실험자를 대상으로 실시한 독해 실시간 반응 실험에서 정상적인 문장인 (66가)나 뒤섞이만 적용된 (66다)보다 생략이 적용된 (66나)가 가장 반응 속도가 느린 것으로 나타났다, 여기서 흥미로운 것은 (67)에서 보듯이 생략과 뒤섞이가 모두 적용된 (66라)의 반응 속도가 생략하나만 적용된 (66나)보다 더 빨랐다는 사실이다.

(67) 총 반응 시간

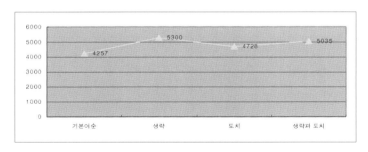

더욱이 (68)는 생략 구문이 정상 어순(4257)의 경우와 뒤섞이의 경우(4728)보다 단어 수가 더 적었음에도 불구하고, 반응 속도가 느리다는 것을 보여주는데 그만큼 생략이 문장 해독에 미치는 부담이

훨씬 크다는 것을 의미한다.

(68) 단어별 평균 반응속도

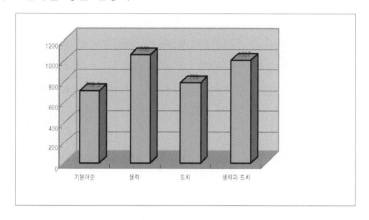

이러한 실험 결과는 적어도 통사적 복잡성을 기본으로 하는 C-I
접합부가 언제나 우선적이지 않으며, 뒤섞이와 생략과 같은 음성 정
보가 경우에 따라서 문장 해독에 오히려 도움이 될 수 있다는 것이
며, 이것은 결국 최소 연산 조건이 쉬운 언어 처리에 대하여 언제나
선호되는 것이 아니라는 사실이다.

언어의 출현이 의사소통의 목적과 무관하다는 세 번째 증거는 수
화의 형성과 그 습득에 있다. Chomsky(2007)는 수화의 형성 과정을
연구하게 되면 언어의 외현화(externalization)가 양식(modality)과 별
개로 독립적인 것임을 알게 된다고 주장한다. 수화는 구어(spoken
language)와 구조상으로 비슷하며, 옹알이(babbling)에서부터 완벽한
언어 능력 단계로의 발전에서도 유사한 과정으로 밟는 것으로 알려

져 있다. 수화와 음성 언어를 모두 구사하는 환경에서 자란 아이들은 두 형태 간의 선호도나 차이점이 거의 발견되지 않은 것으로 보고되었다.

이처럼, 발화와 사고는 분리되어 있으며, 두뇌 손상 실험에서 이미 발화와 소리를 담당하는 두뇌 부분과 구조와 관련된 부분은 별도로 존재함이 밝혀졌다. 진화 인류학에서도 소리 기관은 언어가 발생하기 훨씬 전에 이미 존재했던 기관이고 기능이며, 통사관련 언어 기능은 이와 별도로 독립적인 발생이었음을 주장하고 있다(Tattersall 1998).

C-I 접합부와 관련되는 내재화된(internalized) 언어와 수화와 같은 외현화된(externalized) 언어는 독립적인 이유로 순차적으로 존재했고, 분리 연구되어야 할 것이라는 주장은 그러나 몇 가지 점에서 재고되어야 한다. 첫째는 비록 음성 혹은 발화 기능이 언어 발생보다 훨씬 앞서 존재했다는 증거들이 있지만, 발생 시기나 순서가 보다 그 효과 혹은 영향이 더 중요하다는 것이다. 즉, 유아의 언어 습득에서 생후 6개월은 언어 발달상으로 아주 중요한 시기에 해당하는 것으로 알려져 있다. 이 시기에 유아는 음소(phonemes)를 구별할 수 있을 뿐만 아니라, 실제로 발화도 가능하기 때문이다. 더 나아가 이전엔 거의 모든 음소를 구별할 수 있던 능력이 이 이후부터는 모국어에 국한된 음성체계를 제외한 다른 지식들은 체계적으로 모두 소멸된다는 것이다. Petitto(2005)는 음소-음절을 구별할 수 있는 능력조차도 근본적인 언어 처리에 해당하며, 유아가 생물학적으로 부여받은 능력의 일부분이라고 주장한다. 따라서 음성, 발화 역시 언어

형성에 간과할 수 없는 기능이라는 것이다.

또한 앞에서 이미 논의한 바와 같이, 아동 영어에서 wh 의문사 복제의 결과로 표현되는 소리화가 아동 영어 습득과정에서 발견되는 일반적인 현상이다. 이것은 아동이 영어 모국어를 습득해나가는 과정에서 음성 정보가 얼마나 중요한 역할을 하는가를 보여주는 예가 된다. 심리언어학의 여러 실험에서도 음성 정보가 문장 해석에 영향을 미친다는 결과를 보고하고 있다. Rice and MacDonald(2003)는 영어의 목적격 관계절 구문에서 'that'이 생략되는 경우를 관계대명사 다음에 출현하는 주어 명사구의 통사적 구조와 연관시켜 분석하였다. 관사와 형용사를 포함하는 명사구에서부터 한 음절로 끝나는 대명사까지의 여러 경우들에 대한 'that' 생략의 빈도수 조사에서 그들은 일반 명사구보다 대명사에서 'that'이 생략되는 빈도가 높다는 결과를 얻었다. 이처럼 관계절 주어의 통사적 구조가 단순할수록 빈도수가 높다는 것은 통사 구조 및 의미 해석이 음성 정보와 결코 무관하지 않다는 것을 보여주는 또 다른 증거가 된다.

앞에서 논의한 바와 같이, 두 접합부의 비대칭성을 인정하고 각각의 기능을 확인하는 것이 언어의 출현을 설명하는데 아주 중요한 방안이 된다. 과연 언어 기능으로 C-I 접합부와의 사상(mapping)만 형성되는 독립적이며 고유한 과정이었는지, 아니면 S-M 접합부를 이용한 의사소통의 목적을 달성하고 보다 효과적으로 발휘를 위한 것이었는지에 대한 논의는 언어 발생 이후 언어가 진화하였고 아직도 그 진화 과정에 놓여 있다고 볼 때, 언어 진화의 대상을 밝히는 것만큼이나, 현재와 같은 표현들이 사용하게 된 과정상의 언어변화 및

아동이 모국어를 습득할 때 취하게 되는 과정 등의 경위를 밝히는 것도 중요하다.(Gelderen 2006)

Chomsky(in progress)는 인류의 역사에서 두뇌가 소수의 인간 집 단들에게 재구성되었고, 이로서 무제한의 병합(Merge)이 가능하게 되고 섬세한 내용들의 개념들에 적용되었다고 주장한다. 따라서 의 미역-기능의 이중적 해석과 운용자-변이의 구조, 공범주 등의 표현 들이 가능하게 되었고, 이로써 해독과 사고의 근본적 변화를 가져오 게 되었다는 것이다. 이러한 능력은 후손들에게 물려졌고, 이 무렵 언어가 외현화 되기 시작하는데, 이를 위해 기존의 SM 접합부와의 사상을 이루게 된다. 이때부터 비로소 언어가 타인과의 의사소통의 기능으로 사용되기 시작했다.

이러한 주장의 핵심은 언어란 C-I 접합부를 만족하기에 충분한 구성이며, SM 접합부로의 다양한 사상은 인지적 문제에 대한 최대 의 능률적 해결방안이라는 것이다.

(69)

$$
\begin{array}{ccc}
& \text{FL} & \text{FL} \\
& \Big| & \diagdown\diagdown \\
\text{C-I} \quad \text{SM} \longrightarrow & \text{C-I} \quad \text{SM} \longrightarrow & \text{C-I} \qquad \text{SM}
\end{array}
$$

(69)는 C-I와 S-M 접합부는 언어 기능이 생기기 이전에 이미 존재 했던 별개의 인간 능력이었고, 이후 진화에 의해서 언어가 발생하게 되는데, 그 시작은 C-I 접합부가 새로이 생겨난 언어 기능(FL)과 연

결이 이루어진 때라고 본다. 그 이후 추가 진화에 의해서 S-M 접합부가 다시 언어 기능과 연결을 이루면서 현재 우리가 사용하고 있는 언어를 가능하게 하는 언어기능이 완성되었다는 것을 보여준다.

여기서 C-I 접합부는 반복(recursion) 기능이고 기존의 상징적 어휘들을 병합을 통해 복잡하고 미묘한 표현들을 가능하게 함으로써 인간들의 인지 사고 능력의 향상을 초래하게 되었다고 본다. S-M 접합부는 그 이후 연결되면서 의소소통의 획기적인 활용이 가능하게 되었고, 내재화 되어 있던 것으로 간주되는 통사적 대상들이 S-M 접합부로의 사상에 의해 외현화 되어 음성과 형태 정보들이 인간들만의 독특한 방식으로 표현할 수 있게 되고, 지속적인 진화에 의해 현재와 같은 언어의 다양성이 나타나게 되었다고 본다.

여기서 중요한 것은 언어의 보편성과 다양성에서 다양성의 원인은 바로 추가 진화에 의한 S-M 접합부로의 사상에서의 외현적 지시의 차이로 발생하게 된 것으로 보는 것이다. 즉, 언어의 다양성은 외현화의 수단인 선형화(linearization)의 결과 때문이며, 다양성의 원인을 통사부나 C-I 접합부에서 찾을 수 없다는 소위 언어진화와 언어변화의 구별에 무게를 둔다는 것이다. 언어 진화라는 것은 C-I 접합부의 내용 중에서 언어에 대한 운용이 어떻게 최적합하게 적용되는가에 대한 것일 뿐이고 S-M 접합부의 기능과는 전혀 별개이라는 것이다(Chomsky 2007).

이러한 언어의 다양성에 대한 설명에는 의문이 하나 발생한다. 음성부와 형태부가 언어의 외현화 즉 선형화에 관련되고, 언어의 다양성이 C-I 접합부의 병합 운용과 무관하고 이들 영역에는 나름대로의 보편적 원리가 존재하지 않는 다는 주장에 대한 문제가 있다는 것이다. 그 이유는 심리언어학에서 나타난다. 즉, 유사효과(similarity effects)라는 것은데, 통사적으로 애매한 문장을 해독할 때 그 문장과 유사한 이전 문장들의 사용 빈도(frequency)와 규칙성(regularity)에 의존한다는 사실을 근거로 Juliano and Tanenhau(1993)는 영어 화자들 사이에 주격과 목적격 관계대명사의 해독률에서 주격 관계절이 훨씬 높은 이유는 영어의 기본 어순인 SVO는 평소의 언어활동에서 가장 많이 노출되는 어순으로 관계절 역시 주격관계절이 SVO 어순을 지키고 있기 때문이라는 것이다.

음성부에서도 유사한 효과가 나타나는지를 확인하기 위한 어휘 해독 실시간 실험이 실시되었다. MacDonald and Christiansen(2002)은 발음이 애매한 어휘에 대하여 발화 속도와 해독률이 해당 어휘의 사용(빈도x규치성)에 비례한다는 사실을 보고 했다. 즉, 영어에서 '-int'는 두 가지의 가능한 발음이 있다.

(70) 가. [int
      나. [aynt]

(70가)에 해당하는 예가 'dint'이고 (70나)의 경우는 'pint'가 있는데 두 어휘의 활용도를 보면 전자인 'dint'가 'pint'보다 훨씬 많이 사용된다. 그 결과 피실험자들은 (70가) 유형의 어휘를 발음하게 될 때가 (70나)의 경우에서보다 반응 속도가 훨씬 빠르게 나타난다는 사실을 밝혀냈다.

통사부의 운용과 음성부의 운용에서 서로 유사한 효과를 확인하기 위하여 Wells et al.(2008)은 일련의 실험을 실시하였다. 관련되는 선행 실험을 기초로 이들은 경험치(experience)에 대한 요인(factor)을 추가하여, 피실험자들에게 규칙적인 것과 불규칙적인 유형을 같은 비율로 접하게 한 뒤 그 효과를 비교해 보았다. 그 결과, 경험치의 빈도수가 낮고 불규칙적인 유형이 통사부뿐만 아니라 음성부에서 모두 효과가 더 높게 나타난다는 사실을 밝혔다. 이 사실은 C-I 접합부의 체계가 SM 접합부의 체계가 같다는 것을 암시하는 것으로 볼 수 있다. 이렇게 같이 두 다른 접합부에 동일한 운영체제가 적용된다는 것을 설명하는 방법 중에 하나는, 두 운영체제가 우연히 같다고 가정하는 것과 (71)에서처럼, 언어기능에서 접합부로의 사상과는 다른 동물들에게서 발견할 수 있는 유형의 C-I와 S-M 접합부로의 사상이 존재한다는 가정을 하는 것이다.

(71)   C-I $\longleftrightarrow$ SM

Gelderen(2007)은 또 다른 근거를 제시한다. 생성문법 이론의 기본 입장을 수용하지만, 언어 진화는 두 번에 걸쳐 진행되었음을 제안한다. 즉, C-I 접합부로의 사상은 외부 병합의 결과로 1차 진화에서 이루어졌고, 이러한 과정에서 지정어(specifier) 및 핵(head)/보충어(complement)의 형상(configuration)이 만들어 졌다고 본다. 이러한 형상은 논항(arguments)와 의미역(thematic roles) 관계가 설정되는 계기가 된다. 이렇제 만들어진 논항과 의미역 구조의 층위에 기능범주(functional categories), 전치사의 격 능력(Case capacity), 일치(agreement) 등의 내부 병합 효과와 통사현상의 진화와 관련되는 한정성(definiteness)

과 특정성(specificity) 그리고 의미 중요도와 같은 의미 개념의 진화도 함께 발생하였다고 보는데, 이것은 이전의 진화에 이어진 소위 2차 진화의 내용에 해당한다고 주장한다.

보다 구체적으로 두 차례에 걸쳐 진행된 진화 이론을 바탕으로 다음의 두 통사현상을 경제 원리로 설명한다.

(72)   Late Merge Principle (LMP)
        Merge as late as possible.
(73)   Head Preference Principle (HPP)
        Be a head, rather than a phrase.

(72)는 소위 이동 우위 병합(Merge Over Move: MoM)과 유사한 내용의 원리로서 외부 병합과 내부 병합이 경합을 하게 되면, 내부 병합을 가능한 지연 적용시키는 것이 경제적이라는 주장이다. (73)은 더 나아 가 만약 내부 병합을 해야 하게 될 때, 핵(머리어)이 구절보다 선호됨을 요구하는 원리이다.

이 두 원리가 어떻게 적용되는지 살펴보자.

(74)   ... those little things that you play with ... (Adam 4:10)

Diessel(2004)의 보고에 따르면 전치사 좌초(P-stranding)과 수반 이동(Pied piping)의 두 형식 중에 주로 전치사 좌초를 선호한다고 한다. 그 이유에 대하여 Gelderen은 두 유형의 이동 운용(operations)

중에서 수반 이동은 구절을 모두 이동시켜야 하는, 즉 이동 대상이 머리어인 'which'만 이동시키는 전치사 좌초보다 경제성이 떨어지기 때문에 (72)의 준수에 의해서 일어나는 이라고 설명한다.

그러면 아동들이 (74)를 선호하는 이유는 무엇일까? 만약 Chomsky (2007)가 제의하듯이 (74)의 결과가 선형화(linearization)에 의한 것이라면 아동들이 성인과 다른 선형화를 도출하는 이유가 무엇인지를 밝혀야 한다. Gelderen의 설명에서처럼, 만약 (74)가 HPP를 적용한 결과라고 한다면, 그러면 아동들만이 이러한 원칙을 적용하는 이유는 무엇인지라는 의문이 야기된다.

이에 대한 한 가지 설명은 언어 처리과정에 대한 변수로 접근하는 것이다. 원리(73)의 의미는 통사적 복잡성에 있어서 보다 단순한 운용이 선호된다는 사실 뿐만 아니라 음성 정보의 양이 작은 것이 선호된다는 사실이다. 이것이 앞에서 논의한 소위 정보 처리의 손쉬움을 위한 절차이며, 결국 S-M 접합부의 요구(instructions)가 언어 기능(FL)에 자시된 대로 따른 결과일 가능성이 있다는 것이다. 만약 이러한 설명이 가능하다면, 앞에서 논의했던 언어 기능의 출현과 진화는 다음으로 수정 제의될 수 있다.

(75)

(75)에서 C-I와 SM의 두 접합부는 언어 기능로의 사상과는 다른 연결망을 이루고, 이후 언어 기능은 C-I 접합부로의 사상(mapping)을 형성하게 되는데, 이는 갑작스러운 급진적인 과정으로 소위 대단한 도약(great leap forward)로 간주되는 역사적 사실이다. 그러나 여전히 C-I와 S-M 접합부는 기존의 원시적 연결을 유지한다. 이후 제2차 진화가 진행되면서 언어 기능은 기존의 C-I 접합부와 추가적인 문법화 관련 진화가 발생하여 별도의 사상이 이루어진다, 한편 S-M 접합부와 새로운 사상을 형성하게 되는데, 2차적 진화는 갑작스럽고 급진적이었던 1차 진화와 달리 점진적이고 지속적인 진화라고 볼 수 있으며, 이 과정이 언어 진화의 대상이 되는 부분이 된다.

세 번째 근거는 현재 언어의 변화 과정에서 찾을 수 있다. 본 연구에서는 통사론의 출현 과정이 아동이 모국어를 습득하는 과정을 답습했을 것이며, 더 나아가 노령화(aging)와 관련하여 발견되는 다양한 언어 변화와 연관되어 있다는 것을 가정한다. 그 중에서 흥미로운 것은 노령화와 관련된 현상들이다. 유아기에서 아동기로 다시 고령기로의 점진적인 노령화는 알츠하이머와 같은 노인성 질병과 함께 두뇌 신경과학의 가장 중요한 주제가 되고 있다. 특히 두뇌의 구성 요소간의 상대적 부피와 화학 물질의 비율이 초기 연구에서 많이 보고되었는데, 일반적으로 알려진 사실은 두뇌가 소년기를 지나면서 큰 변화를 보이지 않는다는 것이었다. 그러나 Giedd(2008)는 1989년부터 2007년까지 총 2000명의 피실험자로부터 2년 주기의 종단적 실험에서 5000여건의 스캔자료를 입수하여 분석한 결과 다음과 같은 자료를 얻었다.

(76)   백색질   회색질

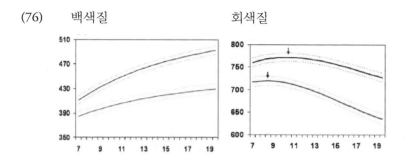

    (76)의 도표는 이전의 Paus et al.(2002), Giorio et al.(2008), 그리고 Caviness et al.(1995) 등에서처럼 출생부터 20세에 이르기까지 외피 회색질의 비율이 12%나 증가한다는 사실과 유사한 결과를 보여주고 있다.

    Park and Park(2008) 또한 노령화와 관련하여 회색질과 백색질 비율의 차이가 대사산물(metabolites)의 화학 물질이나 신경전달 물질(neurotransmitters)의 변화를 수반할 것이라는 가정에서 MR spectroscopy를 이용하여 서로 상충적인 물질인 가바(GABA)와 글루탄산염(glutaminate)의 비율 실험을 실시하였다.

(77)

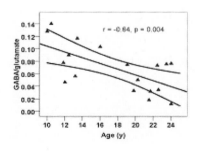

(77)에서 가바와 글루탄산염의 비율은 회색질과 백색질 증감의 비율과 유사한 결과를 보여주고 있는데, 이러한 결과가 시사하는 바는 두뇌가 성숙되면서 신경 세포체와 같은 불필요한 뇌세포가 줄고, 반면에 수초(myelinate) 신경 세포로 구성되어있는 축색돌기(axons)의 수가 극대화된다는 것이다. 노령화로 세포가 폐기되는 것은 회색질의 감소로 나타나고, 신경조직망의 강화는 백색질의 증가로 나타나는 것이다.

그런데 특히 (77)에서 주목해야할 점은 회색질의 감소가 급속히 시작되는 시기가 남자와 여자가 평균 10-11세라는 것이다. 이 연령대는 언어습득과 관련하여 Lenneberg(1967)가 제시했던 한계 연령 가설(critical age hypothesis)과 밀접한 관계가 있는 것으로 보인다. 회색질과 백색질의 구별은 일반적으로 수초 축색돌기(myelinate axons)의 양으로 구별하는데, 수초화(myelination)는 신경 네트워크상에 신호전달의 속도를 극대화시키는 역할 뿐만 아니라, 두뇌에서 의미를 전달하는 신경 신호 유형의 타이밍까지도 관장하는 역할을 하는 것으로 알려져 있다. 따라서 연령이 높아지면서 백색질 비율이 높아진다는 것은 그만큼 많은 정보를 활용할 수 있게 된다는 것을 의미한다.

실제 심리언어학에서 연령별 귀 실수(slips of the ear)와 설단 현상(tips of the tongue)에 관한 실험에서 연령이 높을수록 이런 현상을 보이는 비율이 높은 것으로 보고되고 있다. Clark and Clark(1977)과 Bond(1999)는 그 이유를 고령일수록 우수한 배경 지식과 적절한 정보를 더 잘 사용하기 때문이라고 설명한다.(Jones 1989, Cross and Burke 2004, 및 James and Burke 2000) 이와 같은 노령화와 관련한 신경과학적 증거들은 인간의 인지능력에 직접적인 영향을 미치게 되고, 이는 결국 언어 진화와 관련하여 두 접합부에 입력되어 언어 기능의 수행에 대하여 지시사항(instructions) 역할을 하는 것이다.

인간 언어 기원과 진화에 대한 내용은 최근 학계에서 가장 주목을 받고 있는 주제이다. 그 이유는 같은 논의 대상이지만 접근하는 분야가 언어학에서부터 심리언어학, 인류학, 생물학 및 두뇌과학에 이르기까지 다양하여, 연구 방법과 내용에 따라 다양한 결과를 도출해 내고 있기 때문이다. 그러나 이렇게 다중 접근이 시행되고 있음에도 불구하고, 언어 연구에서 아쉬운 점은 각 접근 분야의 결과가 하나로 묶여지지 못하고 있다는 것이다.

따라서 본 연구는 언어학에서 제시하는 언어 기능과 접합부와의 사상에 대한 제안들을 논의하면서, 관련 영역들의 증거들을 토대로 분석하고 그 문제점을 지적하였다. 더 나아가 본 연구는 언어 출현에서 뿐 만 아니라, 진화 과정에서도 두 접합부 모두 관여한다는 사실을 제안하면서 통사적 복잡성에 대한 심리언어학의 실시간 반응 자료, 최소 연산보다 쉬운 정보 처리를 우선하는 아동 언어습득 자료, 그리고 노령화에 따른 두뇌 해부학 자료 및 화학물질 변화에 대한 신경과학의 자료를 제시하였다.

2.4 문법과 통계

Chomsky가 50년 이상동안에 걸쳐 이끌어 온 언어에 대한 생성문법적 접근은 문법 구조에 대한 생득적 지식을 기초로 생성적 페러다임을 구성하였다. 한 언어를 안다는 것은 그 언어의 문법 체계, 즉 문법적 문장과 비문법적 문장을 구별해내는 규칙과 제약의 복잡한 시스템을 아는 것으로 생각한다.

자극의 빈곤(poverty of stimulus: POS) 가설은 아동들이 제한된 언어 정보에도 어떻게 언어를 습득하게 되는지에 대한 가이드라인을 제공해준다(Lightfoot 1982; Chomsky 1986; Chomsky and Lasnik 1993). 이러한 연구들의 핵심은 아동들이 연역적 이치(deductive reasoning)과 생득적 지식을 이용해서 어떻게 규칙과 다른 문법 구성체를 수렴하는지에 있다.

생성론자들의 주장들 중에 의미심장한 것은 언어 능력(competence)와 언어 수행(performance)을 구별하고 있다는 것인데, 이는 언어 사용에 관련되는 다양한 수행 요인들을 연구에서 배제하게 만들었다. 문장(78)에 대한 논의의 결론은 특히 경험치가 언어 지식의 특징화에 핵심적 요인이 아니라는 데 있다.

(78) Colorless green ideas sleep furiously.

Chomsky(1957)는 더 나아가 확률적 모델은 통사 구조의 근본적 문제들에 대한 통찰력을 제시하지 못한다고 주장한다.

언어 이론에 대한 다른 대단들이 있지만 전형적으로 모두 언어 본질에 대한 기본 가정들을 공유하며 언어 이론의 목표를 따라가는 추세이다. 그러나 최근에 통계적 학습(statistical learning)에 대한 관심이 다시 부각되면서 언어의 본질에 대한 새로운 시각을 수렴하며 유아와 어린 아동들이 언어를 구성하는 소리, 어휘 그리고 구조를 배울 때 통계적 신호를 적절하게 이용한다는 증거를 제시하고 있다(Morgan and Demuth 1996; Aslin et al. 1999; Gomez and Gerken 2001). 이러한 접근을 뒷받침 하는 증거들도 속속 제시되고 있는데, 그 중에는 성인들도 발화를 해독하고 생산하는데 통계적 정보를 사용하고 있다는 증거들이 포함되어 잇다. 만약 이러한 분석이 옳은 것이라면, 언어 학습과 사용은 단일 메카니즘, 즉 통계적 정보라는 것으로 통합적 설명이 가능하게 되는 셈이다(MacDonald 1999; Seidenberg et al. 2002; Keidel et al. 2007).

본 저서에서는 통계정보가 기존 언어 연구의 대안이 될 수 있는지를 장소(locative)와 전체-부분(meronymic) 해석 구문에서 발화선택과 관련한 증거들을 통해 살펴보겠다. 여기서 한 가지 짚고 넘어가야할 것은 비록 통계 학습이 언어의 본질을 이해하는데 유용한 기준이 된다 하더라도 문법 학습(grammar learning)이 불필요하다는 것을 의도하지 않는다는 것이며, 통계 학습 방법도 기존 결과들에 대한 또 다른 하나의 설명이 될 수 있다는 점이다.

Chomsky(1986)에서 언어의 본질에 관한 세가지의 근본적 의문이 제기되었다. 그 첫 번째 의문은 "언어 지식이 과연 무엇으로 구성되어 있는가?"로 그 해답은 문법이며 문법으로 인해 문장의 문법성이 판단된다. 문법은 언어 사용과 관련한 다양한 수행 요인들로부터 추출되는 이상화(idealization)로 정의되며, 이러한 이상화가 외현적 행위에 깔려있는 언어학적 지식에 관한 일반화의 확인을 촉진시킨다.

생성론자들이 배제해 왔지만 그러나 언어 사용에서는 여전히 두드러지는 현상이 오류(dysfluencies), (errors), 기억 능력, 논리적 분석이며 이 것들은 모두 지각과 운동 시스템을 문맥과 담화를 이해하고 생산하는데 제약을 역할을 하면서 영향을 준다. 간과해 왔던 또 다른 요인이 언어의 통계와 확률적 특징들에 관한 정보라고 하겠다. Peña et al.(2002)은 언어 학습에서 통계 구조에 대한 역할을 강조하면서 문장(77)이 문장(78)과 비교할 때 정형문으로 금방 이해될 수 있지만 두 문장 모두 실제로 접할 수 있는 가능성은 거의 0%에 가깝다.

(79) Ideas colorless sleep furiously green.

문장(78)와 (79)에는 크게 세 가지의 이슈가 관련되어 있다. 그 첫 번째는 언어에 대한 대부분의 이해가 이론언어학을 기반으로 한다는 점이다. 그래서 대부분의 제안들은 언어학적 용어들로 꾸며져 있다(Park 2008a). 영어 실어증 환자들에 대한 연구결과에 따르면, 이들은 기본 어순의 문장들에 대해서는 뚜렷하게 좋은 해독력을 보이지만 그 이외 어순의 문장들에 대해서는 그다지 좋지 않은 해독력을 보일 때가 많다는 것이다. 지금껏 많은 실어증 연구들이 있었으며 대부분은 두뇌 특정 구역에서 이론적 구성체의 생략이나 방해 현상이 나타나는 것으로 그 증상을 설명하고 있다(Grodzinsky 2000).

한편 다른 연구들은 인지 심리학적 용어들을 근거로 이루어지는데, 그 예로 실어증이 활성 기억에서의 결함이나 발화 신호 탐지의 오류 등에 기인하는 것으로 보는 것 등이다. Pulvermueller(1995)에 따르면 언어가 신경 상의 현상임에도 신경 조직상의 과정으로 제시하는 가정들은 거의 없다고 지적한다. 언어 결함을 뇌신경의 네트워크 상의 문제가 아니라 이론 언어학적 시스템으로 설명하는 데는 환자들의 언어 수행이 본유적으로 범주화(categorial) 된다는 가정에 근거하고 있다.

그러나 환자들은 앞에서도 논의하였듯이 예상되는 범주에 맞아떨어지지 않는 경우가 많다. 비록 신경망 모델이 손상 부위가 점차 커질수록 증상의 악화되어가는 것을 보여줄 수는 있지만, 실어증 증상에 나타나는 문장 처리 과정을 제대로 설명하지는 못하고 있다. 그 첫 번째 이유는 문장이 종합적 해석을 요구하는 계층적 문장구조로 이루어져 있기 때문이다. 두 번째 이슈는 문법성과 수용성의 구별에 대한 것이다. 이미 앞에서도 논의했듯이 구어체에서 특히 문법적으로는 옳지 않은 것으로 판정되지만 원어민들에게 실제로 발화되고 해독되는 문장들이 있다는 것이다. 어떤 문법이 사용되지도 않는 문장들까지 과도하게 허용하는 체계도 문제이지만, 원어민들이 쉽게 사용하고 있는 문장들을 비문법적이라고 단정하는 체계 또한 문제가 된다(Park 2008b).

다음 문장을 다시 살펴보자.

(80) 가. The mouse the cat the dog chased chased ran away.
    나. [the house [the cat [the dog chased] chased] ran away

소위 중앙 집중 구문은 [the dog chased] 주위에 [the cat [___] chased]이, 다시 [the house [__ [__] __] ran away]로 둘러 쌓여진 문형으로 문법적으로 가능하지만 현실에서 발견되는 경우는 거의 없다.

반면, (81)의 두 문장은 그 반대의 경우이다.

(81) 가. What does himself want for his supper?
　　 나. This is the house that I don't know its name.

(81가)는 소위 결속이론 원리A 위반에 해당한다. 재귀사 'himself'가 결속 영역에서 선행사로부터 결속되지 못하기 때문이다. 그럼에도 이 문장을 영어 화자들이 사용하는 것을 설명할 수 있는 가능성은 'himself'를 재귀가사 아니라 강조사(emphatic form)로 간주하는 경우로, 이 때 'himself'는 결속이론에 해당하지 않는다. 한편 (81나)는 내포절 속의 'its'는 문법적으로 허용되지 않는다. 그럼에도 이 문장이 사용되는 것을 수용하기 위해서 소위 최후의 수단(last resort)을 적용하여, 대명사가 사용되지 않았을 때 해독의 어려움을 해소하기 위한 장치임을 제안하는 것이다(Ross 1967; Shlonsky 1992).

수용가능 하지만 문법적으로 옳지 않는 표현들이 문제가 되는 가장 큰 이유는 앞에서도 지적하였듯이 문법이 언어 지식의 내용과 범위 및 적용범위에 대한 정확한 결정을 해줄 수 있어야 한다는 문법의 목적과 정의 및 전제 때문이다. Cann et al.(2005)이 지적하듯이, 문법적으로 허용되지 않는 표현이 사용되거나 문법적으로 허용하지만 실제로 사용되지 않는 표현들이 있는 현실에서 문법성과 수용성은 분명 재고되어야 할 주제임에 틀림없다.

세 번째 설명은 사람들이 다중 층위에서 통계적 계산법을 적용하며, 각 층위는 나름대로의 통계 상 특징들이 있다는 것이다.

Seidenberg et al.(2002)의 제안에 따르면, 문장 (78)이 가능한 이유는 비록 이 문장의 발생 빈도는 0%에 가깝지만 우리가 해독하는 과정에서 전환 확률을 넘어 또 다른 정보를 사용하기 때문이라고 한다.

(78) Colorless green ideas sleep furiously.
(79) Ideas colorless sleep furiously green.

어휘는 분포 상 특징에 따라 여러 유형으로 나누어지는데, 예를 들어, 'green'은 성질 혹은 형용사적으로, 'sleep'은 행위나 동사로 분류되는 것 등이다. 따라서 문장(78)은 영어의 어휘들 간의 분포 규칙을 준수함에 반해, 문장(79)은 불가능한 분포를 가지고 있다는 점이 다르다(Allen and Seidenberg 1999).

두 번째 의문은 '이러한 지식이 어떻게 습득되는가'이고 그 답은 자극의 빈곤(poverty of stimulus: POS)으로 아동은 생후 경험 이전에 상당한 문법 지식을 소유하고 있다는 것이다. Gold(1967)와 Crain(1991)은 아동들에 대한 입력은 문법적이고 비문법적인 문장들을 포함해서 오히려 줄어든다고 주장한다. 그들의 주장은 아동들에게 주어지는 입력은 부정도 긍정도 아닌 것이며 따라서 아동들이 언어를 어린 나이에 신속하게 배울 수 있는 것은 그러한 문법 지식이 이미 생득적으로 내재되어 있기 때문이라는 것이다.

입력의 역할은 학습성(learnability)에 있어서 논란거리가 되어왔다. Pinker(1994)는 언어란 근본적으로 배울만한 대상이 아니라 인간의 본능(instinct)의 종류임을 주장한다. 그 이유는 입력조건이 너무 열

악하지만 아동이 알게 되는 것이 그 아동에게 노출된 발화보다 훨씬 많으며, 또한 동시에 그 아동에게는 존재하는 것이 너무나 방대해서 한 번도 하지 않았던 잘못된 연력적 일반화(inductive generalization)를 하기 때문이라는 것이다. 입력은 결국 언어적 지식의 핵심 자료가 될 수 없음을 강조한 것이다.

언어 해독에 사용되는 절차와 표상을 검정하는 새로운 방식이 최근 제시되었다. 다양한 학문 영역을 넘나들고 언어 정보 처리에 대한 독특한 견해를 제시하는 인지 영역의 탐구에 여러 방안이 있다. 이러한 발전 과정의 주요 방안으로 연결주의(connectionist)와 신경 네트워크 접근이 제기되는데, 이러한 방법을 통해 단순하고 신경 조직 네트워크 기반의 행동 현상을 설명한다(Atchley 2006). 학습은 네트워크 상 활동성의 유형을 규정하는 단위(units)들 간의 연결 상 비중(weights)의 점진적 변화로 규명된다. 언어 지식을 문법과 동일 시하는 입장과 다르게, 연결주의 접근은 네트워크가 어떻게 해독과 생산 과업을 수행하게 되는가에 초점을 맞추고 있다.

언어를 이해하는데 있어 관련되는 생각할 수 있는 두 방안이 있다. 하나는 기존의 접근방법(Berko 1958; Pinker 1991)은 언어 지식은 규칙을 포함하고 제한된규칙들이 제한된 수의 문장을 생성해 낼 수 앗드는 것이었지만 연결주의(connectionism)는 그 대안을 제시한다. Seidenberg and McClelland(1989) 연결주의 틀 하에서 주장하기를 정보의 무게(weights)가 경험에 따라 지정되지만 새로운 형태를 처리하는데 사용될 수 있다고 한다. 이러한 주장의 근거는 영어에서 구어체 어휘의 발음 훈련을 받은 네트워크가 한 번도 노출되지 않은 새로운 형태에도 일반화 할 수 있다는 증거에 뒷받침 된다.

다른 방안은 이러한 네트워크들이 다중, 동시 및 확률상 제약들의 균형상 만족을 포함하는 처리 절차를 이용하는 것이다. 학습 알고리듬을 통해 네트워크가 입력의 통계적 구조를 대표하며, 정보의 무게가 선행 경험으로부터 도출되는 많은 확률상 제약들을 풀어줄 수 있다. 이러한 제약들에는 다른 종류의 정보들 사이에 단순하고 또한 복잡한 우연성을 포함하며, 네트워크의 산출(output) 또한 이러한 상호 교차적인 제약들을 만족한다.

세 번째 의문은 '언어 지식을 어떻게 사용하게 되는가'이며 생성 이론 틀에서 연구가 가장 덜 된 영역이다. 그 이유는 언어 수행의 이해는 언어 능력의 본질적 이론을 전제로 하고 있으며 지금까지 언어 능력 문법에 보다 집중해서 연구되어 왔기 때문이다. 이 의문은 기본적으로 인간 언어의 기원과 진화와 관련된다. Hauser et al.(2002)은 개념적으로 언어 기능의 협의의 의미와 광의의 의미를 구별하며, 협의의 개념에는 반복만 존재하고, 반복은 인간의 언어에만 유일하게 존재한다고 본다.

이러한 구별을 근거로 언어 진화에는 하나의 암시적 사실이 있다. 그것은 만약 협소 언어 기능에는 최근에 진화되어 만들어진 병합만 존재한다고 할 때 의사소통 강화를 위한 언어의 많은 현상들이 자연 도태적 진화해 왔다는 주장들을 무효화 시킨다는 것이다(Klein and Edgar 2002; Bickerton 2007). 그러나 Jackendoff and Pinker(2005)는 언어 기능을 언어 출현이전에 이미 존재한 것으로 간주하고, 이것으로 인해 인간 진화 과정에서 본질적으로 수정이 되어왔을 거라던 능력들은 제거함과 동시에인해 완전히 새로운 능력 과 비언어적 그리고 비인간적 능력을 위한 여지를 마련한다고 주장한다.

생성론자들은 생물학적 증거를 토대로 통사론이 계속해서 진화하고 있다고 생각한다. Hauser et al.(2002), Jackendoff and Pinker(2005) 그리고 Fitch et al.(2005)은 모두 광의의 FL은 언어 출현 전부터 존재한다는 데 의견을 같이 한다. 문제의 핵심은 협의의 FL이 이전 연산 메카니즘에서부터 도출된 것이냐의 여부에 있다.

Jackendoff and Pinker(2005)이 그렇다고 보는 데는, 네비게이션, 사회적 인지, 혹은 아직 결정되지는 않았지만 통사부에 적용된다는 증거들에 기반을 두고 있다. 이들의 주장 중에서 흥미로운 것은 인간의 시각에 관한 것으로, 눈에서 망막은 비록 안구를 움직이는 근육이 없더라도 필요한 부분이지만 그 반대는 그렇지 않다. 즉, 망막이 없는 상태에서 안구에 근육이 생길 필요는 없기 때문이다. 이처럼 진화에는 목적과 순서가 이치에 맞게 적용되어 왔기 때문에, 언어에서도 먼저 진화가 된 것은 어휘를 이용한 상징적 의사소통 능력이었을 것이고, 통사 구조는 기존 의사소통 능력을 보다 효과적으로 활용하기 위한 목적으로 시작되었을 것이라고 본다.

협소의 언어기능(NFL)은 경제성 원리를 지키는 것으로 알려져 있다(Fitch et al. 2005.) 따라서 최소 연산이 쉬운 해독보다 우선적으로 적용되어야 한다. 그러나 앞에서 살펴보았듯이 아동 영어 습득에서 의문사가 반복 사용되고(82-84), 원거리 의문문에서 조동사가 중복(85) 사용되는 예를 볼 수 있다.

(82) What do you think what Cookie Monster eats?

(83) How do you think how Superman fixed the car?

(84) Who do you think who the cat chased?

(85) Why did the farmer didn't brush his dog?

유사한 형태가 (86)과 (87)의 성인들의 발화에서 보인다. 대명사 'him'이 다시 사용되거나 관계대명사 'which'가 두 번 사용된다 (Du Plessis 1977; Reis 2000; Felser 2003).

(86) He is someone who I don't know anyone that likes him.

(87) It's a world record which many of us thought which wasn't on the books at all.

Park(2008, 2009)에서 그는 협소와 광의의 FL의 구별은 이따금 모호하여 협소의 FL(접합부로의 사상)에서 최소 연산(minimal computation) 조건이 언제나 만족되는 것이 아니라고 주장한다. 그 이유는 명확하지 않지만 경우에 따라서는 화자들이 해독의 어려움을 느낄 때 최소 연산 조건을 무시하고 쉬운 처리(easy processing)을 선호한다는 것이다.

언어 시스템과 그 습득, 실행 및 신경망 표상에 대한 이해가 상당히 진전되었다. 흥미로운 영역은 언어 해독 시스템의 발달에 영향을 주는 일생동안에 걸친 변화에 대한 연구이다. 노화와 관련된 증거는 일찌기 1960년대부터 보고가 되어왔다(Chomsky 1969; Clark and

Clark 1977; Jones 1989; Meyer and Bock 1992; Bond 1999; James and Burke 2000; Cross and Burke 2004). 최근 신경과학의 틀에서 이루어진 실험들을 보면 노화에 따른 인지 활동을 수행하는 동안 활성화 되는 두뇌 영역의 변화에 관한 것들이 많다. 특히 아동들의 ERP 연구들은 N400과 P600에 나타나는 특정 뇌파의 변화를 통해 연령관련 언어 발달, 수행의 특징, 장애 등의 흥미로운 결과들을 알 수 있다(Holcomb et al. 1992; Friederici and Hahne 2001).

흥미로운 사실 중에 또 다른 것이 신경생물학적 실험에 있다. 구조적 두뇌 발달과 메타볼리 수치 변화 사이에 밀접한 연관성에 관한 자성 공명 스페트로 스코피(spectroscopy)의 자료를 보면 메타볼리의 평범한 형태를 확인할 수 있는 표본 조직의 틀을 알 수 있다. 노화 관련 두뇌의 일반화에 있어서 초기에는 두뇌가 아동기가 지나면 변화하지 않는다 하였지만 Paus et al.(2001) 등은 20세까지는 회색질의 비율이 계속 증가함을 밝혔다. Baslow and Guilfoyle(2007) 또한 회색질과 백색질 간의 비율의 변화에 대한 신경화학물질의 변화에 주목을 하였고 Park and Park(2008)에서는 그 신경 화학물질 중에서 가바와 글루타민의 비율변화가 회색질-백색질의 변화에 밀접한 관계가 있음을 주장하였다. 이들은 더 나아가 백색질의 증가는 결국 필요없거나 과다한 신경세포 조직이 사라지는 대신 신경 정보를 전달하는 축삭돌기들의 증가가 최대로 발생한다는 것을 증명하였다 (Koizumi 2004).

언어 연구에서 새로운 접근 방법이 통계적 학습이다. 이것은 연결주의(connectionism)의 생각과 장치들을 기반으로 하는데, 많은 언어 연구에서 언어는 해독 시스템에 관한 어떤 심층적 사실을 반영하고 있다는 것을 전제로 진행해 온다. 예를 들어, 화자들은 (88)의 문장을 (89가)가 아니라 (89나)로 해석을 한다.

(88) John said that Mary left yesterday.
(89) 가. Mary's leaving was yesterday.
    나. John's saying was yesterday.

언어 해독 시스템에서 시간 부사 'yesterday'가 멀리 떨어진 어휘보다는 가까이 있는 어휘를 수식한다는 것을 전제해왔다(Frazier 1987; Gibson et al. 1996; Potter and Lombardi 1998, 등).

그러나 통계적 학습은 해독에서의 선입관(biases)이 해독 시스템에서의 고착된 선입관을 반영한다는 주장에 반대한다(Trueswell et al. 1993; Seidenberg 1994; Garnsey et al. 1997; MacDonald and Christiansen 2002; Christiansen et al. 2009). 대신 이러한 선입관은 화자들이 자기들 언어에서 발견되는 통계치를 반영하고 있다고 생각한다. 예를 들어 문장(88)을 해독할 때, 떠나가는 사건이 어제 발생한 것으로 보는 이유가 그 해석이 일상 생활에서의 의시소통에서 가장 흔하게 해왔던 해독이었기 때문이라는 것이다. 이런 식의 해독을 하게 되는 이유는 화자들로 하여금 문장을 특정한 방식으로 말하게 하는 언어 생성 시스템에 대한 압력(pressure)이 있기 때문이라고 주장한다. 이런 주장은 해독상의 선입관이 해독 시스템에 잠재되어 있는 요소가 아니라, 입력되는 정보의 유형에서 배우게 된다. 이러한 유형은 결국 언어 생성에 대한 제약이 되는 것이다.

생산-분포-해석(production-distribution-comprehension: PDC)은 해석, 생성 및 습득에서 분포 정보에 대한 민감도에 중점을 두고 재시된 이론이다(MacDonalrd 1999). 분포 양상에 따라 특정 어순으로 문장을 생성하게 된다는 생성 시스템에 관한 내용으로 문장 생성 그 자체 또한 분포 정보에 민감해서 결과적으로 문장 해독과 문장 생성이 모두 일률적으로 동일한 분포 정보라는 요인에 의해 결정될 수 있다는 획기적이면서 통합적 모델이다.

일련의 연구에서 경험(experience)이 해독 과정에 중요한 역할을 한다는 사실을 밝혀왔다. 그 중 가장 괄목할만한 것이 통사적 애매함(ambiguity) 해결 현상이다. 애매한 문장을 해독하는 과정에서 처음하게 되는 해석은 그 어휘의 또 다른 해석보다 상대적으로 많이 접해온 것이 된다는 것이다(Pearlmutter and MacDonald 1992; MacDonald 1994; Dussais 2003). 정원길 구문(Fodor and Inoue 1994; Phillips 2004), 중 NP 전환(heavy NP shift), 주격관계절/목적격 관계절, 그리고 원거리 일치(Gibson and Warren 2004; Phillips et al. 2005)가 유사한 결과를 얻을 수 있는 문형들이다.

Peña et al.(2002)은 통계적 학습이 언어 소리를 배우거나 어휘를 구축하는 등 비교적 다순한 문제에만 적용됨을 지적한다. 이들은 더 나아가 문법 학습이 통계학습이 멈춘 뒤 시작되며 따라서 문법의 복잡함이 비통계적 절차, 즉 문법을필요로 한다고 주장한다. 실험에서 이들은 성인이 (90가)에서처럼 의미없는 단어의 연속을 듣게될 때, 발화 흐름의 통계적 규칙성을 발견할 수는 있지만 규칙을 구축하지는 못한다는 사실을 발견했다.

(90) 가. ...PURAKIBELIGATAFODUPUFOKITALIDUBERAG
         ATARADU...

    나. ...PURAKI BELIGA TAFODU PUFOKI TALIDU BERAGA
         TARADU...

(90나)에서처럼 피실험자가 규칙을 설정할 수 있게 되는 시기는 몇
번의 중지가 있고 난 뒤에나 가능했다.

　문제는 문법과 통계학습의 경계를 설정하려는 시도가 필연적으로
상당한 양의 시도와 잠재적 일반화를 내포하고 있다는 것이다
(Seidenberg et al. 2002). 비록 실험에서 피실험자들에게 주어진 단
어가 9 개뿐이라 하더라도 이러한 단어들의 연결해서 나온 코퍼스
자료가 방대한 일반화를 가능하게 하였다.

　학습이 생득적 언어지식에 영향을 받는다는 또 다른 증거가 Bonatti
et al.(2005)에서 찾을 수 있다. 실험에서 이들은 피실험자들에게 자음
과 모음이 번갈아 나오는 가공의 불어 단어를 학습토록 했다. 어떤 통
제 상황에서는 한 단어 안에서 자음 사이의 전환 확률(transition
probabilities)를 1.0으로 맞추고 모음을 변화시켰다. 예를 들어,
p_r_g에서 빈칸을 여러 단어로 채웠다. 다른 통제 상황에서는 반대
로 한 단어 안에서 모음을 고정(1.0)시키고 자음을 변화시켰다. 즉,
u_e_a처럼 모음은 고정되어 나타나고 빈칸을 다양한 자음으로 채웠
다. 이들의 주장은 실험과정에 자음과 모음에 대한 동일한 입력 환

경을 제공하였기 때문에 통계적 학습의 메카니즘에 의해 자음과 모음에 대하여 차이나는 민감도를 설명할 수 없다는 것이었다.

그러나 Keidel et al.(2007)에 따르면 이러한 사실은 경험에 의해서도 학습될 수 있다고 한다. 이들의 주장은 불어에 CVCVCV 형식의 어휘가 총 4,943개가 있으며, 이 중에서 자음 세개가 같은 경우가 820개, 모음 세 개가 같은 562개 있다고 한다. 평균적으로 말해 같은 자음이 나타날 수 있는 경우가 6.03개이고 같은 모음 나타날 수 있는 경우가 8.8개이다. 실험에서 피실험자들이 비록 동일한 CV 연속의 데이터를 접하도록 했지만 이들은 이미 일생 동안의 언어활동에서 자음에 대한 익숙함에 놓여 있을 수 있었다고 주장한다.

대부분의 문장 분석 연구들은 영어를 주요 대상으로 진행해 왔다. 그러나 언어 해독이론에서 범언어적 연구가 필요함에도, 문장 생성 연구는 지금까지 연구가 활성화되어 있지 못한 상황이다. 본 저서는 영어와 한국어에서 장소와 분의적 해석 사이의 문장 생성 선택에 관한 범언어적 변이(variations)에 대하여 살펴보겠다.

(91) 가. 큰 엔진이 비행기에 있다.
　　 나. 비행기에 큰 엔진이 있다.
(92) 가. 많은 꽃이 나무에 있다.
　　 나. 나무에 많은 꽃이 있다.

(91)와 (92)의 '가' 문장들은 장소 관계의 정보를 알려주고, '나'의 문장들은 분의적 관계(meronymic relation)를 알려준다(Kuno 1973;

Muromatsu 1998; Tomioka 2007). 분의적 해석이란 개념적으로 분석해 오던 방식은 어떤 대상이 '하나'이면서 동시에 '전체'가 되는 개념이다. 한편으로 이것은 어떤 물체를 작은 것으로 분해하여 하나 이상의 물체로 분석하게 할 수 있으며, 또 한편으로는 여러 물체를 하나의 대상의 부분으로 간주하여 결국 합쳐 한 개로 간주할 수 있게도 한다. 어떤 분석이든 결국 귀결되는 결론은 다르게 보이는 전체가 결국 그 부분들의 공유 자질에 의해 유사한 것 판명되는 것이며, 다른 것들을 합쳐서 같은 것의 합으로 간주하는 것이다(Koptjevskaja-Tamm 2007).

영어에서 분의적 해석 의미를 나타내는 문형이 세 개 있다.

(93) 가. the man's green eyes
     나. the man with the green eyes
     다. the man has green eyes.

(93)의 문장들은 모두 흔히 접하게 되는 표현이며, 전체와 부분 관계를 나타내는 분의적 표현으로 하나의 동일 명사구 내에서 두 대상의 관계를 통사적으로 직접 나타낼 수 있는 소위 분의적 표현(meronymic expressions)이다. 부분에 해당하는 대상이 머리어 명사 'eye'에 의해서 지칭되고 또한 전체가 속성인 'the man's'에 의해 지칭되는 표현 방식이다. 영어는 이처럼 한국어의 (94)와 (95)의 '나' 문장에 해당하는 다양한 방식의 표현이 가능한데 이들은 모두 장소 해석의 의미를 가지고 있다.

(94) On the third floor work two young women called Maryanne.

(95) In the swamp were found two children.

같은 언어에서 어떻게 다른 문형들이 동시에 사용될 수 있는지, 문형들 중에 하나를 선택하는데 무엇이 영향을 주며, 관련 문형들 사이에는 어떤 내용이 숨어있는지에 대해 분명한 것이 없다. 분의적 해독에 대하여는 부분적으로나마 Webelhuth(1993)와 Park (1994)에서 설명을 찾을 수 있는데, 이들은 초점해석을 받게 되는 어휘가 동사와의 거리상의 제약이 있을 수 있다는 점을 주장한다.

(96) Ich habe dem Kassierer **das Geld** gegeben.
　　 I　　 have to　　 cashier　 the money given
　　 'I gave the money to the cashier.'
(97) *Ich have **das Geld** dem Kassierer gegeben (굵은활자체는 초점해석임)

독일어는 문장에서 어휘들의 어순이 상대적으로 엄격하게 지정되는 언어이다. 따라서 문장(97)이 어색한 이유는 명사구 das Geld 'the money'가 초점 해석을 갖기 때문인데 이와 유사한 경우가 한국어에서도 발견된다.

아래 예문에서 부사 '비밀리에'와 명사 '반지'가 각각 초점해석을 갖는다.

(98) 가.　철수가 영희에게 반지를 비밀리에 주었다.
　　 나.　철수가 영희에게 비밀리에 반지를 주었다.

즉, (98가)에서는 '비밀리에'가, (98나)에서는 '반지를'이 각각 특별한 해석을 받는 것으로 알려져 있는데 그 이유는 동사 '주었다'와의 상대적 위치와 거리의 제약이 있음을 시사하는 경우라고 하겠다.

한국어와 영어에는 유사한 점이 있다. 두 언어 모두 장소와 분의적 관계 표시가 동시에 가능하며 따라서 문장의 어순상의 상대적 위치에 따라 해석이 달라질 수 있다는 점이다. 한편 다른 점은 한국어에서는 문장 생성에서 분의적 해석의 [PP...V]의 어순을 강하게 선호하는 반면, 영어화자들은 그렇지 않다. 한국어의 장소 해석보다 분의적 해석을 선호하는 이유는 PDC이론으로 잘 설명될 수 있다.

문장 생성이라는 것이 언어 사용자에게 일종의 문형 선택을 강요하는 것이기 때문에, 한국어에서 전체-부정 문형은 다양한 문형에서 영향을 받는 것으로 여겨지는데, 그 예로 비 주격 표시자의 명사가 문장의 첫 자리에 나타날 때 그 문장의 주어 역할을 할 수 있다는 것이다(Kim 2003; Yim 2005).

(99) LA에 한인들이 많다
(100) 어린 애에게도 자신만의 비밀이 있다

(99)에서 명사구 'LA'는 주격 표시자를 가지고 있으며 소위 이중 주격 구조를 형성하고 있다. (100)의 명사구 '어린 아이에게도'는 주격을 가지고 있지 않지만 재귀대명사 '자신'의 선행사 역할을 한다. 한국어는 재귀사 용법에서 엄격한 주격 지향성(subject orientation)을 지키는 언어이기 때문에 비록 여격을 가지고 있다 하더라도 그 명사

는 문장의 실질적 주어라고 보아야 한다.

본 저서는 한국어 자료에 대한 코퍼스 분석을 하여 실험에서 나타
나는 대략적 효과들의 특정한 유형과 관련되는 분포상 특징을 결저
하는 화자들의 경험치의 표본으로 세가지 자료들은 다음과 같다.
3-5세용 이야기책 한권, 초등학교 3학년생 교과서 한권, 그리고 성
인용 소설책 한권이다.

(101) 코퍼스 자료에서 NP/PP...V 어순의 수와 비율

자료	어순	표본수	비율(%)	예
Story Book	NP...V	39	44.9	담배는 몸에 해로워요
	PP...V	15	17.2	귓속에는 작은 뼈들이 있어요
	Others	33	37.9	정말 야단났네요
	Total	87	100.0	
Text-book	NP...V	462	53.0	아이가 산에서 소리를 질렀습니다.
	PP...V	94	10.8	산에 나무가 많으면 공기가 맑아...
	Others	316	36.2	맴맴, 매암, 매암, 매애암
	Total	872	100.0	
Essay	NP...V	3017	57.2	나는 이미 그 한가운데 있지 않았다.
	PP...V	369	7.1	그 방엔 당시엔 드문 전축이 있었고...
	Others	1886	35.7	그러니 날더러 어쩌란 말이에요?
	Total	5272	100.0	

(출처: 멍멍 의사 선생님, 한국교육과정평가원 초등 국어 읽기 2-1, 쓰기 2-1, 그리고 그
남자네 집)

(101)은 [NP/PP...V] 어순의 수와 비율에서 한국어의 경우 독자의
연령이 높을수록 [PP...V] 어순의 분포비율이 상당히 높아짐을 보여
준다. 언어 생성 실험에서 16명의 피실험자는 다시 한국어와 영어에
노출된 기간에 따라 세 집단으로 분류되었다.

(102) 한국어/영어 노출 기간

집단	화자 수	기간(년)	
		한국어	영어
A	6	> 15+	< 3
B	5	10 - 15	5 - 10
C	5	5 - 7	> 15+

　　피실험자들은 단어 연속의 두 어순 중에 하나를 선택하도록 요청
받았다. 피실험자들의 발화는 녹음되고 두 어순 사이의 비율을 분석
하기 위해 추후 표기되었다. 실험 자료는 인터넷에서 평소에 쉽게 접
할 수 있는 40장의 사진으로 구성되어 있다. 각 사진은 모두 회색의
색상으로 통일하고 같은 크기로 편집되었다. 사진들 중 20장이 선행
실험을위해 무작위로 선정되었고 나머지 사진들은 필러(fillers)로 사
용되었다. 피실험자들은 'NP-에/가 NP-가/에 있다'의 제한된 표현형
식으로 사진 속 두 물체사이의 관계를 설명하도록 요청받았다.

(103) [NP/PP...V] 어순의 수와 비율

집단	어순	표본수	비율(%_	자료
	NP ... V	27	22.5	
A	PP ... V	93	77.5	큰 엔진이 비행기에 있습니다
	Total	120	100.0	많은 꽃들이 나무에 있습니다.
	NP ... V	46	46.0	
B	PP ... V	54	54.0	
	Total	100	100.0	비행기에 큰 엔진이 있습니다.
	NP ... V	79	79.0	나무에 많은 꽃들이 있습니다
C	PP ... V	21	21.0	
	Total	100	100.0	

　　언어 생산 실험에서, 집단 A는 한국어에 15년 이상, 영어에 3년
미만으로 노출된 화자로서 영어보다는 한국어 성향이 강하며 [PP-V]

어순에 강한 선호도를 보였다. 반면에 집단C는 한국어에 노출된 지 7년이 안되고 영어는 15년 이상 사용해온 화자들로 영어 에 보다 높은 지향성을 보임으로서 [NP...V] 순서에 선호도를 보였다. 이러한 실험을 통해 장소와 분의적 해석 사이의 어순 상 선택이 언어 사용에서 특정 표현의 상대적 노출 정도에 따라 결정될 수 있다는 점이다.

다양한 통사 문형에서 해독의 역할에 지대한 관심이 쏟아졌고 그 중에 대표적으로 관계절, 주어-동사 원거리 일치, 타동성과 문장보어 비교, 및 [V-PP] 어순이 포함되어 있다. 경험치가 해독에서 적용되는 것이 아니라 언어 생산에서 둘 이상의 가능한 표현 중에서 선택의 문제에도 관여된다는 사실을 바탕으로 최근에는 문장 해독뿐만 아니라 문장 생성에 대한 문제에도 큰 관심이 일어나고 있다. 본 저서에서는 기존의 경험치가 한국어의 장소와 전체-부분 해독에 영향을 미치는가에 대해 논의하였다. 한국어에서 장소 해독 대비 전체-부분 해독에 대한 선호는 코퍼스 연구나 실시간 언어 생산 실험에서 증명되었으며 이는 공히 통계 학습 접근으로 귀결될 수 있다.

제 3 편

통사론적 증거

3.1 재구성 효과

뒤섞이는 오랫동안 문체론(stylistics)의 영역으로 간주되어 왔다 (Ross 1967). 그러나 뒤섞이를 통해 나타나는 여러 현상들 중에서 특히 통사적 효과들이 제기되면서 뒤섞이를 단순히 음성적이거나 문체적인 현상이 아니라 통사적 현상의 하나로 간주하기 시작하였다. 이를 통해 아주 복잡하지만 그러나 비교적 정교한 여러 통사 현상들이 있음을 알게되고 실제 통사론에서 뒤섞이의 논의가 본격적으로 시작되었다(Saito and Hoji 1983, Saito 1985, Webelhuth 1987). 70년대 말에서 80년대 초에 걸친 소위 도식화 (configurationality) 문제와 관련하여 어순변화는 비도식화 (non-configurational) 언어들이 갖는 공통적인 특징으로 간주되었으나, 이들 언어에서도 동사구(VP)라는 문법 범주의 존재가 발견되면서 어순변화는 언어 전반에 걸친 여러 다양한 특징들과 관련되어 논의되기 시작하였다.

이러한 논의의 주요 관점은 변형문법 즉 이동 현상에 대한 이론 하에서 뒤섞이가 어떠한 종류의 이동을 하는지를 밝혀내는 것이었다. 초기에는 뒤섞이를 비논항 이동으로 간주하였다. 그러나 이후 비논항 이동 뿐만 아니라 논항 이동의 증거들도 다수 발견되면서 뒤섞이의 통사적 분석은 큰 혼란을 겪게 되기도 하였다. Webelhuth(1993) 등은 뒤섞이를 제 3의 이동으로 간주하고 논항과 비논항 이동의 성격을 모두 내포한다고 하기도 하였고, Mahajan(1992) 등은 뒤섞이를 논항 이동도 비논항 이동도 아닌 다른 종류의 이동이라고도 하였다. 최소주의의 등장은 뒤섞이 분석의 새로운 장을 제시하게 되는데, 그 이유는 최소주의란 의미 해석에 영향을 주지 않는 통사운용을 왜 해야 하며, 그 물음에 답할 수 없는 것은 모두 경제성 원리에 위반이기 때문에 발생하지 말아야 하든지 아니면 통사 운용이 아니라는 보기 때문이다.

본 저서에서는 지금까지의 뒤섞이 분석에 대한 개요를 살펴보고 이전 분석의 문제점을 지적하면서 새로운 시각을 제시해보고자 한다. 비논항 이동의 증거로 활용되던 소위 재구성 효과를 아래에서는 논항 이동으로도 얻을 수 있는 효과라는 점을 밝히면서 기존의 이론과 다른 즉, 뒤섞이는 단발성의 이동이 아니라 도출과정에 연쇄적 이동이 포함되어 있고, 그 과정에서 논항과 비논항의 이동이 순차적으로 엮어 있는 이동으로 보고자 한다.

어순관련 언어들은 고정된 어순(fixed word order)을 가지는 언어와 자유로운 어순(free word order)의 언어로 구별된다. 뒤섞이는 특이하게도 자유 어순을 가지는 언어에게 주로 나타난다. 여기에 대해 Farmer(1980)과 Hale(1983)은 모든 언어는 모든 어순이 기저에서 생성 가능하지만, 어떤 어순으로 표시될 것인가는 언어마다의 특징에 따른 선택사항이라고 주장한다. 다음 문장들의 어순들은 어떤 통사 과정에 의해 도출된 것이 아니라 이미 기저에서 생성된 어순이며 선택적 결정에 의해 만들어진 결과라고 본다.

(1) 가. 철수가 영희를 만났다.
     나. 영희를 철수가 만났다.
(2) 가. 철수가 영희에게 편지를 보냈다.
     나. 편지를 영희에게 철수가 보냈다.
     다. 영희에게 철수가 편지를 보냈다
(3) 가. Mary-ga sono hon-o   yonda (koto)
             -nom that book-acc read   fact
        'Mary read that book.'
     나. sono hon-o Mary-ga   yonda (koto)
(4) 가. John-ga Mary-ni piza-o ageta (koto).
             -nom   -dat -acc gave fact
        'John gave Mary a pizza.'
     나. piza-o John-ga Mary-ni ageta (koto).
     다. Mary-ni John-ga piza-o ageta (koto).

위의 예들에서 볼 수 있는 공통적인 현상은 동사를 제외한 거의 모든 어휘들이 어순을 자유롭게 가질 수 있다는 것이다.

한편, Ross(1967)와 McCawley(1976) 등에서는 어순변화를 전통적으로 격(Case)과 관련되는 논항-이동이나 [+wh] 자질과 관련되는 wh-이동, 즉 비논항-이동과는 달리 통사적 및 의미적 동기가 전혀 없는 단순히 문체론적인 현상으로 간주하였다. 그 예를 (5)와 (6)에서 찾을 수 있는데, (5가)에서 종속절 속의 'that book'은 주제화 (topicalization) 현상으로 주어 'John' 앞으로 이동이 되어있다. 그러나 (5나)의 경우에서처럼 주제화 형식이 의문사에는 적용되지 못한다.

(5)　가. Who$_i$ t$_i$ said that that book$_j$, John bought t$_j$?
　　　나. *Who$_i$ t$_i$ said that which book$_j$, John bought t$_j$?

(5)에 나타나는 문법성의 차이는 결국 의문사가 나름대로의 *wh*-운용자에 의해 독립된 이동을 하기 때문이다. 그러나 이러한 제약은 일본어의 경우에 나타나지 않는다.

(6)　가. sono honi-o　　John-ga ti　kata　　(koto)
　　　　 that book-acc　 -nom　　　bought fact
　　　　 'John bought that book.'
　　　나. dono honi-o　　John-ga ti kataa no?
　　　　 which book-acc　 -nom　　　bought Q
　　　　 'Which book did John buy? '

문장(6나)가 (6가)와 다른 점은 의문사구 'dono honi-o (which book)' 이 문장 앞으로 전치이동을 하더라도 비문법적이 되지 않는 다는 것인데, 이러한 결과가 시사하는 바는 (6나)에 관련되어 있는 이동이 주제화(topicalization)와 다르다는 점이다.

비교적 초기 생성문법 이론에 해당하는 Chomsky and Lasnik(1977)의 연구에서 뒤섞이는 음성부의 조작으로 도출되는 현상으로 의미 해석에는 영향을 주지 않는 것으로 간주하였다. 그러나 1980년대 일본어, 독일어, 힌디어를 중심으로 뒤섞이의 통사적 현상과의 상관성을 발견하면서 뒤섞이에 대한 연구는 전혀 다른 성격으로 발전하게 되었다. 이러한 연구의 핵심은 과연 뒤섞이가 통사적 현상이라면 이것이 논항이동인지 비논항를 확인하는 것이 중요하게 되었다.

뒤섞이를 문체적 운용에서 통사적 운용으로 시각을 변화시킨 연구가 Saito and Hoji(1983), Saito(1985), Hoji(1985), Webelhuth(1989) 등에 있다. 이와 관련되는 통사적 현상은 대용사 결속(anaphoric binding), 약교차(weak crossover), 재구성효과(reconstruction effects) 그리고 기생공백면허(parasitic gap licensing)으로 뒤섞이의 논항- 및 비논항-이동으로의 특성을 확인할 수 있는 현상들이다.

이 중 한가지 증거로 기생 공백 면허(parasitic gap licensing) 현상을 보자. 의문사가 전치이동을 하여 문장이 정문이 된다는 것은 전치된 의문사의 착지점이 비논항 자리라는 것을 의미하기 때문이다.

(7)   Kon sii kitaabi mohan soctaa he ki raam binaa ei barhe ti
        pjEnk degaa?
        which book   thinks   that   without reading throw away
        'Which book does Mohan think that Ram threw away
        without reading?'

위의 예문(7) 힌디어는 의문사구 Kon sii kitaab 'which book'이 문장

앞으로 이동을 하고 그 곳에서 부가절 내의 기생 공백(parasitic gap)을 면허할 수 있기 때문에 이 문장은 정문으로 판정된다. 독일어와 일본어에서도 유사한 면허 현상이 발견된다.

(8) ?Man hat ihni ohne ei verwarnt zu haben ti ins Gafängnis gesteckt.

    one has him without warned to have into hail put

    'One has put him in jail without having warned.'

(9) dono honi-o Masao-wa Hanako-ga ei yomu mae-ni ti yonda no?

    which book-acc -top -nom read before read

    'Which book did Masao read before Hanako read?'

위 문장들은 부가절 내의 기생공백들이 모두 면허되어 정문으로 판정된다. 이것을 설명할 수 있는 방법은 이 예문들에서 전치된 어구 ihn 'him'과 dono hon-o'which book '비논항 통사 이동을 하고 그 곳에서 기생공백을 면허하게 된다고 보는 것이다.

재구성 효과(reconstruction effects) 또한 뒤섞이가 통사이동이라는 것을 보여주는 예가 된다.

(10) apne aapi-ko raam ti pasand kartaa He

    self likes

    'Ram likes himself.'

(11) ek duusrei-ko kamlaa soctii He ki raam Or siitaa ti pasand karte HEN

each   other   thinks   that   and   like

'Kamla thinks that Ram and Sita like each other.'

(10)과 (11)의 예문에서 목적어 재귀대명사 apne aap-ko 'himself'와 ek duusre-ko 'each other'이 문장 앞으로 각각 이동함으로써 그의 선 행사 'Raam'과 'Raam Or Siitaa'의 성분-통어를 받지 못하게 됨에도 불구하고, 여전히 결속현상을 유지할 수 있는 것은 재귀대명사가 원 래의 위치로 재구성 (reconstruction)되어야 한다는 것을 의미한다. 이는 다른 언어들에서도 나타나는 현상인데, 한국어의 경우를 보자.

(12)   서로ᵢ의 비밀을 철수는 영희와 미자ᵢ가 tᵢ 폭로했다고 비난했다.

상호사인 서로 'each other'는 문장 앞에서도 여전히 영희와 미자 와 결속관계를 유지하고 있는데, 이의 설명 역시 어순변화에 의해 전치된 (fronted) 요소가 재구성될 수 있다는 것이다.

논항-이동의 성격을 가장 잘 보여주는 현상이 대용사 결속인데, 그 이유는 대용사 결속이 논항-연쇄에서만 가능한 것으로 알려져 있 기 때문이다. 따라서 어순변화된 요소가 만일 다른 요소를 결속할 수 있다면, 그 어순변화의 착지점 (landing site)은 논항-자리이라고 규정할 수 있기 때문이다.

(13)   ?ek naukari apneᵢ maalik-ne tᵢ naukari se nikaal diyaa
       a servant self boss-subj   service from dismissed
       'Self's boss dismissed a servant.'

그 예를 (13)에서 볼 수 있다. 여기서 어순변화 이동을 한 ek naukar 'self's servant'는 주어 속의 재귀대명사 apne 'self'를 결속할 수 있다. 아래의 (14)의 두 문장도 비슷한 경우인데 앞으로 이동해 나간 목적어가 주어를 결속하는 경우이다.

(14)　가. 영희와 미자$_h$를 서로$_i$의 친구들이 t_i 좋아했다.

　　　나. ?영희와 미자$_h$를 서로$_i$의 친구들은 철수가 t_i 좋아한다고 믿었다.

어순변화가 논항-이동의 성격을 가지고 있다는 또 다른 증거는 다음의 경우에 볼 수 있다.

(15)　kisi-ko u skiii bahin ti pyaar kartii thii?

　　　who his sister love do-imp-f be-past-f

　　　'Who did his sister love?'

(16)　sabi-ko u skiii bahin ti pyaar kartii thii?

　　　everyone their sister love do-imp-f be-past-f

　　　'Did their sister love everyone?'

일반적으로 약교차 효과 (Weak Crossover Effects)는 비논항-연쇄에서 일어나는 것으로 알려져 있다. 그러나 (15)와 (16)에서 문장 앞으로 어순변화 이동을 한 의문사 'who'는 약교차 위반을 해소시키는 결과를 낳게되는데, 이는 결국 어순변화가 논항-이동을 이룬다는 증거가 된다. 유사한 경우가 한국어에서도 나타난다.

(17) 어느ᵢ 아들을 그ᵢ의 부모는 영희가 tᵢ 사랑했다고 생각했니?

(18) 모든ᵢ 아들을 그들ᵢ의 부모는 영희가 tᵢ 사랑했다고 말했다.

또 다른 증거로 이영석 (1993)은 다음의 예를 제시하고 있다.

(19) 가. 김교수의/가 원자핵의 연구중
     나. *원자핵의ᵢ 김교수의/가 tᵢ 연구중

먼저, 논항-이동은 격 (Case)과 관련되어 있음을 전제로 하고, (19나)의 비문에 대한 설명은 원자핵의라는 요소가 이미 소유격을 보유하고 있기 때문에 격과 관련된 논항-연쇄를 유발하는 어순변화를 겪을 수 없다는 것이다.

이상에서 어순변화의 두 양상을 살펴보았다. 이제 이 두 성격을 모두 설명할 수 있는 제안들을 소개한다. 어순변화 현상을 기존의 논항- 및 비논항-이동이라는 양분법에 의한 분류로는 해결될 수 없는 새로운 이동의 형태로 간주하는 것인데, 여기에는 크게 두 가지의 접근방법이 제안된다. 먼저 Saito (1989)의 제안을 살펴보자.

Saito의 주장은 어순변화가 논항-이동도 비논항-이동도 아닌 (neither A nor A-bar) 제 3의 형태라는 것이다.

(20) dono honi-o Mary-ga John-ga ti tosyokan-kara karidasita ka
     siritagatteiru (koto)
     which book-acc -nom -nom library-from checked out

Q want-to-know fact

'Mary wants to know which book John checked out from
the library.'

즉, (20)에서처럼 어순변화 이동을 한 의문사 dono hon-o 'which
book'의 작용 역 (scope)이 종속절에 국한되는 것은 어순변화가 제 3
의 이동으로 의미적으로 아무런 효과를 가져 오지 못하는 이동이기
때문에, 논리형태 (Logical Form: LF)에서 처음의 자리로 되돌아가는
(undone) 것이라고 주장한다.

Webelhuth(1989, 1993) 역시 유사한 분석을 제안한다. 그는 이전
의 분석과 같이 뒤섞이를 제 3의 통사 이동현상으로 간주한다. 그러
나 이전의 분석과 다른 점은 기존의 논항 이동과 비논항 이동을 모
두 포함하는 성격의 제 3의 이동이라고 제안하고 있다. 즉, 이렇게
두 성격의 이동을 모두 내포하고 있기 때문에 뒤섞이는 이중성의 효
과를 보인다는 것이다.

(21)   ?Peter hat die Gastei ohne ei anzuchaun einander ti vergestellt.
            has the guests without looking at each other introduced
        'Peter introduced the guests to each other without looking at
        them.'

위 문장(21)은 뒤섞이로서 비논항 이동의 특성인 기생 공백 면허
(parasitic gap licensing)과 논항 이동의 특성인 대용사 결속(anaphoric
binding)을 모두 해결하고 있다. 자세히 말하면, 목적어 명구사 die

Gaste 'the guests'가 뒤섞이를 하여 이동을 하고 그 자리에서 부가절 ohne e anzuchaun einander 'without looking at each other'의 공백 e 를 면허해주고 또한 상호사 einander 'each other'를 결속하고 있다.

지금까지 뒤섞이에 대한 두 제안은 그 착지점(landing site)이 대체 (substitution)이 아니라 부가(adjunction)라고 한다. 즉, 대체 이동의 경우에는 그 결과가 논항이동 이든지 비논항 이동이든지 중의 하나 가 되어야 하지만 지금처럼 제 3의 이동이라고 한다면 적어도 뒤섞 이는 대체이동이 될 수 없다. 따라서 결국 부가 이동으로 볼 수 밖에 없는 것이다. Chomsky(1993)은 다음과 같이 뒤섞이에 대한 간단한 언급에서도 부가 이동의 가능성을 제시하고 있다.

(22)   "... A structural position that is narrowly L-related has the
        basic properties of A-positions; one that is not L-related has
        the basic properties of A'-position. ... The status of broadly
        L-related (adjoined) positions has been debated, particularly in
        the theory of scrambling. ..." (Chomsky (1993: p40)

한편 뒤섞이를 부가 이동이 아니라 대체 이동으로 분석하려는 시도 가 이어졌다. Déprez(1989), Mahajan(1991), Saito(1992)와 Park(1994) 등은 뒤섞이를 대체이동으로 간주하고 그 도착점에 대한 정의를 새롭 게 함으로서 제 3의 이동 특성을 보일수 있도록 한다. 예를 들어 Saito(1992)는 뒤섞이의 착지점은 비운용자 비논항 자리(nonoperator non A position)으로 그 특성은 LF에서 재분석(reanalysis)에 의해 단거 리 뒤섞이의 경우는 논항 자리로, 원거리 뒤섞이의 경우는 비논항 자리로 재분석 된다고 주장한다.

(23) ?Dare-oi soitui-no hahaoya Hanako-ga ti aisiteiru to omottru no?
     who-acc the guy-gen mother -nom ̄nom love come think Q
     'Who does his mother think that Hanako loves?'

위의 문장(23)이 아주 흥미로운 예인데, 약교차(weak crossover)은 표층구조에서만 나타나는 통사현상이기 때문에 원거리 뒤섞이에서 전치된 의문사 Dare-o 'who'이 약교차 효과를 보이지 않는 이유는 이 경우 뒤섞이가 비운용자 비논항 자리로의 이동이기 때문이며, 비록 이 자리가 LF에서 비논항 자리로 판명된다 하더라도 표층구조 현상인 약교차는 LF에서 변하지 않는다는 설명이다.

Park(1994) 또한 뒤섞이의 착지점에 대한 재분석을 통한 설명을 시도하고 있다. 다만 Saito(1992)와 다르게 뒤섞이를 표층구조에서는 그 착지점이 언제나 비논항 자리가 되고 LF에서 논항자리로 변화하는 방식을 제안한다.

(24)

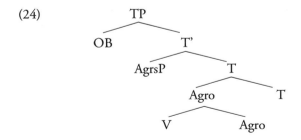

이러한 분석에는 한국어에서 동사 이동(Verb Raising)이 발생하고, 이런 이동은 LF에서 나타난다는 것이다. 더 나아가서 특정 범주의 논항, 비논항의 구별은 머리어에 따라 결정 되는데, 머리어가 기능 범주인 경우는 비논항을, 내용범주인 경우에는 논항 자리가 된다. 이제 형상(24)를 보면, 뒤섞이의 착지점은 T의 지정어 자리가 되고, T가 기능범주이기 때문에 그 지정어는 비논항 자리가 된다. 비논항 자리의 특성으로 인해 뒤섞이를 겪은 명사가 격을 받을 수가 없고 결과적으로 표층구조에서는 비논항으로 판단된다. LF에서 이제 내용범주인 동사가 동사이동으로 Agro를 거쳐 상승하면서 T로 이동하게 되면, T의 동사자질 점검이 일어나고 표층에서는 비논항이던 지정어가 LF에서 이제 논항자리로 전환되고 지정어의 명사는 격 면허가 가능해 지게 된다.

실제로 어순변화를 기존의 논항- 및 비논항-이동이라는 이분법의 틀에서 가장 잘 설명하고 있는 것은 Mahajan (1991)인 것 같다. 그는 어순변화에는 두 종류 즉 논항-이동과 비논항-이동이 각각 따로 존재한다고 주장하고, 성격에 따라 그 착지점이 다르다는 것이다. 이의 적절한 예가 이중목적어 구문인데, 이 경우에는 두 성격의 이동이 모두 포함되어 있다.

(25) 가. raami-ne apnei/*j baccoN-ko Serj dikhaayaa.
            -subj self   children-ind obj tiger-dir. objshow-perf-m
        'Ram showed self's children a tiger.'
     나. apnei/*j baccoN-ko raami-ne t Serj dikhaayaa.
     다. raami-ne Serj apnei/j baccoN-ko t dikhaayaa

(25가)에서 재귀대명사 apne 'self'의 선행사로는 주어 'Raam'만이 가능하고, (25나)처럼 'apne'가 주어 앞의 자리로 이동하고 난 뒤에도 여전히 그 주어에게 결속될 수 있는 것은 주어 앞으로의 이동된 어순변화의 착지점이 비논항-지리로서 논리형태에서 재구성이 일어나기 때문이라고 한다. 한편 (25다)에서처럼 직접목적어 Ser 'tiger'이 간접 목적어 앞으로 이동되는 경우는 이동된 간접 목적어가 직접 목적어 속의 재귀대명사를 결속할 수 있데, 이 때의 어순변화는 논항-연쇄를 형성해서 그 착지점이 논항-자리이기 때문이라는 주장이다. 이것을 도식으로 나타내면 다음과 같다.

(26)   [$_{ArgsP}$ [$_{AgrsP}$ Subj [$_{AgroP}$ [$_{VP}$ ind. Obj dir Obj V]]]]

(26)에서 보듯이, 이중목적어 구문에서 직접목적어가 문장 앞으로 이동해 가는 어순변화의 경우 간접목적어 앞을 거쳐가게 되는데, 이 착지점은 바로 [Spec, Agro]이 되고 논항-자리로서 그 역할을 하게된 다음, AgrsP의 부가어 자리로 올라가 비논항-이동의 성격을 보이게 되다는 것이다.

이처럼 논항-이동과 비논항-이동의 현상을 모두 살펴보았는데, 3.4에서는 앞에서 소개된 비논항-이동의 성격에 대하여 좀 더 논의하고자 한다. 비논항-이동의 증거로 제기되었던 위의 기생공백 면허와 재구성 효과의 두 현상에 반하여, 어순변화 현상이 기존의 비논항-연쇄와 여전히 그 성격을 달리하는 점들이 나타난다. 일본어의 예를 보자.

(27) nanii-o John-ga Mary-ga ti katta ka sitteiru (koto)

what-acc -nom -nom   bought Q knows (fact)

‘John knows what Mary bought.’

(28) daremoi-ni   dareka-ga   Mary-ga ti atta to omotteiry (koto)

everyone-dat someone-nom -nom met   thinks (fact)

Someone thinks that Mary met everyone.’

예문 (27)과 (28)은 의문사와 양화사가 어순변화에 의해 각각 주
어 앞으로 이동해나간 문장인데, 이 구문의 특징은 어순변화가 이들
요소의 작용역에 영향을 미치지 않고 있다는 것이다. 즉, 위의 예에
서 의문사 nani-o ‘what’의 작용역은 여전히 종속절에 한정되어 있
고, 양화사 daremo-ni ‘everyone’는 주절 주어 dareka-ga ‘someone’의
작용역을 넘을 수 없다.

그러나 아래에서 보듯이 비논항-이동으로 간주하는 주제화 구문
과 의문사 이동의 구문에서, 작용역의 해석에는 변화가 따르게 된다.

(29) *What$_i$, John knows who$_j$ t$_j$ saw t$_i$.

(30) ?Who$_i$ t$_{ii}$ said that the man that bought what$_j$, Mary knows
whether John likes t$_j$?

즉, (29)의 주제화 구문에서 ‘what’이 가질 수 있는 유일한 작용역은
주절이 되며, (30)에서도 ‘what’의 작용역은 주절에까지 미치게 된다.

의문사 이동에서도 비슷한 현상을 보이고 있는데, (31)의 경우는

'whom'의 작용역이 'who'보다 클 수도 작을 수도 있는 애매한 문장
이며, (32)에서의 'whom'은 언제나 'who'보다 작용역이 더 큰 해석
만 나온다.

(31)   Who$_i$ t$_i$ knows which picture of whom$_j$ Bill bought t$_j$?

(32)   ??What picture of whom$_j$ do you wonder who$_i$ t$_i$ bought t$_j$?

어순변화가 순수 비논항-이동과 다른 또 하나의 증거는 다음에 나
타난다.

(33)   Mary-ni$_i$ Tom-ga s ono hon-o$_j$ John-ga t$_j$ t$_i$ ageta to itta.
         -dat   -nom that book-acc -nom   gave that said
       'Tom said that John gave that book to Mary.'

(34)   NY-e$_i$ Tom-ga Boston-kara$_j$ John-ga t$_j$ t$_i$ itta to omotteiru.
         -to   -nom   -from   -nom   went that think
       'Tom thinks that John went from Boston to NY.'

(33)와 (34)에서 목적어 sono hon-o 'that book'과 Boston-kara 'from
Boston'이 각각 어순변화에 의해 앞으로 이동되어 있고, 이후 전치
사구 Mary-ni 'Mary-dat'와 NY-e 'to NY'이 그 앞으로 다시 어순변
화를 겪은 모습이다. 여기에서 만일 어순변화가 전형적인 비논항-이
동의 성격을 가진다면, 아래 (35)의 비문의 예에서 보듯이 나중에 어
순변화에 의해 이동되는 요소는 먼저 이동된 요소에 의해 소위 상대
적 최소성 (relativized minimality)를 어기게 되고, 따라서 비문이 되
어야함에도 실제로 그렇지 않다.

(35) *To whom$_i$ do you wonder what$_j$ John gave t$_j$ t$_i$?

이처럼 비논항-이동의 특징들을 가지고 있는 것처럼 보이는 어순변화 현상이 실제로 비논항-이동과 다른 성격들을 보유하고 있다.

최소주의 이론의 핵심은 언어의 경제성(economy)라고 할 수 있다. 경제성 개념은 여러 측면에서 적용되고 있는데, 그 중에서 하나가 최후의 수단(last resort)의 개념이라고 할 수 있다. 이 조항은 모든 수의적 현상을 배제시킬 수 있는 강력한 제약으로 지금까지 우리가 다루어 온 어순변화 현상과 직결된 사항으로 보인다.

이 문제에 가장 먼저 반응을 보인 학자는 Webelhuth(1993)이다. 그는 Lenerz(1977)와 Stechow and Sternefeld(1988)의 논문을 인용하면서 다음의 주장을 펴고 있다.

(36) "... The scrambled element must necessarily be unfocused-i.e. that it has to carry the feature [-F], which will also be interpreted as an operator feature ..." (Webelhuth (1993: p194))

즉, 최소한 독일어에서 어순변화가 적용될 수 있는 요소는 반드시 [-Focus] 자질을 가지고 있어야 한다는 조항이다. 그 예를 (37)에서 볼 수 있다.

(37) 가. Ich habe dem Kassierer das Geld gegeben.

I have the cashier-ind obj the money given

'I gave the money to the cashier.'

나. *Ich habe das Geld$_i$ dem Kassierer t$_i$ gegeben.

(37)에서 das Geld 'the money'가 [+Focus]을 자질을 지니고 있다면 (37나)에서처럼 어순변화에 의한 이동이 불가능하다는 것이다.

이와 관련하여 Diesing (1996), Diesing and Jelinek (to appear) 및 Miyagawa (1997)는 어순변화가 작용역의 범위를 결정해주는 중요한 그리고 필수적인 이동현상이라고 주장한다. 이것은 아래의 Johnson (p.c.)의 견해와 흡사하다.

(38) "... A term can move if there is the only way we could get an LF that yields some particular meaning. For some derivation to converge on an LF that would yield that meaning, it might require movement of some part of the sentence. ..."

따라서 (39)의 예문에서 나타나는 어순변화는 결국 부정어와 양화 사 사이의 작용역의 해석을 결정해주는 역할을 하게 된다.

(39) 가. weil ich nicht eine einzige Katze gestreichelt habe.

because I not a single cat petted have

'Since I have not petted a single cat (no cat petted).'

나. weil ich eine einzige Katze₍ᵢ₎ nicht t₍ᵢ₎ gestrichelt habe.

'Since there is a single cat that I have not petted.'

(39가)에서는 부정어 nicht 'not'이 양화사 eine 'a'보다 작용역이 더 크지만, 목적어 eine einzige Katze 'a single cat'이 어순 변화를 통해 부정어보다 앞의 위치를 차지하게 되면 작용역은 그 반대가 된다.

그러나, 이러한 어순변화 이동의 의미적 이유를 통한 필연성에도 불구하고, 최소주의는 여전히 이동을 위한 형태소적 자질의 증거를 요구하고 있다. 여기에 부응할 수 있는 자료가 제시되었는데 그것은 다음과 같다.

(40) 가. ?*존은 빨리 만화책은 읽지만, 천천히는 논문은 읽는다.
      나. 존은 만화책은 빨리 t₍ᵢ₎ 읽지만, 논문은 천천히 t₍ⱼ₎ 읽는다.

윤상헌(1997)은 [THEME]을 주제화(topicalization)나 강조형(focalization) 과 관련된 일종의 형식-형태소적 자질이라고 규정하면서, 한국어의 -은이 여기에 해당한다고 제안한다. 따라서 (40나)의 어순변화는 -은의 자질 점검을 위한 필수적 이동이 되며, 결국 이것이 경제성을 만족하는 하나의 통사현상이 된다는 견해이다. 물론 여기서 [THEME] 자질이 관연 무엇이며 또한 기존의 형태소적 자질이 의 부류가 될 수 있을까 하는 의문점이 대두되지만, 중요한 사실은 어순변화가 소위 어휘

자질 (L-feature) 점검의 결과이며, 따라서 전형적인 논항-연쇄의 성
격을 보유할 수 있는 가능성을 제시하고 있다는 것이다.

언어들에 나타나는 동사구 내부의 어순의 차이를 설명하기 위한 시
도로 Kayne(1994)은 지정어-머리어-보어(Spec-Head-Complement) 라
는 언어 공통의 어순을 제안하고, 언어들 사이의 어순 상의 차이는
이러한 기본 어순에서 출발하여 언어들 나름대로의 형식-자질들의
특성에 의한 이동과 관련되어 있음을 주장한다.

즉, 다음의 도식에서 만일 어떤 언어에서 v에 강성 자질(strong
feature)이 있다면 그것을 해소하기 위해 목적어가 음성화(Spell-Out)
이전에 이동해야 하는데, 그 자리는 결국 *v*의 외부 지정어(outer
Spec) 자리가 된다.

(41)

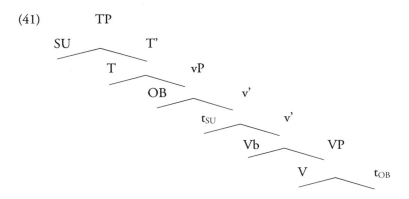

따라서 (42)의 결과로 생성되는 어순은 주어-목적어-동사 (SOV)
가 된다.

SOV와 OSV사이의 어순의 차이를 나타낼 수 있는 제안은 Zushi (1996)에서 찾을 수 있다.

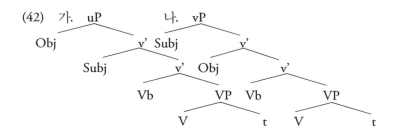

(42가)은 vP가 주어와 먼저 병합을 한 후에 목적어가 v의 외곽 지정어로 병합을 이루고 있는 모습이고, (42나)에서는 목적어 이동에 의한 병합이 먼저 일어나고 주어가 병합되어 있는 꼴이다. 여기서 만일 주어가 [Spec T] 자리로 이동되지 않고 이 상태에서 음성화가 일어난 다면, 어순변화의 전형적인 어순은 (42가)가 되고, 이 때 목적어의 착지점은 논항 자리로서 논항-연쇄의 특징을 가지게 될 것이다.

(42가)의 가능성이 일본어에서 실제로 증명되고 있다. Yatsushiro(1996)는 다음의 예문에서 주어가 vP의 지정어 자리에서 머물게 되고, 상호사의 결속은 논리 형태(LF)에서 주어의 형식자질(formal features)만이 T로 상승하여 가능하다고 주장한다.

(43)　가. otagaii-no　ie-ni　Uli to Susii-ga ita.
　　　　each other-gen house-loc　and　¬nom was
　　　　'Uli and Sisu were at each other's houses.'

나. otagaii-no   ie-ni   Uli to Susii-ga tuita.

each other-gen house-loc and   -nom arrived

(43)의 예문은 일본어의 비대격 구문에서 주어가 상호사를 성분통어하지 못함에도 결속이 가능한 것은 주어의 EPP-자질이 약성(weak)이고 따라서 논리 형태에서 T로 이동을 하고 그곳에서 비로소 상호사를 결속하게 된다는 주장이다.

이러한 주장은 한국어의 어순변화에도 적용될 수 있을 것 같다. 다음을 살펴보자.

(44)   a. 서로ᵢ의 친구들을 철수와 인호ᵢ가 tᵢ 비난했다.
        b. 자신ᵢ의 친구들을 철수ᵢ가 tᵢ 비난했다.

(44)에 나타나는 결속현상 역시 다음에서 지시되고 있듯이 주어의 형식자질이 논리형태에서 T의 자리로 이동하게 되고 결속도 가능하게 된다.

(45)   [$_{TP}$ T [$_{vP}$ Obj [$_{vP}$ Subj [VP . . .]]]]
        |_____FF(Subj)_____|

(45)의 예문은 일종의 재구성 효과를 나타내고 있는데 구문인데, 재구성 효과는 앞에서 비논항-연쇄의 특징으로 생각되었던 현상이다. 즉, 어순변화를 겪은 요소는 비논항-연쇄를 이루게 되고 따라서 논리형태에서 원래의 자리로 되돌아갈 수 있기 때문에 결속이 가능

하다고 주장되었던 사항이다. 그러나 만일 이러한 재구성 효과가 재구성을 통하지 않고도 설명될 수 있다면, 어순변화를 비논항-이동이라는 주장의 설득력이 약화되고, 오히려 대체이동인 논항-이동의 성격으로의 가능성이 더 타당한 결론이다.

이상에서 어순변화 현상의 특징과 그 동안 제시되었던 이론들 및 그들의 문제점들을 살펴보았다. 특히, 최소주의 이론에서 어순변화를 최후의 수단 (last resort)의 한 종류로서 간주하게 할 수 있는, 즉 그 성격을 논항-이동이 될 수 있다는 가능성을 검토하였다. 이 과정에서 비논항-이동의 특징으로 간주되었던 재구성 효과를 재구성을 통하지 않고서도 해결할 수 있는 방법이 제시되었다. 이러한 분석을 통해 논란이 되고 있는 어순변화 현상의 성격을 기존의 틀 내에서 설명할 수 있다는 것이고, 또한 이와 관련해서 어순변화가 의미적, 통사적 효과들과 관련되어 있음으로 해서, 이를 단순히 음성부에서 해결하려는 시도가 적절하지 못하다는 사실을 밝히게 되었다.

3.2 재귀사 결속

언어 습득에 관한 연구는 주로 L2 재귀사를 중심으로 논의되어 왔다. 본 저서에서도 재귀사의 L1 및 L2 습득을 생성문법의 원리 및 매개변항(principles and parameters) 이론을 틀로 살펴보겠다. 최근 생성문법은 론자들은 형식자질(formal features)을 논의의 중심으로 삼고 있다. 즉, 가능한 모든 통사현상들은 통사규칙의 유발을 초통

사론에서 제기하고 있는 형태소 자질의 해석성(interpretability)을 국
어와 영어 사이의 재귀대명사 습득과 연관지어 살펴본다. 재귀대명
사는 이미 오래 전부터 언어별로 특이성을 보여주던 언어의 구성 요
소로서, 국어와 영어 사이의 제 2 언어 통사 습득에서 많은 관심을
불러일으킨 연구 대상이다. 재귀대명사 활용에 대한 기존의 많은 문
법성 판단 실험에서 중간 언어 상 오류들을 살펴보며, 이에 대한 매
개변항을 설정하고 그 증거를 제시하고자 한다.

언어별 재귀대명사 활용의 차이는 주로 원거리 결속과 주어-지향
성의 여부에 있다고 하겠다. 국어의 경우는 비교적 자유롭게 위 두
현상을 보이고 있으나, 영어에서는 원거리 결속 현상의 가능성에는
상당한 제약이 따르는 것으로 보고되고 있다. 본 연구에서는 이러한
두 언어간의 재귀대명사 활용의 차이를 Chomsky(2000)의 해석성
원리(Interpretability Principle), 특히 명사류(nominals)가 갖는 일치
자질의 특성에 따라 설명하고자 한다. 국어의 재귀대명사는 명사의
일치 자질 중에서 [수(number)]-자질을 비해석성으로, 영어에서는
해석성 자질로 간주한다. 한국어에서의 [수]-자질은 보통 생략될 수
도 있고 때로는 문맥을 통해서 현시적(overt) 형태소로 나타날 수도
있다. 반면에 영어에서는 언제나 현시적으로 나타나야 하는데, 이것
은 일치(Agree) 운용을 통한 명사류 일치 자질의 형태론적 실현이기
때문이다. 이와 같이 국어 복수 접미사의 형태론적 생략 현상은
Lasnik(2001)의 비해석성 자질의 해석성 원리에 의거한 제거 과정이
라는 제안을 받아들인다. 따라서 두 언어간의 습득이란 결국 [수]-자
질의 해석성의 매개변항화 과정이라고 제안한다.

이와 같이, 해석성 이론과 관련하여 제기된 기존의 제안을 소개하면서, 국어와 영어 사이의 재귀대명사 활용의 차이가 국어에 나타나는 복수접미사 -들의 선택적 활용 그리고 수(quantity)와 양(quality) 분별력과 밀접한 관계가 있으며 이와 더불어 의미 해석 및 영어의 상대적 활용을 논의하며, 또한 해석성 이론과 관련하여 제기된 기존의 제안을 소개한다.

일반적으로 자연 언어에서 명사류는 어떤 실체 혹은 대상을 가리키는(denote) 기능을 가지고 있다. 이 중에서 이름과 같은 고유명사와 정관사와 함께 사용된 명사 등의 소위 한정 기술어(definite descriptions)가 가리키는 대상은 언어 철학자 Frege, Russell을 거쳐 Kripke(1977)에 따르면 엄격 지시자(rigid designator)로서 담화 세계에서 직접 표시될 수도 있지만, 한편 대명사나 대용사 등은 이것이 가리키는 실체를 찾아내기 위해서 담화나 문장에서 또 다른 명사류, 소위 선행사를 지칭해 주어야 한다. 특히 재귀대명사는 선행사 출현의 범위를 같은 문장 혹은 같은 절 등으로 아주 엄격하게 한정하고 있는데, 이와 같이 재귀대명사가 문장 내부에 다른 요소를 동일 지칭관계에 있는 것을 결속(binding) 현상이라고 한다. 대용사의 선행사 한정 범위가 언어별로 다르게 나타나고 있으며, 이로 인해 언어 간의 차이가 드러나게 되며, 언어 습득론에서는 이의 매개변항을 통해 그 과정을 설명하고자 한다.

재귀대명사 활용에 대한 설명은 생성문법의 구조적인 틀에서 비교적 잘 설명되고 있다. 그 전형적인 예를 살펴보자. 먼저, 한정 시제(finite tensed) 문장에서의 결속현상은 다음과 같다:

(46) John blamed himself

(47) John talked to Susan about herself

(48) John talked to Max about himself

재귀대명사 'himself'는 주어나 목적어 혹은 (48)에서처럼 주어와 목적어 모두에 결속될 수 있는 중의성을 보인다.

그러나 재귀대명사는 한정 시제 절의 주어 자리에 나타날 수 없다:

(49) *Himself blamed John

(50) *John thought [that himself was to blame]

더욱이 한정 시제 절 밖의 요소와 결속될 수 없다:

(51) *John thought [that Susan blamed himself]

여기에는 두 가지 흥미로운 사실이 있다. 하나는, (51)와 같은 현상이 다음과 같이 DP 속에서도 일어난다는 것이다:

(52) Susan showed John [a picture of herself]

(53) *Susan showed John [Bill's picture of herself]

(54) Susan showed John [Mary's picture of herself]

즉, 위의 (51)에서처럼 한정 시제 문장에 현시적 주어가 존재할 때 재귀대명사는 그 주어 밖의 요소와 결속될 수 없는 것과 같이,

(52)-(53)에서 DP 속에 의미상 주어가 존재할 때 재귀대명사는 그 밖의 요소와 결속될 수 없다.

이와 같은 현상을 Hestvik(1992)은 소위 특정성(specificity)와 관련하여 설명하고 있다. 결속현상에는 소위 결속 범주(binding domain)d이라는 것이 있는데 이는 재귀대명사가 선행사와 결속되기 위해 지켜야할 형상(configuration)상의 일종의 제약이다. 따라서 (52)에서 DP 속의 부정관사 a는 비특정적 요소이지만 (53)-(54)에서 'Bill'과 'Mary'는 특정 요소로서 그 DP를 결속범주화하기 때문에 재귀대명사가 그 밖의 요소와 결속될 수 없다고 주장한다.

같은 맥락으로, 다음과 같은 경우에 'some'은 특정적 해석이 될 수도 비특정적 해석이 될 수도 있기 때문에 문장의 문법성에서 차이를 나타내고 있다:

(55)   Susan showed John [some picture of herself]

Some은 다음에서처럼 어떤 특정한 사람을 가리킬 수도 있으며 그렇지 않을 수도 있다:

(56)   I believe [that someone in this room drives a Poche]
(57)   I heard [someone shouted in the backyard]

Postal(1976)은 위와 같은 경우에 화자가 'someone' 사용에 있어서 특정한 사람을 마음속에 두고 있지만 밝히기를 꺼리는 경우일 수도 있으며, 또한 한편으로 누구인지를 확인할 수 없는 경우일 수도 있다고 주장한다.

우리는 한정 시제 문장에서의 주어나 DP에서의 의미상 주어를 모두 문장에서 현저한(prominent) 요소라고 간주한다. 이는 다시 말해, 재귀대명사는 현저한 요소를 넘어 다른 요소와 결속할 수 없다는 것을 의미하는 동시에 재귀대명사는 그러한 현저한 요소와 결속되는 것이 선호(preference)된다고 볼 수도 있다.

이런 현상은 현시적 주어가 나타나지 않는 바한정 시제(non-finite tensed) 문장에서도 같다. 먼저 다음을 생각해 보자:

(58)   Charles$_i$ promised Susan [PRO$_i$ to talk]

(59)   Charles forced Susan$_i$ [PRO$_i$ to talk]

(60)   Charles$_i$ asked Susan$_j$ [PRO$_{i/j}$ to talk]

소위 확대투사범주(EPP) 이론에 따라 괄호 속의 비-한정 시제 절 속에는 PRO라는 의미상 주어가 있다고 가정하자. (58)-(60)에서 PRO는 주어, 목적어, 혹은 주어와 목적어 모두에게 통제되는 현상을 보이고 있다.

이를 토대로 다음의 재귀대명사 구문을 살펴보자:

(61)   Charles$_i$ promised Susan [PRO$_i$ to talk about himself$_i$]

(62)   Charles$_i$ promised John [PRO$_i$ to talk to Susan$_j$ about herself$_j$]

(61)에서 재귀대명사 'himself'는 비한정 시제 구문의 주어인 PRO에게 결속되어 있으며, (62)에서 재귀대명사 'herself'는 현저한 요소 PRO를

넘지 않는 요소 'Susan'에게 결속되어 있다. 그러나 다음의 문장에서처럼 PRO를 뛰어넘어 어떤 요소와의 결속은 허용되지 않는다:

(63) Charles$_i$ promised Susan$_j$ [PRO$_i$ to talk about herself$_j$]
(64) Charles$_i$ forced John$_j$ [PRO$_j$ to talk about himself$_j$]

지금까지의 재귀대명사 결속 현상을 국부적 결속(local binding)이라고 한다. 즉, 현저한 주어 요소를 넘지 않는 범위 내에서 선행사과 결속 관계를 유지하는 것을 일컫는다. 그러나 문제는 다음과 같이 재귀대명사가 주어가 되거나 주어의 일부분이 되는 경우에 일어난다.

(65) Charles believed [himself to be in danger]
(66) Charles considered [himself smart]

위의 두 문장에서 재귀대명사 'himself'는 소위 소절에서 주어 역할을 수행하면서 상위절의 주어 'Charles'에게 결속되어 있다.

더 나아가 (67)의 한정 시제 문장에서 주어의 일부분인 재귀대명사 'himself'는 상위절 주어에게 결속되어 있다:

(67) Charles said [that pictures of himself would arrive]

이러한 경우를 원-거리 결속(long-distance binding)이라고 부른다. 이런 경우의 특징은 다음 문장에서처럼 언제나 상위절의 주어만이 선행사가 될 수 있다는 것이다:

(68)   Charles$_i$ told Bill$_j$ [that pictures of himself$_{i/*j}$ would arrive]

지금까지 살펴본 영어에서의 재귀대명사 활용이 국어에서는 다르게 나타나는 것으로 알려져 있다. 앞에서 언급한 재귀대명사의 제약들의 대부분이 국어에는 해당되지 않는다는 것이다. 다음의 예를 살펴보자:

(69)   철수는 [자신이 똑똑하다고 생각한다]

먼저, 국어의 재귀대명사 자신은 한정 시제 문장의 주어자리에 나타날 수 있다. (69)에서처럼 자신은 종속절의 주어로서 상위절의 주어인 철수에게 결속되어 있다.

한편, 국어의 재귀대명사 자신은 현저한 요소를 넘어 선행사와 결속할 수 있다:

(70)   철수는 [인호가 자신을 똑똑하다고 생각한다고] 말했다.
(71)   철수는 [자신에 대한 인호의 평가를 인정하지 않았다]

(70)과 (71)에서 종속절 속의 목적어 자신이 종속적 주어를 넘어 주절의 주어에게 결속되는 경우와 의미적 주어를 포함하고 있는 명사구 밖의 선행사에 결속되는 경우를 각각 보여주고 있다.

이와 같은 소위 원-거리 결속이 영어에서보다 훨씬 자유롭게 나타나고 있다. 그러나 영어의 경우와 같이 원-거리 결속의 경우는 언제

나 상위절의 주어에게만 결속되는 점에서는 같다고 볼 수 있다:

(72) 철수는 인호에게 [자신이 제일 똑똑하다고] 말해주었다

(73) 철수는 인호에게 [영수가 자신을 나쁘게 평가했다고] 말해
      주었다.

(72)-(73)에서 종속절 속의 재귀대명사는 상위절의 주어에게만 결속
되며 목적어는 선행사가 되지 못한다.

한편, 국어에는 자신이라는 재귀대명사 이외에도 '나자신,' '너자
신,' '그자신,' '그녀자신,' 등의 재귀대명사가 존재하는데 이는 영어
에서와 같이 국부적 결속만을 허용하고 있다:

(74) 철수는 [인호j가 그자신*i/j을 제일 똑똑하다고 생각한다고]
      말했다.

(75) *영희i는 [인호가 그녀자신i을 제일 똑똑하다고 생각한다고]
      말했다.

위의 예문에서 재귀대명사 그자신과 그녀자신은 국부적 절 경계
를 넘어 상위절의 주어와 결속을 이루지 못한다. 그러나 역시 영어
에서와 같이 종속절의 주어자리에 나타나는 경우에는 소위 원거리
결속이 가능하다:

(76) 철수는 [그자신이 제일 똑똑하다고] 믿는다.

(77) 영희는 [그녀자신이 제일 똑똑하다고] 믿는다.

이상에서, 영어와 국어 재귀대명사의 차이를 살펴보았다. 이를 종합하면 다음과 같다. 영어에서는 한 종류의 재귀대명사가 있으며 대개 국부결속만을 허용하지만 주어자리에 나타나는 경우에는 원거리 결속을 할 수 있다. 반면에, 국어에는 두 종류의 재귀대명사가 있으며, 그 중 하나는 자신으로 국부적 결속뿐만 아니라 원거리 결속을 비교적 자유로이 허용하며, 다른 하나는 영어의 재귀대명사와 같이 국부적 결속과 아주 제한적인 원거리 결속을 허용한다. 이제 제 2 언어 재귀대명사에서 이러한 차이가 언어습득에서 어떻게 나타나는지를 살펴보자.

국어를 비롯하여 일어, 힌디어, 아이스랜드어 등은 영어에서와 달리 원거리 결속을 비교적 자유롭게 허용하는 언어로서 언어학에서 특별한 분석 대상이 되어왔다. 그 중에서 가장 많이 인용되고 있는 것이 소위 형태론적 차이에 따른 분석이다. 즉, 원거리 결속을 허용하는 재귀대명사는 단일형태소(monomorphemic)로 구성된 요소이며, 국부결속 재귀대명사는 완전한 내부구조를 갖추고 있는 다중형태소(polymorphemic)로 구성된 요소라는 것이다.

단일형태소란 다음과 같은 구조를 취한다고 본다:

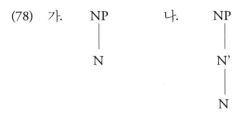

(78) 가.   NP   나.   NP
             │   │
             N   N'
                                │
                                N

즉, NP구조의 틀에서, 단일 형태소 재귀대명사는 (78가)의 구조를 띠고 있는데 이의 특징은 중간 단계가 없다는 것이다. 한편, 다중 형태소 재귀대명사는 (78나)로 완전한 내부 구조를 가지고 있다.

Pica(1987)는 Higginbotham(1985)을 토대로 복합형태소를 취하는 명사는 그 자체로 어떤 실체를 가리킬 수 있지만, 단일형태소는 완전한 명사가 아니기 때문에 이를 완성시켜주는(saturation) 요소에 의존하고 있다고 한다. Huang and Tang(1989)는 이를 지시성(referentiality)과 결부시켜 제안한다. 즉, 완전형태소는 그 자체로 지시성을 가지고 있지만. 단일형태소는 지시성이 확정되어 있지 않고 그 선행사에 의존하고 있다는 것이다.

두 언어 군들의 재귀대명사 결속현상과 관련한 또 다른 한가지 중요한 요소는 앞에서 언급한 것처럼 결속범주 설정에 있는데 여기에는 Infl의 일치요소 유무와 관련이 있는 것으로 제안되어 왔다. Progovac(1992)과 Bannett and Progovac(1998)은 언어마다 결속범주가 다르게 설정될 수 있는데, 이러한 구분은 일치요소가 있는 Infl의 출현 여부로 판단된다고 제안한다. 예를 들어, 영어처럼 Infl이 굴절요소를 표현하고 있는 언어에서는 결속범주가 이를 포함하는 절까지로 국한되지만, 국어, 일어, 중국어 등의 언어에서는 특별한 일치요소가 나타나지 않는데, 이 경우에는 최 상위의 문장으로까지 결속범주가 확대되어 원거리 결속이 자유롭게 유지될 수 있다는 것이다. 제 2 언어 습득에 있어서는 지금까지 언급한 두 종류의 특징에 대한 재귀대명사 습득에 관하여 많은 연구가 이루어졌다. 즉, 목표 언어의 재귀대명사가 단일형태소인지 그리고 그 언어의 Infl이 일치굴절을 가지고 있는 지를 파악해야한다.

Finer(1991)의 실험에 따르면, 제 2 언어 학습자들이 이러한 요소
를 비교적 잘 파악하는 것으로 보고되고 있다. 24명의 한국인을 상
대로 실시한 검사에서 내포절의 Infl 요소에 따라 다른 결속관계를
보여 주었다:

(79)   Mr Fat thinks that Mr Thin will paint himself
(80)   Mr Fat wants Mr Thin to paint himself

24명 중 22명이 (79)의 재귀대명사 'himself'를 국부결속만 가능한
것으로 판단했으나, (80)에서는 24명중 14명은 국부결속을, 9명은
원거리 결속을, 그리고 1명은 둘 다 가능한 것으로 판단했다. 이는
적어도 목표어인 영어에서의 Infl에 나타나는 일치굴절에 대하여 학
습자들이 인식을 하였다는 증거가 된다. 그러나 다중형태소인 영어
재귀대명사 'himself'가 현저한 요소를 넘어 상위절의 주어에 결속될
수 있다는 것은 이를 단일형태소로 간주한다는 것을 의미하면서도
국어에는 없는 Infl의 일치굴절도 감지하였음을 보여주고 있다.

이와 유사한 실험이 Hirakawa(1990)에 의해서 이루어졌는데, 그
는 65명의 일어 화자를 대상으로 다중-선택형 문법성 판단 검사를
실시했다. 다음 문장을 살펴보자:

(81)   Bob talked to Paul about himself.

영어 재귀대명사 'himself'에 대한 선행사로서 일어화자들은 73.9%가 'Bob'를 선택했고 영어 원어 화자들은 67%가 선택했다. 두 화자 사이에 선행사 선택의 수치는 비슷하게 나왔지만 흥미로운 사실은 (81)에 상응하는 일어 문장에 있어서 일어 화자들은 95.5%가 'Bob'를 선택했다는 것이다. 이는 일어 화자들이 영어 재귀대명사 'himself'를 일어 재귀대명사 'zibun'과 다르게 간주했다는 것, 즉 일어 재귀대명사와는 달리 영어 재귀대명사를 다중형태소로 간주했다는 것을 의미한다.

더욱이 다음의 실험에서 볼 수 있듯이 Infl의 일치굴절 여부에 따라 원거리 결속의 허용치가 다르게 나타난다.

(82)   John said that Bill hit himself
(83)   Mary asked Ann to introduce herself

일어 화자들은 일치굴절이 나타나는 Infl을 가진 (82)에서 재귀대명사 'himself'의 선행사로 종속절 주어를 선택한 경우가 77%에 달했지만, 굴절이 나타나지 않는 Infl의 (83)에서는 겨우 55.1%에 불과했다. 이 실험에서 역시 일어에는 존재하지 않는 Infl의 일치굴절 요소를 일어 화자들이 인지했다는 점을 시사하고 있다.

그러나 여기서의 문제는 (83)에서 일어 화자들이 영어 재귀대명사를 다중형태소로 간주한 것처럼 보임에도 불구하고, 영어 원어 화자들이 국부 선행사인 'Bill'과 'Ann'와의 결속을 각각 99%, 98% 허용하고 있는 (82)-(83)에서도 여전히 계속해서 원거리 결속을 허용하고 있다는 점이다.

한편, 원거리 결속의 주어 지향성을 알아보기 위하여 Thomas(1995)는 영어 원어 화자를 포함하여 총 58명의 피실험자를 대상으로 일어 습득과정을 관찰하였다. 다음을 일어 문장이라고 가정해보자:

(84)   John told Mary that Bill liked himself

여기에서 상위 집단의 60% 정도가 일어 재귀대명사 zibun 'himself'이 상위절의'John'에게 결속된다는 결과를 얻었다. 반면에 20% 미만의 피실험자들이 상위절의 목적어와의 결속도 허용하고 있었다. 또한 하위 집단의 경우는 상위절의 주어와 목적어를 모두 허용하는 비율이 거의 50%에 달한 것으로 보고되고 있다. Thomas(1995)는 이처럼 하위 집단의 상위절 목적어에 대한 결속 수치가 높게 나타나는 이유를 아마도 일어 재귀대명사 'zibun'을 재귀대명사가 아니라 대명사로 잘못 판단했을 수 있다는 가정을 들고 있다.

그러나 지금까지 소개한 이러한 실험과 그 결과에 대한 분석에는 다음과 같은 보다 근본적인 문제점들이 있다. 먼저, 원거리 결속처럼 보이는 현상들이 과연 피실험자가 이를 단일형태소로 분석한 결과인지 아니면 단순히 대명사의 국부결속에 대한 분리 지시(disjoint reference)의 결과인지가 분명하지 않다는 점이다. 예를 들어, Hawk(2001)이 지적한 것처럼, 다음의 문장에서 재귀대명사 'herself'가 상위절 주어에게 결속되는 과정이 과연 'herself'를 단일형태소로 판단한 것인지 아니면, 아니면 대명사로 잘못 판단한 것인지 그 결과만을 두고 볼 때 이를 확인하기 어렵다는 것이다.

두 번째 문제점은, 아래의 문장에서처럼 상위절의 요소와 결속을 허용하는 경우가 우리가 기대하듯이 그 재귀대명사를 단일형태소로 인지했기 때문이라기보다는 결속 범주를 잘못 지정한 결과일 수도 있는데, 이러한 오분석의 가능성을 배제할 수 있는 장치가 없다는 점이다:

(85)   John$_i$ told Max$_j$ [that Bill liked himself$_i$ too much]

세 번째의 문제점은, 원거리 결속을 결정할 수 있는 두 가지 주요한 특징 중에서 Infl이 가질 수 있는 굴절요소가 과연 결정적인 단서가 될 수 없다는 것이다. 예를 들어, 다음 문장에서 원거리 결속이 불가능 한 이유에는 두 가지가 있을 수 있다:

(86)   John$_i$ told Max that Bill$_j$ liked himself$_{*i/j}$ too much

즉, 재귀대명사 'himself'가 'Bill'에게만 결속되는 이유가 과연 'himself'를 다중형태소로 판단했기 때문이지, 아니면 종속절의 Infl에 일치 굴절이 나타나서인지, 아니면 둘 다 때문이지를 판단하기가 어렵다는 점이다.

마지막으로 네 번째는 보다 심각한 문제인데, 이는 피실험자가 문법성 판단이나 다중 선택 실험에서 보이는 반응이 관연 언어 능력(competence) 측면에 따른 판단인지 아니면 단순히 언어 수행(performance)에서의 선호도(preference)를 나타내는 것인 지의 문제이다. 언어습득 이론에서 실험결과의 분석은 피실험자의 판단이 언어능력에 따른 것임을 전제로 이루어지기 때문에 만일 후자의 경우라면 실험결과의 활용에 커다란 문제가 있지 않을 수 없다.

본 장에서는 앞의 여러 실험에서 중요하게 다루어졌던 재귀대명사 자체의 형태론적인 차이와 Infl의 굴절요소 존재 유무와는 달리, 모국어와 목표어 사이의 재귀대명사를 포함한 모든 명사류 전반에서의 형태론적인 차이를 통해 매개변항화를 시도하고자 한다.

명사류란 앞에서 언급하였듯이, 어떠한 실체(entity)를 지시(denote)하는 기능을 가진 언어 요소이다. 이렇게 지시되는 실체의 수(quantity)와 양(quality)에 따라 이를 나타내는 명사류의 표현도 달라지게 마련이다. 이를 소위 일치요소라고 하는데, 이는 앞의 실험에서 중요하게 여겨졌던 Infl에 나타날 수도 있지만, 근본적으로 이는 해당 명사류에 나타난다. 즉, 영어의 경우 Infl에는 굴절요소가 나타나지만 국어에는 나타나지 않는다. 그러나 명사류 자체에는 영어에서와 마찬가지로 국어에서도 비슷한 표현방법으로 그 실체를 나타내주고 있다. 이는 영어를 목표어로 학습하는 국어 원어 화자라고 하더라도 Infl에 나타나지 않을 뿐, 이미 모국어인 국어에서 굴절일치 요소에 대한 인지가 거의 나름대로 이루어진 상태라는 것이다. 따라서 굴절 요소를 새로이 인지했다고 주장하는 것은 타당하지 않다.

일반적으로 일치 요소는 성(gender), 인칭(person), 수(number)으로 볼 수 있다. 영어에서와 마찬가지로 국어에서도 단수 명사에 있어서 성에 대한 표현이 다르게 나타난다: 'he-she'; '그-그녀.' 한편, 인칭에 대해서도 다른 표현이 있다: 'I-You-(S)he';'나-너-그(녀). '그러나 수에 관한 일치에 있어서 두 언어 사이에는 약간 다른 현상이 보인다. 영어의 경우 규칙형의 복수 명사에 -s접미사를 붙인다: 'book-s.' 'pencil-s,' 등. 국어의 경우에도 복수접미사 -들이 있어서 책들, 연필-들과 같은 형태를 쓸 수 있다. 그러나 흥미로운 사실은 이러한 복수 접미사 -들이 탈락되는 경우가 많다는 것이다. 다음의 예를 살펴보자:

(87) 아빠가 아이의 책을 사왔다.
(88) 엄마가 아이의 가방에 연필을 넣어주었다.

(87)-(88)에서 아빠와 엄마는 가족 구성의 제도에 따라 각각 한 명으로 되어있으므로 단수임을 예견할 수 있다. 그러나 나머지 명사류들, 즉 아이, 책, 가방, 연필 등은 그 자체로는 단수인지 복수인지를 구별할 수 없다. 따라서 상위 문장에서 아이는 혼자일 수도 있고 여러 명일 수도 있는 해석이 가능하며, 책과 가방, 그리고 연필 역시 단복수의 가능성이 모두 있다. 그 이유는 국어에서 Infl에 굴절 요소가 나타나지 않기 때문일 뿐만 아니라, 명사 자체에도 복수 접미사를 비교적 쉽게 탈락해버리기 때문이다. 문맥이나 담화 등에서 추론할 수밖에 없는데 문제는 왜 영어에서와 달리 국어에서 복수 접미사가 쉽게 탈락되느냐하는 것이 의문이다.

이를 위해 영어에서 나타나는 생략구문을 생각해보자. 문장 일부가 탈락되는 소위 모사공백화(pseudogapping) 혹은 동사구 탈락(VP Ellipsis) 등의 구문에 대하여 Lasnik(2001)은 다음과 같은 주장을 펴고 있다. 먼저 다음의 모사공백화 구문을 살펴보자:

(89) You might not believe me but you will Bob. (Lasnik (2001: (2))

Lasnik(1995, 2001)은 Koizumi(1993, 1995)의 다중 VP 구조를 받아들이며, 또한 영어에서도 현시적 동사 이동과 목적어 전이(Object Shift)을 인정하고 있다.

(90) [$_{AgrsP}$ you Agrs [$_{TP}$ will [$_{VP}$ t V [$_{AgroP}$ Bob Agro [$_{VP}$ believe t]]]

(90)는 주어 'you'가 AgrsP의 지정어 자리로 이동되어 있고, 목적어 'Bob' 역시 AgroP의 지정어 자리로 현시적 이동을 했다. 여기서 Ochi(1999)의 제안에 따라 동사 'believe'가 이동해야 하는데, 그 이유는 하위 동사의 자질이 상위 동사의 강(strong) 자질에 의해서 "유인(attract)"되면 하위 동사는 음운적으로 결손 요소가 되고 이는 결국 PF 상에서 파기(crash)되기 때문이다. 이를 피하기 위해서는 하위 동사구를 탈락시켜 결손된 요소를 없애버리거나, 하위 동사가 상위 동사로 수반이동(pied-piping)을 하는 방법이 있다. 전자가 (91)번이고 후자가 아래의 (92)이 된다.

(91) you will believe Bob
(92) *you will Bob believe

한편, 상승 이동도 탈락도 되지 않는 (92)의 경우는 비문으로 남게되는 것이다.

Lasnik에 따르면 이는 모문의 경우에도 나타난다. 다음의 예를 살펴보자.

(93)　화자 A: Mary will see someone

　　　　화자 B: Who ~~Mary will see~~?　　　　(Lasnik 2001)

(93)의 화자 B는 'who'가 이동한 뒤 그 남은 IP가 탈락된 모습이다.
그러나 만일 C의 강 자질에 의해서 Infl이 이동한 경우라면 (96)가
도출되지만, 그렇지 않은 경우인 (95)은 PF상의 파기에 의해서 비문
이 되고 만다.

(94)　Who will Mary see?

(95)　*Who Mary will see?

이와 같은 Lasnik의 제안을 국어의 복수접미사 '-들'의 탈락에 적용해
보자. 더 나아가 국어의 명사에 부가되는 복수 접미사 '-들'과 관련되는
[수-자질이 [비해석성] 자질이라고 가정하자. Chomsky(2001)에 따르면,
비해석성 자질은 일치(Agree)라는 운용에 의해서 상응하는 해석성 [수-
자질로부터 값을 부여받는다고 한다. 그러나 Lasnik의 제안을 받아들이
면, 일치 운용으로 값을 받는 방법 이외에 또 다른 방법, 즉 비해석성
[수-자질 탈락이라는 운용을 선택할 수도 있다. 위에서 살펴본 영어의
VP 탈락 등에서와는 달리 국어 명사구 내부에서 복수접미사 '-들'의 탈
락은 해당 비해석성 [수-자질만을 탈락시킨 결과가 된다. 그렇지 않고
복수 접미사 '-들'이 현시적으로 나타나는 경우는 일치 운용에 의해서 값
을 받아 음성적으로 실현된 것이라고 볼 수 있겠다.

수에 대한 국어에서의 현상은 복수 접미사 탈락 이외에도 다음과
같은 특징을 보이고 있다. 국어 원어 화자의 영어 학습에서 수와 양

에 대한 구별이 상당히 늦게 나타나는 점을 발견할 수 있다. 다음은 영어 학습자들이 범하는 many와 much에 대한 오류의 예들이다:

(96)　*Do you have many money?
(97)　*Give me many water. please.

위와 같은 현상은 명사 자질 중에 [+가산]에 대한 구별이 확실하지 않음으로 해서 나는 것으로 보인다. 국어에서는 [+가산]-자질에 관계없이 많은 혹은 '많이'라는 표현과 함께 나타나기 때문에 목표어 영어에서의 'many'와 'much'에 대한 구별이 습득 초기에는 어려워 보인다.

만일 이러한 관찰이 옳다면, 재귀대명사 결속에서도 명사의 [수]-자질에 대한 특징에 따라 현상이 달라질 수 있을 것이다. 국어의 경우 [수]-자질이 해석성일 수도 있고 비해석성일 수도 있다고 가정한다. 예를 들어, 고유명사의 경우에는 유일성(uniqueness)에 의해서 단수라는 자질이 고유하게(inherently) 부여되고 있다고 보기 때문에, 그 자체로 해석성을 가지고 있다고 할 수 있다. 그러나, 국어의 재귀대명사의 경우 [수]-자질이 비해석성이라고 가정한다. 만일 그렇다면 재귀사의 비해석성 [수]-자질은 해석성 원리(Interpretability Principle)에 의해서 일치 운용에 의해 선행사로부터 그 값을 받거나, 아니면 Lasnik(2001)에 따라 탈락되어야 한다.

다음을 국어 재귀대명사 구문을 다시 생각해보자:

(98)   철수는 [영희가 자신을 똑똑하게 생각한다고] 말했다.

(98)에서 재귀대명사 자신은 주절의 주어 혹은 종속적의 주어에게 결속될 수 있다. 이러한 가능성은 어떻게 가능한가? 먼저 자신의 [수]-자질이 탈락된 경우를 가정하자. 재귀대명사 자신은 결속원리에 의해서 종속절 주어인 영희와 결속을 이루게 된다. 그러나 만일 재귀대명사 자신의 [수]-자질이 탈락되지 않았다면 해당하는 명사의 해당하는 해석성 [수]-자질과의 일치 운용에 의하여 그 값을 받는다. 일치 운용은 (100)에서 종속절 주어인 영희와 이루어질 수 있다. 영희라는 고유명사는 언제나 해석성 [수]-자질을 가지고 있기 때문에 영희와 일치를 이루고 그로부터 단수라는 [수]-자질의 값을 부여받게 된다.

그러나 Chomsky(2000)에 따르면 일치 운용은 국면(phase)를 넘어서도 가능하다. 그러면 (101)에서 재귀사 자신은 비해석 [수]-자질이 활성화되어 일치를 운용하게 되는데 이 때 상위절의 주어인 철수와도 일치를 이룰 수가 있게되고 그로부터 단수라는 [수]-자질의 값을 받을 수 있다. 따라서 국어에서 나타나는 원거리 결속은 이처럼 재귀대명사 자신의 비해석성 [수]-자질이 원거리 선행사의 해석성 [수]-자질과의 일치 운용에 의해서 가능하다는 제안을 할 수 있겠다. 이에 반해 영어의 경우에는 재귀사가 결속을 위한 비해석성 자질이 없다. 일반 명사가 갖는 비해석성 격 자질은 T 혹은 v와의 일치과정에서 제거되지만 원거리 결속에 필요한 비해석성 자질이 존재하지 않는다. 따라서 국부적 결속만 허용된다.

그렇다면, 제 2 언어 재귀대명사 습득에서 발견되는 결속 오류는 어떻게 설명될 수 있을까? 앞에서 언급하였듯이, 국어 원어화자의 영어 학습에서 나타나는 원거리 결속의 오류는 영어 재귀대명사가 국어에서와 같이 비해석성 [수]-자질을 가지고 있는 것으로 간주하기 때문이다. 이는 또한 수와 양을 잘 구별하지 못하는 현상을 통해서도 알 수 있다. 한편, 영어 원어화자의 국어 학습에서 나타나는 원거리 결속의 불허는 반대로 국어의 재귀대명사가 비해석성 [수]-자질임을 인지하지 못했기 때문이다. 따라서 제 2 언어 재귀대명사 습득과정이란 이처럼 각 언어의 재귀사의 [수]-자질의 해석성 여부를 인지하는 것이라고 말할 수 있다. 따라서 제 2 언어 재귀사 습득과 관련한 학습에는 먼저 명사류가 갖는 일치 자질, 특히 [수]-자질의 해석성에 대한 인지와 수와 양의 구별을 할 수 있는 방안 등이 필요한 것으로 생각된다.

이상으로 영어와 국어 사이의 제 2 언어 재귀대명사 습득에 관한 현상을 살펴보았다. 재귀대명사의 내부 구조적인 차이, 즉 단일 형태소와 다중 형태소로 구별하던 기존 가정에서 탈피하여, 재귀대명사 더 나아가 명사류가 갖는 일치 자질 상의 차이를 발견해내고, 이를 통해 원거리 결속의 가능성을 제시하였다. 국어 재귀대명사의 [수]-자질을 비해석성 자질로 간주하고 이로 인해 재귀사가 활성화되어 국면을 넘어서도 일치 운용에 참여할 수 있게되고, 따라서 원거리 결속이 가능할 수 있다고 제안했다.

반면에 영어 재귀대명사의 [수]-자질은 해석성 자질로서 활성화를 이루지 못해 국부적 결속만이 허용된다. 이의 증거로 국어 원어 화자의 영어 학습에서 나타나는 수와 양의 변별력이 떨어져 있는 사실과 국어에서 흔히 발생하는 복수 접미사 -들의 탈락을 제시하였다. 이를 위해 특히 Lasnik(2001)의 모사공백화 및 동사 탈락 구문에서의 강 자질 탈락의 운용 가능성을 받아들였다. 따라서 제 2 언어 재귀대명사 습득은 결국 모국어와 목표어 재귀대명사 사이의 [수]-자질에 대한 해석성 여부를 인지하는 과정이며. 그 과정의 중간언어 (inter language)에서 발생하는 오류는 목표어 재귀대명사의 [수]-자질의 해석성 여부를 인지하지 못해서 비롯된 것으로 간주하였다. 보다 효과적인 제 2 언어 재귀대명사 습득을 위해서는 목표어 명사류의 일치 [수]-자질의 해석성 여부와 더불어 수와 양의 변별력을 동시에 키울 수 있는 방안이 모색되어야 할 것이다.

3.3 병렬 구문

병렬이란 같은 크기와 같은 유형의 구성 성분(constituents)이 병렬사(connector)를 중심으로 연결되는 구조를 말한다. 병렬문의 과제 중의 하나는 병렬문의 크기를 확인하는 것이다. 일반적으로 병렬문에는 두 접근방법이 있는데, 하나는 생략(ellipsis) 분석이고 다른 하나는 공유(sharing)분석이다. 본 저서에서는 이 두 분석방법을 점검하고, 이 과정에서 한국어의 '-고' 구문을 기존의 VP 공유도 TP 생략도 아닌 TP 단위에서서 공유임을 제안한다. 이를 위해 병렬절이 공유하는 하나의 MoodP를 설정하고, 따라가 각 병렬절이 독립적인 T와 Neg를 보유하여 해석의 특이성을 도출해 낸다고 주장할 것이다.

이러한 제안은 특히 병렬구문에서 두 번째 병렬절의 굴절동사를 병렬구조 밖으로 인출하는 것을 허용해야하는데, 여기에서 야기되는 병렬 구조 제약(Coordinate Structure Constraint: CSC) 위반은 시제(tense)와 부정(negation)이 원래 자리에서 해석되는 것을 가정하고 LF에서 재구성(reconstruction)으로 해결할 수 있는 것으로 해결한다(Fox (2000)과 Lin (2002)). 그러나 부정은 첫 병렬절에 가시적 시제 형태소가 있는 경우 재구성이 가능하지 않는다는 사실을 제시하고, 이러한 일종의 금지 효과(blocking effect)는 이탈리아어에서 부정 양화사가 LF에서 재구성 이후 해석되지만 중간에 TP가 있으면 TP가 재구성을 막는 장벽(barrier) 역할을 한다는 Zanuttini(1977)의 제안을 소개한다.

먼저 공유분석 접근을 살펴보자. 이 분석은 대체로 병렬 구조를 최소화하고 대신 T (및 Neg)를 공유시키고 첫 병렬절의 주어를 비대칭적으로 T 지정어 자리로 이동시킨다.

(99) 공유분석(Johnson 1996, Lin 2001, 2002)

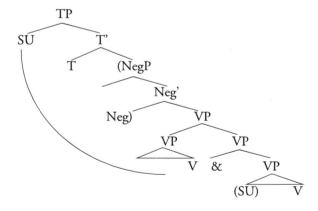

공유 분석에서 단일 T(와 Neg)가 양 병렬 절에 분배되고, VP 내부 주어가설 하에 앞 병렬절의 주어가 VP 내부에서 T의 지정어 자리로 이동할 때의 비대칭성은 LF에서의 재구성으로 피해갈 수 있는 것으로 본다.

한편, 생략 분석은 보다 큰 규모(TP)의 병렬 구조를 설정하는데, 그럼으로 해서 하나의 병렬 절에서의 삭제는 경계 이월(across the board) 효과에 무관하다는 장점이 있다.

(100) Ellipsis Approach (van Oirsouw 1987; Wilder 1997; Hartmann 2000; Chung 2001)

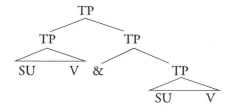

(100)의 구조는 두 병렬절이 모두 각각 독립의 T(와 Neg)를 가지고 있으며 뒤 병렬절의 서법동사와 주어는 발음이 되지 않을 수도 있다.

한국어 병렬문에는 크게 두 유형이 있다. 병렬사 '그리고'와 '-고'에 따라 구별되는데 '그리고' 병렬문은 영어와 유사하게 독립적으로 사용될 수 있으며 앞 병렬절의 동사가 '존이 테니스 경기를 그리고 메리가 하키 경기를 보았다'에서처럼 나타나지 않을 수도 있다. 반면에 '-고' 병렬문은 '그리고' 병렬문보다 제약이 많은데, 그 이유는 여러 접미사들이 동사에 결합되고 병렬사 '-고'의 출현 여부가 동사의 출현 여부에 따라 결정되기 때문이다. 이 예로 '존이 테니스 경기를, 메리가 하키 경기를 보았다'이 있다.

  본 저서에서는 '-고' 병렬문을 중심으로 '-고' 병렬문에서 허용되는 다양한 특징들을 어떻게 설명할 수 있는지에 대하여 살펴보겠다. 이전의 연구에 따르면 '-고' 병렬문은 앞 병렬절의 시제 형태소의 존재 유무에 따라 공유분석과 생략분석 모두에서 설명될 수 있는 것으로 보았다. 그러나 이 두 분석에는 치명적인 문제가 있음을 제기하며 대신 확대된 규모의 공유분석을 제안한다.

  먼저 다음 쌍의 문장들을 살펴보자.

  (101) 가. 존은 파란 모자를 사고, 메리는 노란 신발을 샀다.
        나. 존은 파란 모자를 샀고, 메리는 노란 신발을 샀다.

(101)의 문장에서 보듯이 앞 병렬절의 동사는 과거시제 형태소 '-었'을 가지고 있을 수도 그렇지 않을 수도 있다. 모든 문장은 반드시 시제에 대하여 지정(specified)되어야 한다는 것을 전제로, 비록 (101가)에서 앞 병렬절의 동사에 시제 형태소가 없다 하더라도 결국엔 시제 해석을 지정받아야 한다. 이 문장에서 찾을 수 있는 유일의 시제는 뒤 병렬절의 동사에 있는 과거시제 형태소 '-ㅆ'이며 이 과거 시제가 앞 관계절의 동사에까지 시제 지정을 하게 된다. 반면 (101나)의 경우는 각 병렬절이 독자적인 과거 시제 형태소를 가지고 있음으로 해

서 각자의 시제해석을 지정받을 수 있다.

다음의 문장은 이처럼 앞 병렬절의 시제해석이 뒤 병렬절 시제에 통제받는다는 증거를 보인다.

(102) 가. *죤은 파란 모자를 사고, 메리는 노란 신발을 사다.
      나. *죤은 파란 모자를 샀고, 메리는 노란 신발을 사다.

(102)의 문장들은 뒤 병렬절에는 시제 형태소가 나타나지 않는다. 따라서 모두 비문으로 판단된다.

뒤 병렬절에 시간 부사가 나타난다 하더라도 앞 병렬절의 시제해석을 지정해 주기에는 충분하지 못하다는 사실을 아래 예문에서 알 수 있다.

(103) *죤이 공원에 가다.
(104) *죤이 어제 공원에 가다.

신문 가시의 해드라인 등에서와 같이 곳에서의 표현이 아닌 경우 위의 문장들은 비문법적으로 판단된다. 즉, (103)은 문장에서 시제에 대한 해석지정이 없기 때문이며, (104)에서는 비록 시간 부사 '어제'가 있다 하더라도 이것으로 시제 해석이 지정되지 않고 반드시 동사의 접미사 형식의 형태소가 필요하다는 것이다.

그러나 이 문장들은 가시저 시제 접미사가 있는 절과 병렬을 이루게 되면 모두 정문이 된다. 아래 (105)과 (106) 문장의 앞 병렬 절은 (106)과 (107)과 동일하지만 이 경우 뒤 병렬절에 가시적 시제 접미사가 있음으로 해서 앞과 뒤의 병렬절은 동일한 시간 해석을 지정받아 정문이 된다.

(105) 존은 공원에 가고, 메리는 극장에 갔다.
(106) 존은 어제 공원에 가고, 메리는 오늘 극장에 갔다.

이러한 시제 지정이 일어나기 위해서는 뒤 병렬절의 가시적 시제 형태소가 충분히 상승이동하여 앞 병렬절을 성분-통어할 수 있는 과정이 필요하다. 이를 위해서 (107)의 분석을 주장한다. 즉, 작은 규모(VP)의 병렬문으로 설정하고 단일 T가 두 병렬절에 공유되는 구조를 설정한다(Yoon 1993, 1996; Johnson 1996; Lin 2001).

(107) SU [[$_{VP}$ __ OB V-ko], [$_{VP}$ SU OB __]] V-T-Mood

(107)은 기본적으로 공유 분석과 같은 접근방식이지만 뒤 병렬절의 동사가 흔적을 제자리에 남겨두고 형태소는 실제로 병렬구조를 벗어나 T와 Mood의 동사접미사와 상승 이동을 통해 병합한다는 점이다. 반면에 (108)은 생략분석에 따른 방식인데, 두 병렬절 모두 TP 구조로서 각각 주어와 T를 가지고 있다.

(108) [TP SU OB V-ko] [TP SU OB __]] V-T-Mood

선택적 T 분석에서처럼, '-고' 병렬문은 뒤 병렬절의 주어 또한 선택적으로 나타날 수 있다. (109) 문장을 살펴보자.

(109) 가. 죤이 파란 모자를 빌리고, 노란 신발을 샀다.
       나. 죤이 파란 모자를 빌렸고 노란 신발을 샀다.

문장(109)에서 두 병렬절은 모두 동일한 '죤'을 주어로 삼고 있다. 즉, 뒤 병렬절에는 가시적 주어가 나타나지 않지만 문장 앞의 주어 '죤'이 앞과 뒤 병렬절 모두의 주어 역할을 하고 있다.

이런 현상은 아래 (110)에서도 뚜렷이 나타난다. 양화사구 '어떤 학생'은 큰 작용역과 작은 작용역 모두가 가능한데, 동일한 해석이 뒤 병렬 절에서도 발견할 수 있다. This is

(110) 어떤 학생이 어제 전화를 하고, 오늘 편지를 썼다.

양화사 '어떤'은 특정 지시를 칭할 수도 그렇지 않을 수도 있는데, 만일 앞 병렬 절에서 특정 지시를 칭하게 되면 뒤 병렬 절에서도 같은 특정 지시를 칭할 수 있다. 반대로 앞 병렬 절에서 비특정 지시를 칭하면 뒤 병렬 절에서도 마찬가지로 비특정 지시를 칭하는 소위 엄격 해석(strict reading) 현상이 나타난다.

여기에서는 두 분석이 모두 가능하다. 첫 번째는 병렬문이 (111) 에서처럼 작은 규모(VP)를 구성하여, 주어가 T의 지정어 자리로 가고, 동사가 Mood로 상승하는 분석이다.

(111) SU [[$_{VP}$ ___ OB V-ko], [$_{VP}$ ___ OB ___]] V-T-Mood

다른 분석은 (112)에서처럼 병렬문이 더 큰 규모 혹은 문장 병렬로서 뒤 병렬절의 일부가 생각되거나 발성되지 않는 분석이다.

(112) [[$_{TP}$ SU OB V-ko] [$_{TP}$ (SU) OB ___]] V-T-Mood

'-고' 병렬구문은 앞 병렬문에 Neg를 선택적으로 취할 수 있다.

(113) 가. 존이 비를 좋아하고, 메리가 눈을 좋아하지 않았다.
　　　 나. 존이 비를 좋아했고, 메리가 눈을 좋아하지 않았다.

(113)을 보면, 병렬 형식에 대한 부정어 '안'의 상대적 작용역 해석은 앞 병렬절의 시제 형태소의 존재 여부에 따라 달라진다. 앞 병렬절의 동사가 과거 시제 접미사 '-었'이 (113나)처럼 나타날 때 부정은 협소의 작용역 해석을 가지게 되어 뒤 병렬절만 부정하게 된다. 한편, 앞 병렬절의 시제에 형태소가 없을 때는 부정은 넓은 작용역 해석을 가지게 되어 병렬절 모두가 부정 해석을 가지게 된다 (Lapointe 1990, Park and Joh 1993).

동일한 해석이 다음 쌍의 문장들에게 나타난다.

(114) 가. 존이 메리를 좋아하고, 메리가 빌을 좋아한 적이 없다.
　　　 나. 존이 메리를 좋아했고, 메리가 빌을 좋아한 적이 없다.

여기서 또한 부정의 작용역이 두 병렬절 모두에 걸쳐 큰 작용역을 가지게 되거나 뒤 병렬절으로만 제한될 수도 있다. 이러한 두 해석의 가능성은 앞 병렬절에 가시적 시제 접미사가 있는지의 여부에 따라 결정된다.

본 저서에서는 공유 접근방식을 따라서 하나의 Mood(P)를 설정하고 그 해석은 두 절 모두에 적용되는 것으로 간주하였다.

(115) 가. 존이 메리를 가라고 명령했다.
　　　 나. 존이 메리에게 가자고 요청했다.
　　　 다. 존이 메리에게 빌이 갔느냐고 물었다.

(115)의 문장들은 한국어에 Mood가 CP 아랫니지만 TP보다는 상위에 위치하는 것으로 본다(Whitman (1989), Lapointe (1990), Yoon (1993), Chung (2001), 등).

다시 상기할 사항은 공유 분석이 작은 규모의 VP 구조를 설정하고 앞 병렬절의 주어가 T의 지정어 자리로 이동하고 뒤 병렬절의 주어는 VP 내부 주어 가설에 따라 제자리에 유지된다는 것이다. 이것은 아래 (9)에서 잘 나타나 있다.

(116) SU [[$_{VP}$ ___ OB V-ko], [$_{VP}$ SU OB ___]] V-T-Mood

그러나 (116)의 분석은 여러 문제를 야기하는데 그 이유는 병렬구조가 너무 작기 때문인 것으로 보인다.

다음 문장을 살펴보자.

(117) 어떤 학생은 [VP ___ syntax를 좋아하고], [VP 어떤 학생은 syntax를 싫어했다]

앞 병렬절 주어인 '어떤 학생은'이 큰 작용역 해석을 가지게 되며, 뒤 병렬구문의 주어 떠한 그러하다. 여기서 발생하는 문제의 첫 번재는 양화사구의 작용역 해석과 관련된다. 즉, 만약에 도출 과정에서 앞 병렬절의 주어가 T의 지정어로 상승이동하여 특정적 해석을 가지게 되면(118)-(119), 같은 분석과 결과 또한 뒤 병렬절에도 나타난다.

(118) 가. A man is in the syntax classroom.
      나. There is a man in the syntax classroom.
(119) 가. A man is likely to be here.
      나. There is likely to be a man here.

그러나 작은 규모(VP)의 병렬문 분석에서는 뒤 병렬절의 양화사구 '어떤 학생'의 큰 작용역 해석을 설명할 수 없다.

작용역의 애매함(scope ambiguity) 또한 발생하는데, 양화사가 같은 절에 동시에 나타날 때가 그러하다. 앞에서 보았듯이, 작용역의 상호작용은 병렬절을 넘어서까지 나타나지는 않는다. 따라서 양화사는 동시에 큰 작용을을 가질 수도 작은 작용역을 가질 수도 있다. 그러나 양화사가 같은 병렬에서 상호작용하게 되면 두 양화사 중 하나만 크거나 작은 작용역을 가지는 해석이 나타난다.

(120) [모든 남학생이 어떤 시를 외우고], [모든 여학생이 어떤 소설을 읽었다]

(120)에서, 작용역의 상호작용은 앞 병렬절에서 보편 양화사 '모든'과 존재 양하사 '어떤' 사이에서 일어난다. 목적어 존재 양화사가 큰 작용역 해석이 가능한 경우는 양화사가 LF에서 TP로 양화사 이동(quantifier raising: QR)이 적용되는 경우이다. 같은 분석이 뒤 병렬절에도 적용될 수 있다.

그리고, 뒤 병렬절의 주어 양화사구는 부정어보다 큰 작용역을 가질 수 있다.

(121) ... -고, 모든 교수들은 회의에 참석하지 않았다.

양화사구 '모든 교수들'이 (121)에서처럼 부정어와 교차할 때, 부정어보다 크거나 작은 작용역을 가질 수 있다

Lasnik(1996)은 이와 같이 큰 작용역을 가질 수 있는 해석은 그것이 (122)에서처럼 가시적으로 TP 지정어로 이동할 때만 가능하다고 주장한다.

(122) 가. Many linguistic students aren't here.
　　　 나. There aren't many linguistics students here.

NegP가 TP와 VP 사이에 위치한다면, 뒤 병렬절은 적어도 NegP/VP 보다 커야하며 주어는 T의 지정어 자리로 이동 할 수 있다.

둘 째, 뒤 병렬절에 초점 해석을 가지는 경우도 가능하다.

(123) 테니스는 [죤이 닐슨에서 치고], 하키는 [메리가 콜에서 보았다]

(124) ?*테니스는 [죤이 닐슨에서 치고], [메리가 콜에서 하키는 보았다]

초점 해석은 두 병렬절의 목적어가 모두 전치되는 경우에만 가능하다. 다음 문장을 살펴보자.

(125) 가. *죤이 빨리 만화 책은 읽지만 천천히는 언어학 논문 읽는다.
　　　 나. 만화 책은 [죤이 빨리 ___ 읽지만]. 언어학 책은 [천천히 ___ 읽는다] (Yoon (1997))

초점 구문에 대한 지금까지의 분석은 Foc의 지정어 자리나 TP의 외곽 지정어 자리를 설정하고 그곳에 특정 어휘가 차지할 때 초점해석이 나타나는 것으로 생각해왔다. 대략의 구조가 다음 (126)과 같다.

(126) -고, [$_{FocP/TP}$ 하키는 [$_{TP}$ 메리는 Kohl's에서 ___ 보았다]

이러한 분석에 따르면, 병렬 구조의 크기는 충분히 커서 초점 요소를 도모할 수 있도록 확대시켜야 할 것으로 보인다.

셋째, 공유 분석에 따르면, 앞 병렬절의 주어는 언제나 뒤 병렬절의 주어를 성분-통어하는데 이것은 결속이론(C) 상황을 잘못 배제해야하는 문제가 따른다.

(127) *Nishi likes Nishi's/the model's fashion mags. (Lin 2002: (47)-(48))

(128) 가. Nishi will buy a fashion mag and Nishi's/the model's friend, purchase a political rag.

나. Nishi will [VP ___ buy a fashion mag] and [VP Nishi's/the model's friend purchase a political rag]

(128가)처럼 문법적인 것으로 잘못 판명되는 문장들을 설명하기 위하여 Lin(2001)은 LF 상의 재구성이 결속이론(C)의 효과를 무마할 수 있다고 제안한다.

한국어 역시 아래와 같이 유사한 현상을 보인다.

(129) *죤이 죤의 집을 팔았다.

(130) 가. 죤이 집을 팔고, 죤의 동생이 차를 팔았다.

나. 죤이 [VP ___ 집을 팔고] [VP 죤의 동생이 차를 팔았다]

Wilder(1997)는 생략 분석이 공유 분석보다 선호되는 이유는 공유분석은 특정 문형에만 적용되는 경계 넘기 효과(across the board effect)의 적용을 받지만 생략구문은 그렇지 않기 때문이라고 밝힌다. 같은 맥락에서, LF 재구성 또한 공유 분석에만 불필요하게 적용되어야 하고 생략 분석에서는 그렇지 않다.

작은 규모의 병렬구문(VP) 분석은 이론적 뿐만 아니라 경험적 문제가 발생한다. 이러한 문제들은 생략 분석에서는 쉽게 해결될 수도 있다. 그 이유는 큰 규모의 병렬구문(TP)를 설정함으로서 작용역 애매함을 설명하는데 유리하기 때문이다. 그러나 생략 분석은 하나의 MoodP가 있고, 동사가 부정어, 시제, Mood 등의 동사 접미사들과 병합하는 과정에서 Mood까지 상승 이동하는 한국어 병렬구문에는 적용될 수가 없다. 따라서 생략 분석을 일부 반영하면서 한국어 '-고' 병렬구문을 설명하기 위해서는 아래와 같이 확대된 공유분석을 제안한다.

(131) [[$_{TP}$ SU OB V-ko] [$_{TP}$ (SU) OB __]] V(-Neg)-T-Mood

남은 과제는 앞 병렬절에 가시적 시제 형태소가 나타나지 않고 뒤 병렬절에 주어가 나타나지 않는 경우이다. 문장(132)를 다시 살펴보자.

(132) 존이 파란 모자를 빌리고 노란 신발을 샀다.

작은 규모의 공유 분석이 여기에 적용되지 못하는데는 두 가지 이유가 있다. 하나는 Hartmann(2000)의 지적에서처럼, (134가)의 공유 분석에서 유일한 주어가 두 행위자(agent) 의미역을 받게되어 의미역 이론을 수정해야 하는 문제가 발생하기 때문이다.

(133) Mary ignored the cool temperature and left her jacket at home.

(134) 가. Mary [VP ___ ignored the cool temperature] and [VP ___left her jacket at home]

나. [TP Mary ignored the cool temperature] and [TP Mary left her jacket at home

(133)를 좀 더 큰 규모의 병렬문으로 보는 다른 이유는 부정(negation) 해석이 앞 병렬절에 가시적 시제 형태소 '-었'이 있을 때 작은 작용역 해석만 가능해진다는 사실 때문이다. 문장(134)와 (135)을 다시 살펴보자.

(134) 가. 죤이 비를 좋아하고, 메리가 눈을 좋아하지 않았다.

나. 죤이 비를 좋아했고, 메리가 눈을 좋아하지 않았다.

(135) 가. 죤이 메리를 좋아하고, 메리가 빌을 좋아한 적이 없다

나. 죤이 메리를 좋아했고, 메리가 빌을 좋아한 적이 없다.

Chao(1988)는 빈 자리(구조)는 선행사의 복사(copy)로 대체되어야 한다고 주장한다. 본 저서에서는 그 대안으로 T와 Neg가 LF에서 원래 자리의 머리어(head)에서 해석되어야 한다고 제안하고 아래 (136)에서 보듯이 재구성(reconstruction)을 통해 가능해진다.

(136) [TP SU OB V(-Neg)(-T)-ko] [TP SU OB V(-Neg)(-T)] V-Neg-T-Mood

여기서 병렬구조는 최대(full)로 볼 수 있는데 그 이유는 비록 어

휘나 형태소가 나타나지 않는다 하더라도 결국 문장 전체의 병렬이 되기 때문이다. 음성적으로 및 형태론적으로 나타나지 않는 기능범주는 결국 LF에서 해석이 이루어져야한다. 이러한 분석이 옳다면 부정의 작용역 해석은 LF에서 재구성으로 이루어질 수 있다.

(137) [TP SU OB V(-Neg)-T-ko] [TP SU OB V(-Neg)(-T)] V-Neg-T-Mood

반면에, 부정의 협소 작용역 해석 (137)에서 보듯이 앞의 병렬절의 가시적 시제 형태소 '-었'이 상승이동 했던 부정어가 앞 병렬 절 NegP의 머리어로 재구성을 막음으로 해서 생기는 결과가 된다. 이러한 소위 장벽 효과(barrier effect)는 언어 보편적인 현상으로 볼 수 있는데, Zanuttini(1997)에 따르면, 이탈리아어에서 부정 양화사가 LF에서 재구성이 일어난 뒤에 해석이 되는데 TP가 중간에 있는 경우에는 재구성이 불가능하게 된다고 한다. 이것이 병렬구문을 공유 분석으로 하되 큰 구조로 설정할 수 있게하며 지금까지 논의되지 않은 분석이다.

본 저서에서 한국어 병렬구문의 특성을 두 분석방법으로 각각 점검하였다. 공유 분석의 문제점은 병렬구조를 작게하여 VP로 설정함으로서 발생하게 되었다. 이를 극복하기 위해여 병렬구조를 VP보다 확대하였고, 이를 근거로 (i)뒤 병렬절의 주어가 특정 지칭해석을 가지게 된다, (ii) 병렬이 부정보다 큰 작용역을 가지게 된다, (iii) 초점 해석을 받는다, (iv) 결속이론 (C)의 위반이 가능하다 등의 주제들을 검토하였다. 한편, 삭제 분석의 문제는 한국어는 MoodP를 가지는 언어이기 때문에 두 번째 동사를 동사이동(V raising)으로 수용할 수 있기 때문에 병렬구문이 MoodP보다 작아야한다는 사실을 지적하였다.

지금까지 병렬구문을 분석함에 있어 수정된 공유분석을 제시하였다. 즉 병렬 절이 MoodP를 공유하는 TP 병렬 구조를 형성하며, 뒤 병렬절의 동사와 접사, 부정어와 T가 Mood까지 상승이동하여 Mood에서 양쪽 병렬 절을 성분 통어함으로써 해석 및 부정해석을 할 수 있도록 하였다. 이 과정에서 T와 Neg가 원래 자리에서 해석 되어야 한다는 가정하에 T의 해석과 Neg의 작용역이 LF에서 재구 성을 통해 이루어지게 되는데, 만약 앞 병렬절에 가시적 시제 형태 소가 있을 때 Neg는 앞 병렬 절까지 작용역을 미칠 수 없다고 하였 다. Neg의 협소 작용역 해석을 따라서 가시적 시제 형태소가 장벽효 과를 가지게 되기 때문에 뒤 병렬절에서 해당하게 되는 것이다. 이 러한 분석은 앞에서 살펴본 바와 같이 확대 공유 분석을 통해 가능하다.

제 4 편

심리언어학적 증거

4.1 생성-분포-해독 이론

우리는 문어체든 구어체든 언어의 형식에 관계없이 문장을 이해할 때 일정한 유형을 따르게 된다. 어떤 문장을 다른 문장보다 더 쉽거나 어렵게 여기며, 애매한 문장이라 하더라도 거의 무의식적으로 하나의 해석을 유지하거나 먼저 떠올리게 되는 경우에서 우리는 그 예들을 찾을 수 있다. 언어학과 심리언어학에서는 인간에게 이미 내재된 편향(inherent bias)이 존재하고, 언어 정보처리에서의 일정한 유형은 이러한 내재된 편향이 반영된 결과라고 한다(Gibson et al. 1996, Hawkins 1994, Pritchett 1988, Berwick and Winberg 1984, 등).

그 예로, Ferreira and Dell(2000), Ferreira(1994), Frazier(1987), Ferreira and Clifton(1986)과 Rayner et al.(1983) 등은 우리가 정원 길 구문(garden-path constructions)을 해석할 때, 모국어의 주어진 구 구조 규칙에 따라 단일한 통사표시(syntactic representation)를 구축한다고 한다. 즉, 우리가 새로운 언어 정보를 추가할 때, 현재 처리

중인 정보 영역 안에서 처리코자 하는 늦은 마무리(late closure) 장치와 가능한 최대로 단순한 통사 구조를 구출하려는 최소 첨가 (minimal attachment) 장치를 이용한다는 것이다.

그러나 정원길 구문에 대한 많은 후속 연구에서 이들의 제안이 보편적이지 않다는 증거들이 제시되었다(Mitchell and Brysbaert 1998). 관계절 구문의 선행사 수식에서도 내재된 구조적 편향을 따르지 않는 예들이 발견되면서, 언어 보편성(language universals)에 대한 논의가 새롭게 전개되기 시작했다. Gilboy et al.(1995)는 관계절의 애매한 수식관계가 구조에 관한 정보보다는 선행사의 의미역(thematic roles)과 지칭(reference)의 의미정보로 결정될 수 있음을 보여주고 있다. 이처럼 언어정보 처리에 관한 연구의 최근 관심은 통사정보와 의미정보가 상호 어떻게 연동되어 작동하는지에 대한 것과 이러한 연동이 언어 보편적으로 설명이 가능한지를 파악하는 것이다.

본 연구는 여기서 더 나아가 언어 해석(comprehension)에 나타나는 편향이 언어 산출(production)에도 보이는지, 그리고 언어의 두 처리과정이 상호 작용하여 언어정보 처리 과정에 대한 일괄적인 설명이 가능한지를 살펴보고자 한다. 특히, 유생성(animacy)의 의미정보와 어순(word order)이나 문형 선택의 통사정보가 여러 언어에서 복합 문장의 산출에 미치는 영향을 조사하여 각 언어들의 변이 (factors)를 추출하며, 이러한 일련의 과정을 통해 언어 보편성을 논의하고자 한다.

우리는 사고를 언어로 전환할 때 여러 선택을 하게 된다. 특정 어휘 선택의 단계에서부터 특정 문장 선택의 단계까지 일정한 원칙에 따라 문장 산출 과정에 다양한 선택을 암시적으로 수행하고 있다. Ferreira and Dell(2000)은 화자가 문장을 산출할 때, 보다 접근가능하고 보편적인 어휘를 문장 앞에 두는 경향이 있고, 그럼으로 해서 문장 산출 과정이 보다 수월해질 수 있다고 한다. 즉, 문장을 시작해야 하는 순간에 쉽게 선택할 수 있는 어휘를 우선적으로 배치하고, 그러는 동안 비교적 시간적 소요가 필요한 어휘들을 추가 선택하여 문장을 완성한다는 것이다. 이러한 어휘 배치는 통사적 문형 선택이 필연적으로 수반되는데, 그 대표적인 예가 영어의 수동문과 능동문의 선택이다. 즉, 주어에 해당하는 어휘를 무엇으로 선택하느냐에 따라 결국 문형이 결정되는 것이다.

그러나 어휘 선택이 문형 선택으로 연결된다는 제안에는 몇 가지 의문이 있다. 영어 관계절은 선행사 명사가 이미 문장 앞에 고정되어 있기 때문에 관계절 문형을 능동으로 할 것인지 수동으로 할 것인지의 결정에 영향을 줄 수 없다.

(1)   가. The baby that the woman is holding
       나. The baby that is being held by the woman

주어 명사의 선택에 따라 수동-능동 선호도가 판단되는 경우와는 다르게 관계대명사 구문 (1)에서 선행사 명사의 어순만으로 수동-능동 관계절의 선호도가 결정될 수 없다. 따라서 Gennari and MacDonald(2009)는 (1)에서 선행사 명사와 관계절 주어 명사의 유생성이 모두 관계절 문형의 선택에 영향을 준다는 사실을 발견했다. 즉, 선행사 명사가 유생성인 경우 수동형 문형의 선택이 압도적으로 많다는 것이다. 그들은 더 나아가 이러한 현상이 영어에만 국한되는 것이 아니라 기본 어순이 다른 일본어에서도 나타나는 소위 언어보편적인 특성이라고 주장한다(MacDonald and Christainsen 2002).

(2)   가. onnanohito-ga nage-te-itu otokonohito
          woman-nom throw-pre-prog man
          'the man (that) the woman is throwing'
       나. onnanohito-ni nage-rare-te-iru otokonohito
          woman-by throw-pass-pres-prog man
          'the man being thrown by the woman'

SOV의 어순을 기본으로 하는 일본어는 관계절에서 선행사 명사가 마지막에 위치하는데, 이러한 위치 차이에도 불구하고 유생성 선행사 명사 'otokomohito (the man)'인 경우 능동(2가)보다는 수동(2나)의 유형이 다수를 차지하였다.

이처럼 유생성 선행사 명사의 경우 수동 관계절 선택이 높은 이유에 대하여 Mark et al.(2002)와 Traxler et al.(2002)는 유생성 명사가 한 문장에 같이 이어져 나타나게 되면, 의미적 특성이 같은 이유로 모두 행위자 역할을 할 수 있는 해석이 가능해야 하기 때문에, 문장 산출을 오히려 어렵게 만들 수 있고, 이를 해결하기 위하여 수동형을 선택함으로서 두 유생성 명사 사이에 일정한 거리를 유지하거나, 일본어에서처럼 특정 격 표시(case marking)를 부가하게 된다는 것이다. 이러한 연구결과의 의의는 영어와 일본어에서 공히 비슷한 수

준의 유생성 효과를 보인다는 사실과, 능동-수동의 선택 선호도에서 어순이 크게 영향을 주지 않는다는 사실이다.

그러나 일련의 연구에서 간과된 것은 선행사 명사가 무생성인 경우의 관계절 문형 선택에 대한 선호도이다. Montag and MacDonald(2009)는 영어와 일본어를 대상으로 선행사가 유생성인 경우와 무생성인 경우 모두를 대상으로 관계절의 유형을 알아보기 위한 실험을 했다. 만약, 영어와 일본어에서 유사한 실험결과가 나온다면, 획일된 언어 보편적 원리를 포착할 수 있겠지만, 만일 두 언어 사이에 다른 결과가 도출된다면 두 언어에서 문형선택에 있어서 서로 다른 인지과정이 진행된다고 볼 수 있을 것이며 그것을 밝혀내야 할 것이다.

먼저, 이들은 영어 화자와 일본어 화자 각각 18명을 대상으로 실험문장 20개와 위장문장 43개, 총 63개의 문장으로 주어진 그림에 대한 문장 산출 선호도를 조사하였다.

(3)

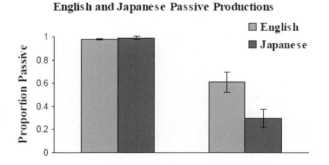

English and Japanese Passive Productions

결과 (3)에서 보듯이, 영어와 일본어 모두 선행사 명사의 유생성 여부에 따라 관계절 문형의 능동-수동 선택이 다르게 나타난다는 사실을 보여주고 있다(F(1.68)=7.33, p<0.01). 특히 유생성 선행사 명사의 경우, 영어는 수동형 관계절의 선택이 98%를, 일본어의 경우는 99.3%를 보이고 있어, 유생성과 능동-수동 문형의 선택여부가 일관성 있게 적용되고 있다(t(34)<1). 그러나 무생성 선행사 명사의 경우 능동-수동 관계절 선택에 대한 선호도에서 두 언어는 다른 경향을 보인다. 즉, 영어는 유생성 선행사 명사의 경우, 수동형 관계절이 98%에서 무생성 선행사 명사인 경우 61.2%를 보이는 반면에, 일본어의 경우 유생성 선행사 명사의 경우 수동형 관계절은 99.3%를, 무생성 선행사 명사의 경우 30.1%를 보이고 있어, 유생성 효과가 두 언어에 같지 않음을 알 수 있다. 따라서 무생성 선행사 명사의 경우 두 언어 사이에는 일관성이 없기 때문에(t(34)=2.62, p=0.013), 각 언어가 보여주는 편향에 대한 설명이 필요하다.

Fujii(2008)에 따르면, SVO 어순의 언어와 SOV 어순의 언어 사이에 나타나는 문형선택 선호도의 차이는 두 언어가 가지는 언어 본질적 특성에 기인할 수 있다. 두 언어 유형 모두 수동형에서 행위자를 생략할 수 있으나, SVO 어순의 언어는 행위자에 해당하는 by-구를 문장 끝에서 그리고 SOV 어순의 언어는 행위자를 주어 자리에서 탈락시킬 수 있기 때문에, 후자의 언어는 전자와 달리 굳이 수동형을 선택할 필요성이 낮다는 것이다. 즉, 무생성 선행사 명사의 경우 두 언어 사이의 의미정보(유생성)과 통사정보(어순과 수동-능동 문형)의 서로 다른 의존성이 변수로 적용될 수 있다는 주장이다.

한편, Park(2012)은 일본어와 유사한 기본 어순과 문형의 한국어
에 유생성 효과가 어떻게 나타나는지를 살펴보기 위해 선행연구를
토대로 문장 산출 및 이해에 대한 실험언어학 실험을 실행하였다.
관계절에서 선행사 명사를 유생성으로 한정하고, 관계절의 능동-수
동 문형의 선택 선호도를 알아보기 위하여 선행 연구와는 달리 반응
속도(response time) 실험을 실시하였다. 특히, 영어와 일본어 등의
선행연구에서 사용했던 술어들의 수동형과 능동형의 빈도수를 사전
조사하여 사용 빈도수(frequency)와 시험 문장에서의 반응속도와의
상관관계를 비교하였다(Park, 2007; Jung, 2002).

예를 들어, 아래 (4)에서 보듯이 '기소하다'는 Google에서 능동형
과 수동형 활용이 각각 56%, 44%이고, '안고 있다'는 72%와 28%
이다.

(4)

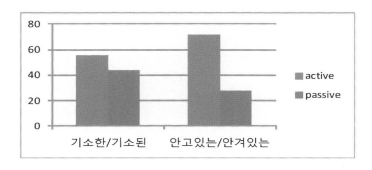

이러한 능동-수동의 빈도수를 보이는 술어가 실제 문장에 나타날
때 그 처리속도를 보면 다음과 같다.

(5)

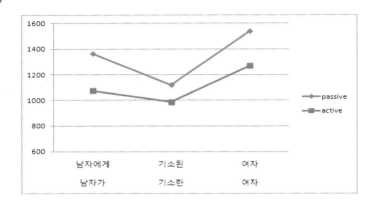

(5)에서 '기소한'과 '기소된'의 능동-수동형의 실시간 반응속도가 각각 985.59ms와 1110ms로, 그 차이는 통계적으로 무의미(t=1.02, p<0.001)하게 판명된다. 반면에 아래 (6)의 '안고 있는'과 '안겨 있는'은 능동-수동형이 각각 773.11ms와 1329.37ms로 그 차이는 유의미(t=2.18, p<0.001) 한 것으로 나타난다.

(6)

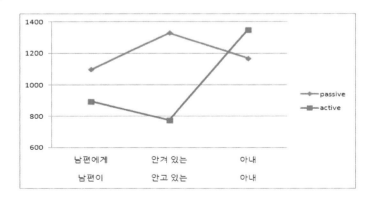

위의 두 경우는 유생성 선행사 명사를 주로 취하는 술어로 능동형 관계절 선택이 선호된다는 면에서 동일하다. 그러나 실제 반응속도에서는 현저한 차이가 나는데 그것은 실험분석에서 단순한 선호도의 측면뿐만 아니라 선택적 선호도에서 포착할 수 없는 심리적 실제가 존재하기 때문이다. 또한 이러한 일련의 실험에도 불구하고 여전히 포착하지 못한 것은 무생성 선행사 명사의 경우 한국어는 능동-수동의 문형 선택에 대한 선호도가 어떻게 나타나고, 그것이 영어와 일본어의 결과와 얼마나 같고 다른지를 밝혀서 언어보편적인 원리를 찾는 것이다.

의미정보와 통사정보의 상호작용이 언어정보 처리에 미치는 영향을 발견하고 이를 언어 보편적으로 설명하기 위하여 두 종류의 실험을 실행하였다. 첫 실험은 선행 연구에서와 같이 유생성 선행사 명사일 경우 관계절의 능동-수동 문형 선택에 대한 조사와 더불어 무생성 선행사 명사인 경우의 관계절 유형을 살펴보기 위해, 제시되는 문장 중에 선호하는 것을 선택하도록 요구하였다. 두 번째 실험은 선호도 실험에 대한 의미를 부가하기 위하여 개별 문장에 대한 실시간 반응속도를 측정하여, 선호도 및 선호 문장 사이에서 반응속도 차이를 파악하였다. 더 나아가 어순의 정보뿐만 아니라 격 현상과 관련되는 통사정보의 영향을 살펴보기 위하여 격을 생략한 경우와 유지되는 문장에 대한 반응속도를 비교하였다.

부산 소재 A와 B대학교 대학생 47명과 동 대학교 대학원생 7명, 교.강사, 직원 11명 등 총 65명이 실험에 참여하였다. 한국어 원어민 화자라는 요인이 중요하기 때문에 왼손-오른손 사용여부, 학부와 대학원생의 구별, 영어능력 및 나이에 대한 변이를 고려하지 않았다.

나이는 22-38세 사이로 유사 실험에 참여한 적이 없는 대상자이다.

문장 산출에서 문형 선택의 선호도를 측정하기 위하여 능동과 수동의 두 문장을 각각 제시하고 개인적 선호도가 높은 문장을 선택하도록 하였다. 측정 실험문장인 20개는 Google에서 빈도수 기준으로 선별되었으며, 위장문장 40개를 포함하여 총 60개의 문장으로 구성하였다. 실험 문장의 예는 다음과 같다.

(7) 가. 엄마가 안은 아기
     나. 엄마에게 안긴 아기
(8) 가. 관중이 잡은 파울볼
     나. 관중에게 잡힌 파울볼

위의 예에서와 같이, 유생성 선행사 명사 '아기'와 무생성 선행사 명사 '파울볼'을 두고 각각에 대한 능동(7가, 8가)-수동(7나, 8나)의 문장을 제시하여 각각에 대한 선택의 선호도 조사하였다.

(9)

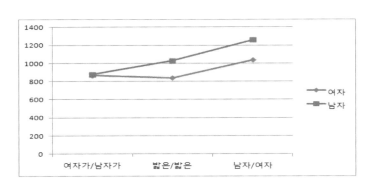

그 결과 (9)에서 보듯이, '아기'와 같은 유생성 선행사 명사의 경우, 수동형 관계절에 대한 선호도가 능동형 관계절 대비 67%-33%로 나타났으며, '파울볼' 같은 무생성 선행사 명사의 경우에는 반대로 능동형 관계절에 대한 선호도가 수동형 관계절 대비 71%-29%로 나타났다. 이러한 수치를 Montag and MacDonald(2009)의 영어와 일본어의 값과 비교하면 다음의 결과(10)을 얻을 수 있다.

(10)

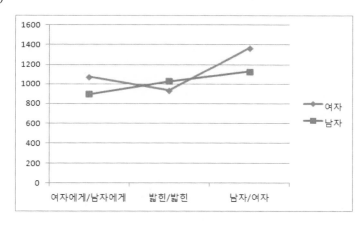

수동형 관계절 선택에 대한 선호도에서 유생성 선행사 명사의 경우, 영어(98%), 일본어(99.3%), 및 한국어(67%)로 각각 나타나는데, 여기서 흥미로운 점은 영어와 일본어는 유의미한 선호도의 차이가 없는데 반해(t(34)<1), 영어/일본어와 한국어 사이에는 유의미한 선호도 차이가 나타난다는 것이다. 한편, 무생성 선행사 명사의 경우, 수동형 관계절 선택에 대한 선호도는 영어(61.2%), 일본어(30.1%), 및 한국어(29%)로 나타나는데, 유생성 선행사 명사의 경우와 달리,

이번에는 영어와 일본어 사이에 유의미한 선호도의 차이가 보이지만(t(34)=2.62, p=0.013), 오히려 일본어와 한국어 사이에는 그러한 차이가 보이지 않는다.

Montag and MacDonald(2009)에서 영어와 일본어가 무생성 선행사 명사의 경우 능동-수동 관계절 선택에 현저한 선호도 차이를 보이는 것과 달리, 본 실험의 결과에 따르면 유생성 선행사 명사의 경우 한국어는 영어뿐만 아니라 유사한 어순의 일본어와도 현저한 선호도 차이를 보이고 있다. 이것은 Traxler(2008), Smith and Wheeldon(2004), Traxler et al.(2002) 등에서 제시한 것처럼, 어순만이 문장 산출에 영향을 주는 것이 아니라는 점을 다시 확인시키고 있다.

본 연구에서는 이러한 선호도의 차이를 통계학습(statistical learning)을 기반으로 하는 PDC(production, distribution, and comprehension) 이론으로 설명하고자 한다. 즉, 언어 정보처리에 나타나는 경향이 내재된 편향의 결과가 아니라, 해당 언어의 통계적 수치를 근거로 하는 학습의 내용을 보여주는 것이라는 주장이다. 따라서 입력된 정보의 양상에 따라 인간은 학습을 하게 되고, 이러한 경험이 언어처리의 편향을 구축하게 된다는 것이다. 이처럼, 언어는 음성, 어휘, 구 등의 언어 구성 정보에 대한 노출 정도에 따라 통계적 구조를 형성한다는 주장이고, 이러한 주장을 뒷받침하기 위하여 유아나 어린 아이들이 언어를 학습하는 경우뿐만 아니라 성인들의 언어정보 처리 과정에서 증거들을 제시하고 있다(Wells et al. 2012; Park, 2010).

이러한 이론적 근거를 바탕으로 한국어에서 보이는 유생성 선행사 명사의 경우, 영어와 일본어에 비해 수동형 관계절의 선호도가 현저히 떨어지는 것은 어떤 내재적 편향에 의한 결과라기보다는, 실험에서 사용되었던 어휘들 중에서 능동-수동의 사용빈도수의 영향일 수 있겠다. 특히, 한국어에서 '던지다'와 '잡다'는 수동과 능동이 모두 가능하지만, 그 사용의 빈도를 조사하면 다음의 결과를 얻는다.

(11)

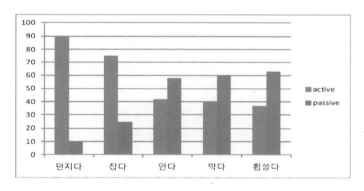

실험에 사용된 어휘들 중 '던지다'와 '잡다'는 능동의 사용빈도가 수동보다 9배 및 3.7배로 높다. 반면에, '안다(43-52%),' '막다(40-60%),' 그리고 '휩쓸다(37-63%)'는 수동의 활용이 다소 많았으나 그 차이는 유의미 하지 않다. 또한'던지다 '와'잡다 '만의 수동형 관계절 산출 선호도를 보면 다음과 같다.

(12)

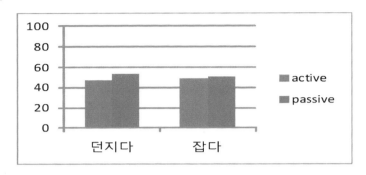

  (12)에서 보듯이, '던지다'에서 수동 관계절로 사용된 것은 47%, 능동 관계절로 사용된 것은 53%이다. 또한 '잡다'에서도 수동 관계절은 49%, 능동 관계절 사용은 51%이다. 이러한 결과는 선행사 명사의 유생성의 변이에 대한 일반적 편향에도 불구하고, 이미 능동 활용에 대한 사용빈도가 높기 때문에 유생성 선행사 명사의 경우에서 능동의 관계절이 다수 사용되었고 이것은 통계적 학습의 결과라는 판단을 할 수 있게 된다.

  선행 연구들에서 해결하지 못했던 것은 무생성 선행사 명사의 경우 일본어는 영어와 달리 왜 수동형 관계절 사용이 현저하게 낮게 나타나는지에 대한 설명이다. 앞에서 이미 논의하였듯이, 두 언어 사이의 어순의 변이가 그 설명이 될 수 없음을 지적하였다. 따라서 그 대안으로 Fujii(2008), Ishizuka(2005), Bock(1987) 그리고 Bock(1982)은 다음과 같은 내용을 제안한다. 즉, 일본어는 능동문에서 주어(행위자)의 탈락이 가능하지만, 영어는 행위자를 탈락시키기 위해서는 수동문을 선택할 수밖에 없다. 이것이 시사하는 바는, 영어에서 수동문으로 사용되어야 하는 많은 경우들이 일본어에서는 능동문으로도 사용될 수 있다는 것이다. 이러한 이유로 일본어는 영어보다 능동형 산출의 빈도가 높게 되고, 이러한 경향이 관계절 같은 내포문에도 적용되어 무생성 선행사 명사의 경우 영어에 비해 현저한 수동 관계절이 일본어에서 발견된다고 한다.

그러나 이러한 주장은 유생성 선행사 명사의 경우 왜 일본어와 영어가 유사한 수치의 수동 관계절이 사용될 수 있는지에 대하여 설명을 하지 못한다. 또한, 한국어의 실험결과에서 보듯이, 한국어는 유생성 선행사 명사의 경우는 영어와 일본어와 다른 현상을, 무생성 선행사 명사의 경우는 영어와는 다르지만 일본어와 유사한 현상을 보였다. 이러한 언어 간의 공통점과 차이점을 설명하기 위하여 두 번째 실험을 실시하였다. 일본어의 주어 탈락이 변이가 될 수 있다는 선행연구의 제안을 토대로 한국어에서 나타나는 탈락, 특히 격 탈락이 능동-수동의 이해에 어떤 영향을 주는지를 살펴보고 그 결과를 토대로 한국어가 영어와 달리 수동형 관계절의 선택 빈도가 낮은 이유를 밝히고자 한다.

부산 소재 A대학교 대학생 45명과 동 대학교 대학원생 11명 등 총 56명이 실험에 참여하였다. 모두 한국어 원어민 화자로 왼손-오른손 사용여부, 학부와 대학원생의 구별, 영어능력 및 나이에 대한 변이를 고려하지 않았다. 나이는 19-27세 사이로 유사 실험에 참여한 적이 없거나 다른 목적의 실험에 참가한 적이 있는 대상자이다.

문장 해석에서 실시간 반응 속도를 측정하는 실험으로 Eprime 2.0

Professional을 이용했다. 피실험자는 본 실험을 시작하기 전 모의 실험을 이용한 연습을 가졌다. 실험은 문장을 구성하는 단어가 하나씩 모니터에 나타나고, 피실험자가 자가-조절 방식으로 [space bar]를 누르게 되면 다음 단어로 이어지는 식으로 진행되고, 피실험자가 누르는 시간 간격의 차이를 감지하였다.

모든 문장은 아래와 같이 5 종류의 형태로 제시되었다.

(13) 가. 격탈락-능동술어 (여자 밟은 남자)
      나. 주격-능동술어 (여자가 밟은 남자)
      다. 목적격-능동술어 (여자를 밟은 남자)
(14) 가. 격탈락-수동술어 (여자 밟힌 남자)
      나. 에게(by)-수동술어(여자에게 밟힌 남자)

행위자와 피동자의 의미역할 구별과 선행사 명사의 유생성에 대한 민감도를 확인하기 위해 격이 유지되는 경우와 탈락되는 경우를 각각 능동과 수동의 술어와 연계하여 제시하고 각 문장의 이해과정에 나타나는 실시간의 반응속도를 추출하였다.

본 실험은 다음의 구성표에서처럼, <SetText>를 거쳐, <StartText> 및 측정 문장인 <LineList>로 구성되어 있고, 마지막에는 각 문장의 이해도와 피실험자의 성실도를 확인하기 위해 <Question> 과정을 두고 있으며, 각 문장에는 질문-응답 과정을 설정하였다. 본 실험에는 5개 술어에 대한 각각의 5종류의 문형, 총 25문장의 측정 문장이 있고 여기에 2배에 해당하는 50문장의 위장 문장 등 총 75개의 문장에 대한 반응 속도를 측정하였다.

능동 관계절의 경우 3가지의 문장 산출이 가능하다. 아래 (15)에서 보듯이 격이 탈락된 경우와, 행위자격(주격)이 있는 경우 및 목적격이 있는 경우인데 각각의 실시간 반응속도는 796ms, 848ms, 및 890ms으로 나왔다.

(15)

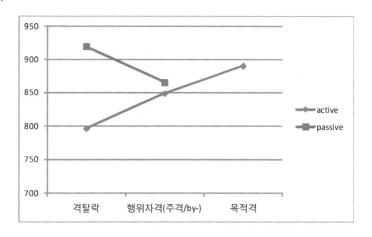

이러한 결과에는 다음의 의미가 있다.

(16) 가. 능동 관계절에서 격이 탈락되는 경우, 탈락된 격은 대체로 목적격으로 해석 되는데 그 이유는 격이 탈락된 경우가 탈락되지 않고 격이 유지되는 경우보다 실시간 반응속도가 더 빠르다는 사실에 따른다.

나. 능동 관계절에서 격이 유지되는 경우, 주격이 목적격보
　　　　다 해석에서 실시간 반응속도가 더 빠르다.
(17)　능동 관계절 선호도
　　　격 탈락 > 주격 > 목적격

(16)과 (17)을 종합하면 다음의 결과를 얻는다. 즉, 능동 관계절을 산출하게 될 때, 목적격을 탈락시키는 것이 제일 선호되고, 그 다음 주격, 목적격으로 격이 유지되는 문장의 산출이다.

한편, 능동 관계절과는 달리, 수동 관계절은 격 탈락이 행위자격(-에게)의 경우보다 반응속도가 느리다(919ms; 865ms). 그 이유는 (18)에서 언급하는 바와 같이, 격 탈락은 목적격 탈락이 우선이기 때문에, (목적)격 탈락 주어와 수동 술어의 연속은 맞지 않고, 따라서 주격 탈락의 해석으로 전환하는 과정에 지연이 발생하는 것으로 간주할 수 있다.

(18)　가. 수동 관계절에서 격 탈락의 경우가 행위자 격이 유지되
　　　　　는 경우보다 반응 속도가 느리다.
　　　나. 수동 관계절의 특성 상 격 탈락은 주격 탈락의 해석만
　　　　　가능하다.

지금까지의 두 번째 실험의 결과를 모두 종합하면 다음과 같은 결론을 얻을 수 있다.

(19)　관계절 산출 선호도
　　　(목적)격 탈락-능동문장> 주격-능동문장 > 행위자격(-에게)-

수동문장 > 목적격-능동문장 > (주)격탈락-수동문장

(20)　가. 능동 관계절이 수동 관계절 보다 더 선호된다.

　　　나. 목적격 탈락의 능동 관계절이 가장 선호된다.

　　　다. 주격-능동문장과 행위자격(-에게)-수동문장은 필요에 따
　　　　　라 선택되어야 하는 유일한 수단의 산출방법이다.

　본 연구에서 실시한 두 실험은 다음과 같이 정리될 수 있다. 첫 실험은 영어와 일본어가 선행사 명사의 유생성 여부에 대한 능동-수동 관계절 산출이 서로 다르고, 그럼으로 해서 어순이 문장 산출 선호도 편향의 변이가 될 수 없다는 선행연구에 대하여, 한국어에서의 관계절 산출 선호도 편향을 파악하기 위하여 실시되었다. 그 결과, 한국어는 유생성 선행사 명사의 경우, 영어와 일본어와 다르게 수동 관계절 산출의 선호도가 낮게 나타났다. 그러나 무생성 선행사 명사의 경우, 수동 관계절 산출이 영어와는 다르지만 일본어와 유사하게 나타남을 알 수 있었다.

　이러한 결과에 대한 설명은 다음과 같다. 첫 실험에서 보면, 전반적으로 일본어와 한국어는 수동 관계절 선택 선호에 있어서 영어보다 낮다. 일본어는 무생성 선행사 명사의 경우에만 낮지만, 한국어는 유생성 선행사 명사의 경우에도 낮게 나타난다. 그러나 실험의 내용과 구성을 보면, 일부 특정 실험문장의 경우에 수동 관계절 선호가 특별히 낮게 나타남을 알 수 있고, 그 원인을 실험 문장에 사용된 술어의 능동-수동 사용빈도수에서 이미 차이가 있음이 밝혀졌다. 따라서 PDC의 제안근거에 따라, 이미 한국어 화자들은 일부 술어의 특정 활용에 따른 통계학습으로 편향이 굳어진 상태에서는 유생성

이 타 언어에 비해 크게 작용하지 않음을 할 수 있다(Wells et al. 2009, Aslin et al. 1999).

한편, 두 번째 실험은 왜 한국어에서 수동 관계절의 선택 선호가 영어에 비해서 낮은가에 대한 이유를 밝히고자 실시하였다. 어순 이외의 변이가 될 수 있는 조건으로 격 표시자를 선정하여 격 탈락의 여부에 따른 실시간 문장 반응속도를 측정하고 그 결과를 토대로 수동형 문장 산출의 빈도가 낮은 이유가 격 표시자 탈락 선호에 있음을 제시하였다. 즉, 한국어에서 격 표시자 탈락이 빈번하고, 탈락되는 격은 대부분 목적격이기 때문에, 탈락되는 경우 술어는 수동태가 될 수 없다는 것이다(Gennari et al., 2012). 즉, 격 표시자가 유지되는 것보다 탈락되는 것이 선호되는 언어에서, 격이 탈락되면 그 결과 술어는 당연히 능동형이 될 수밖에 없기 때문에, 한국어 화자에게는 능동-수동 선택의 편향이 당연히 탈락의 빈도나 경향에 의존될 수밖에 없다는 것이다.

이러한 결과에 대한 설명이 옳다면, 개별 술어의 능동-수동의 사용 빈도 변이에 따른 관계절 문형 산출에 대한 상대적 선호도뿐만 아니라, 격 탈락 문장 노출경험에 따른 격 탈락 선호와 그에 따른 관계절 문형 산출의 상대적 선호도 역시 PDC이론으로 일반화 될 수 있음을 알 수 있다.

언어 정보 처리에 나타나는 편향은 언어학 및 심리언어학 연구의 핵심이 되어왔다. 언어 해석에 대한 편향에서 산출에 대한 편향, 더 나아가 해석과 산출의 상호 연계에 의한 편향에 이르기까지 다양하고 총체적 연구들이 진행되어 왔다. 이러한 일련의 연구들은 결국 언어 보편적 편향을 발견해내고, 그것이 개별언어 및 각 유효한 변인에 어떻게 적용되는지를 살펴보는 것이 그 목적이다.

본 연구는 이러한 선행연구들의 결과를 바탕으로 의미정보와 통사정보가 어떻게 작용하며, 그 작용이 언어 보편적으로 설명될 수 있는 방안을 조사하였다. 이를 위해, 유생성이라는 의미정보와 관계절의 능동-수동이라는 통사정보가 활용될 수 있는 문장을 설정하였으며, 문장의 해석과 산출의 상호작용을 보기위하여 두 종류의 실험을 실시하였다.

먼저, 문장 산출의 편향을 보기위해 유생성과 무생성의 선행사 명사를 각각 설정하고 그 설정에 따른 관계절의 능동-수동의 문형 선택 선호도를 살펴보았다. 그 결과, 한국어는 영어(98%)와 일본어(99.3%)와 다르게 유생성 선행사 명사의 경우 수동 관계절을 선택하는 선호도가 67%에 불과하였다. 즉, 유생성이라는 의미정보에 대한 요인이 영어와 일본어에 비해 그 효과가 현저히 떨어져 있다. 이러한 결과에 대한 설명으로 본 연구는 PDC 이론을 근거로 실험에 사용된 술어만의 능동-수동 활용도를 살펴본 결과, 타 언어에 비해 능동의 사용빈도가 아주 높았고, 그 결과 선행사 명사의 유생성 효과가 낮게 나타난 것으로 보았다.

한편, 무생성 선행사 명사의 경우, 선행연구에 따르면, 일본어는 영어에 비해 수동 관계절 선택의 수치가 많이 낮은데, 그 이유를 영어의 경우는, 행위자(주어)를 사용하지 않는 방법으로 행위자를 by-

구로 표현하고 그 구를 삭제할 수 있는 수동문을 선택해야 하지만, 일본어의 경우 행위자(주어)의 탈락이 능동형에서도 쉽기 때문에 굳이 수동문을 선택할 필요를 갖지 못하는 것이라고 했다.

이러한 결과와 설명을 바탕으로 본 연구에서는 더 나아가 무생성 선행사 명사의 경우 관계절의 모든 가능한 문형(5종류)에 대한 선호도 및 실시간 해석 반응시간을 측정하였다. 그 결과, 능동형(3종류)이 수동형(2종류)보다 빈도수가 많을 뿐만 아니라, 그 반응속도 역시 더 빠르게 나타났다. 특히 격 탈락의 가능성에서 목적격이 목적격보다 현저히 높고, 또한 격이 탈락한 경우가 유지된 경우보다 반응속도가 더 빨랐기 때문에, 결과적으로 한국어 화자는 무생성 선행사 명사의 경우 능동 관계절을 더 선호하게 됨을 제안하였다.

결론적으로, SVO 어순의 영어와 SOV 어순의 한국어, 일본어 사이에는 유생성 효과와 어순이라는 의미정보, 통사정보의 상호작용이 크게 작용되지 않는 것으로 보이는 반면, 유생성 효과와 격 탈락이 상호 작용될 수 있음을 알 수 있다. 즉, (목적)격 탈락의 선호가 특정 문형(능동)의 선택을 하게 되는 학습통계에 의한 일종의 편향 요인으로 작용할 수 있다는 것이다. 앞으로의 연구는 세르비아어와 일본어 등 격 표시자를 유지하는 언어에서 격 탈락이 산출 선호도에 영향을 미칠 수 있는지를 확인하고, 언어 보편성의 변인이 될 수 있음을 밝히는 것이다.

이러한 논의와 결과는 해양 언어인 미얀마어에서도 찾을 수 있다. 미얀마어는 일본어와 한국어와 같은 SOV 어순을 기본으로 하고 있지만 능동형 선택에 있어서 제약이 많다. 무생성 주어인 경우에 수동형은 거의 사용되지 않으며, 유생성 주어인 경우에서도 주어의 의지성(volition) 나타나는 경우에는 어휘 교체(예, 'be given' -> 'receive,' 'be fed' -> 'eat')를 통해 의미적으로는 수동이지만 통사적으로는 능동의 형식을 취한다.

(21)

자질	일본어	미얀마어	한국어
유생성	◎	◎	○
격탈락	△		○
의지성		○	

(◎ 강함; ○ 보통; △ 약함)

따라서 [유생성], [격탈락], [의지성] 자질이 언어에 따라 중요도가 다르고 그 이유 때문에 수동 문형의 선택에 있어서의 빈도수 차이가 나타나는 것으로 볼 수 있겠다.

4.2 통사적 복잡성

언어에 대한 심리학적 접근에는 언어가 인간 심성의 산물로서 복잡한 상징체계(symbolic system)이며, 구성인들 사이의 의사소통을 가능하게 하는 매체로 간주된다. 소위 인지 심리학(cognitive psychology)의 테두리에서 이루어지는 이러한 접근은 주로 정보처리 분석에 초점을 맞추고 있다. 즉, 독자는 문어체적 상징들을, 기억되어 있던 익숙한 철자나 단어의 표시로 인식하며, 해독을 위해 문장의 문법적 분석을 수행하게 된다는 것이다(Waugh and Norman 1965, Murdock and Hockley 1989).

이와 같은 문장 해독 과정에는 통사적 복잡성(syntactic complexity)과의 연관성 문제가 대두되는데, 그 이유는 자연 언어의 가장 중요한 특징으로 비교적 제한된 소수의 단어 기억정보를 이용하여 다양한 표현을 만들어 낼 수 있기 때문이다. 통사론은 이처럼 반복 장치(recursive mechanisms)를 이용해서 발화를 연결하여 확대시킬 수도 있고, 반대로 반복되는 요소를 삭제하며 발화를 짧게 할 수도 있다. 따라서 만일 의사소통의 목적이 상호이해에 있다면, 통사적 운용이 가장 단순해야하기 때문에, 발화가 쉽고 간단해야 할 것이다.

그러나 실제 언어수행에는 통사적 복잡성을 유발하거나 높이는 문형들이 흔히 사용된다. 예를 들어, 통사적 애매함(ambiguity)을 유발하는 최소부가(minimal attachment) 구문, 공범주를 포함하고 있는 구문, 중심부-내포(center-embedding) 문형 및 정원길(garden-paths) 문형 등인데, 이는 모두 상당한 분석 부담을 야기 시키는 구조로서, 여러 실험 심리학적 접근에서 이를 입증하고 있다(Gibson and Warren 2004, Chomsky 2005, Phillips 2004).

통사적 복잡성을 야기하는 또 다른 문형에는 원거리 의존성(long-distance dependencies)관련 구조들이 있다. 원거리 의존성에는 크게 두 가지 경우가 있는데, 하나는, 기본 어순의 어휘들 사이에 다른 부수적 어휘들이 삽입되어 일 선상에서 상호 거리가 멀어져 보이는 경우(예, 관계절, 부가절 구문, 등)이며, 다른 하나는, 작용역(scope), 초점(focus), 주제(topic) 등과 관련된 해석상의 목적으로 실제 기본 어순에서 다른 자리로 변위(displacement)하여 생기는 경우 (예, wh-의문문, 인상 구문, 뒤섞이 구문, 등)이다. 특히 후자의 구문들이 실험 심리언어학에서 주요 관심 주제로 논의되는데, 그 이유는 언어 사용자가 원거리 의존성을 어떻게 해결해 나가면서 해독해 나가느냐를 밝히고, 원거리 의존성에 대한 언어학적 제안들이 화자의 심리적 실제를 어떻게 반영하고 있는가를 확인하기 위해서 이다.

원래의 자리에서 변위되어 유발되는 통사적 의존성을 인지 심리학에서는 '채우기-공백(filler-gap)'과정으로 간주하며, 언어정보 처리에서 언어 수행자가 이 과정을 실시간 해결함에 있어, 과연 어떤 곳에서 어떤 구체적인 반응을 보이는가를 여러 가지 실험으로 측정하여 왔다. 이러한 실험들은 먼저 원거리 의존성을 보이는 의문사 의문문, 인상구문과 뒤섞이(scrambling)의 통사적 현상들에 나타나는 실시간 독해 시간(reading time) 측정을 통해 통사적 복잡성 가설을 검증해 보는데 그 목적이 있다(Tamaoka et al. 2004, Park 2006, 2007).

이러한 연구들은 여기서 더 나아가 원거리 의존성이 또 다른 종류의 통사적 운용, 특히 삭제 현상과 함께 사용되는 경우와의 상관관계를 살펴본다. 뒤섞이에 대한 실험심리학 분석이 그리 많지 않지만, 그 중에서 Tamaoka et al.(2004) 등은 일본어에서 정상 어순과 뒤섞이 어순 사이에 해독 시간 상 급격한 차이가 드러남을 보여준다. 통사적 복잡성 가설에 따라, 한 문장에 뒤섞이와 생략이 동시에 적용된 경우가 정상 문장 및 각각 적용된 경우보다 독해 시간이 길어질 것이 예상되지만, 본 연구에서는 독해 시간 측정 실험을 통해 뒤섞이가 독해에 부담이 되지 않는 다는 사실을 밝히려는 노력이 Park(2007,

2013) 등에 있다. 만일 이러한 결과가 옳다면, 다음의 세 가지 의문이 제기된다.

    (22)   통사적 복잡성 가설이 옳다면, 뒤섞이와 생략의 두 운용이 적용된 것은 하나씩만 적용된 경우보다 더 긴 반응 시간이 나와야하지만 실제로 결과는 반대로 짧게 나타났는데 왜 그런지?

    (23)   언어 발화나 정보의 효율적 처리라는 측면에서 '경제성'은 어떻게 재 정의되어야 하는지?

    (24)   그 동안 논의 되어온 뒤섞이 운용에 대한 통사적 정의를 어떻게 새롭게 내려야 할 것인지?

이러한 연구에서는 위의 의문들을 실제 몇몇 언어와 아동영어의 원거리 의문사 의문문에서 나타나는 의문사 혹은 조동사와 동일한 중간 복제에 대한 설명과 연관하여 해결하고자 한다. 원거리 의존성 구문에서 나타나는 중간 복제가 Kayne(1984)와 Epstein(2002) 등에서 주장하는 바와 같이 일종의 국부성(locality)을 지키는 것으로 간주될 수 있지만, 심리언어학에서는 뭉치(chunks)로 처리한다. 즉, 언어 수행자는 정보처리의 부담이 늘어나서 독해 시간이 길어지게 되는 경우, 나름대로의 효율적 연산 작용을 하게 된다는 것이다. 이는 언어학적 국면(phase) 단위와 유사한 종류의 뭉치 단위가 정보처리에 이용된다는 것이 이미 여러 기억력 실험에서 밝혀져 있다(Cowan 2000, Pathos and Patrick 2000, Loritz 2002, Ahn 2006, 그리고 Park 2005).

Park(2007)은 뒤섞이가 첨가됨에도 불구하고 독해 시간이 길어지지 않는 다는 사실은 통사적 복잡성 가설에 반례가 됨을 주장한다. 이미, 통사적 운용의 증가가 연산 작용의 부담을 언제나 가중시키는 것이 아님이 밝혀져 왔으나, 본 연구는 더 나아가 통사적 운용의 증가보다는 통사적 운용의 유형에 따라서 오히려 처리 부담을 줄일 수 있는 경우도 있음을 제시한다. 즉, 언어학적 내부 기능상으로는 더 복잡해질 수 있지만, 언어 수행측면에서는 부담을 줄이기 위해서 오히려 더 복잡한 통사적 운용을 의도적으로 추가 사용할 수 있다는 것이다.

통사적 복잡성과 문장 독해 시간과의 상관 관계에 대한 실험으로 먼저 Ko(2005)를 살펴보자. 그녀는 주격 관계절에서 수동태 부분이 생략되는 경우와 그렇지 않는 경우의 반응시간을 다음과 같이 실시간으로 측정했다.

(25) 가. The goods ordered last month did not arrive yet.
       나. The goods which were ordered last month did not arrive yet.

영어 원어민 4명과 한국어 화자 14명을 대상으로 실시한 실험에서 관계절이 생략된 부분의 독해 시간이 그렇지 않은 부분보다 훨씬 높게 나타났다.

(25) 가 '.

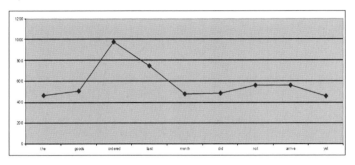

나 '.

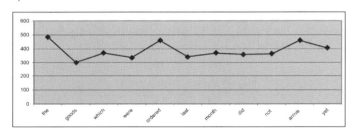

(25가 ')와 (25나')에서 보듯이, 'the goods ordered ...' 부분에 반응 속도의 큰 차이를 보이는데, 그 이유는 'the goods과 ordered'는 주어 -동사의 의미 연결이 될 수 없다는 사실을 알게 되고, 따라서 그 사이에 생략된 부분을 해독하는 과정에 추가 시간이 필요했기 때문으로 볼 수 있다.

Park(2006)에서는 재귀대명사를 포함하는 의문사 의문문과 소위 인상구문에서의 실시간 반응 속도를 측정하였다.

(26) 가. Which pictures of himself did John think that Mary likes?
나. Bush appears not to be admired.

역시 원어민 수준의 한국어 화자와 영어화자 각각 13, 7명으로 구성된 피실험자 집단을 대상으로 Eprime V1.02를 이용한 실시간 실험에서 내외국인 모두 공통되는 반응을 보였다.

(26) 가 '.

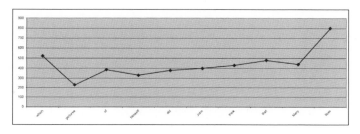

      나 '.

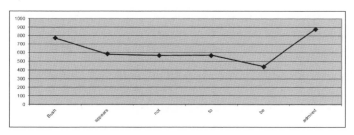

(26가 ')와 (26나')는 문장의 첫 단어는 대체로 내용에 관계없이 높은 반응시간을 보여준다. 여기서 흥미로운 것은 문장의 끝 부분 역시 800, 889로 각각 상대적으로 높게 나타나는데, 그 이유는 모두 타동사로서 목적어를 취해야하지만 그 자리에 나타나지 않은 채로 끝났기 때문으로 분석된다. 즉, 동사 다음에 이어져 나올 것으로 기대되는 목적어를 문장 앞에서 다시 찾아야 하는 부담이 있다는 것을 보여준다.

Ko(2005)은 더 나아가 공백화(gapping) 관련 구문에서 부정문의 작용역(scope) 해석 상의 반응시간을 측정했다.

(27) 가. Jessica can't eat caviar and Sue eat beans.
      나. Jessica can't eat caviar and Sue can't eat beans.

(27가)에서 부정어의 작용역은 앞 절 뿐만 아니라 뒤 절까지 미치는 해석이 나올 수 있다. 즉 하나의 부정어가 두 절에 모두 작용하는 해석을 얻기 위해서는 뒤 절에서 부정어가 나올 것으로 여겨지는 부분(eat beans 앞)에서 해독 시간이 길어지게 될 것임이 예상된다.

(27) 가 '.

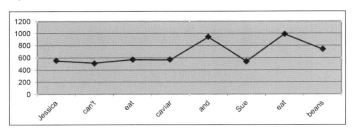

(27) 나 '.

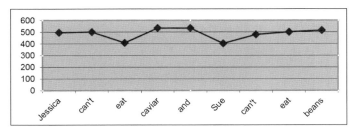

(27가 ')와 (27나')에서 보듯이 뒤 절의 술어부분에 상당히 늦은 반응속도를 보이고 있는데, 그 이유는 부정어가 병렬보다 큰 작용역을 가질 수 있는 해석을 하는 과정이라고 볼 수 있다. 이처럼, 해독 시간은 표면적 이동이나 생략에서 뿐만 아니라 의미적 해석에서도 차이가 남을 보여주고 있다.

한편, 뒤섞이와 관련하여 일본어와 독일어의 영상 실험이 Karimi(2003), Friederici et at.(2003), Hashimoto and Sakai(2002), 그리고 Ikuta, Kim, and Koizumi(2007) 등에 의해서 실시되었다. 한편, Tamaoka et al.(2004)는 28명의 일본어 원어민을 대상으로 능동태 뒤섞이 문장에 대한 실시간 반응 시간 측정 실험을 각각 실시하였다. 그 결과 두 유형의 문장에서 공히 정상 어순의 경우에 비해 상대적으로 느린 반응 시간을 보이고 있음이 밝혀졌다.

(28)   가. Hanako-ga Taroo-o hometa.
            -nom   -acc
       'Hanako praised Taroo.'
   나. Taroo-o Hanako-ga hometa.
   다. 반응 시간

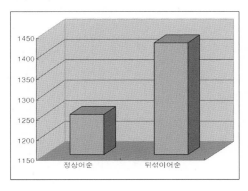

수동태와 뒤섞이가 함께 적용된 경우는 다음에서 보듯이 반응 시
간이 능동태에서보다 느릴 뿐만 아니라, 정상 어순에서의 뒤섞이보
다 상대적으로 더 늦게 반응한다는 것을 알 수 있다.

(29)　가. Taro-ga Hanako-ni home-rare-ta.
　　　　　　-nom -dat praise-pass-past
　　　　　'Taro was praised by Hanako.'
　　　나. Hanako-ni Taro-ga home-rare-ta.
　　　다. 반응 시간

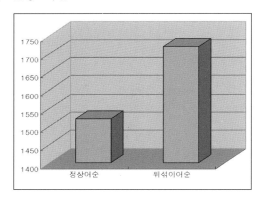

　　위 실험 결과에 대한 분석으로, Koizumi et al.(2005)은 통사적 복
잡성 가설을 인정하고, 느린 반응 속도의 원인이 의미역이나 격조사
의 단순한 어순 상 재배치에 있는 것이 아니라, 통사적 복잡성으로
인해 '채우기-공백'의 과정의 문제해결 때문이라고 주장한다(Shibata
et al. 2004, Koizumi 2007).

　　통사적 복잡성이 문장 해독에 미치는 영향에 관한 실험은 일찍이 Savin

and Perchonock(1965)에 의해 실시되었다. 그들은 원문장(kernel sentence) 과 원문장으로부터 통사적 변형규칙이 적용되어 도출된 다양한 문형 사이 해독과정을 회상 단어 수치를 비교하며 분석하였다.

(30)　　원문장　　　　　　　　　　　　회상단어 수

가. The boy has bounced the ball.　　5.27
변형문장

나. The ball has been bounced by　　4.55
the boy.

다. The boy hasn't bounced the ball.　　4.44

라. Has the boy bounced the ball?　　4.78

마. Hasn't the boy bounced the ball?　　4.39

바. The ball hasn't been bounced by　　3.48
the boy.

사. Has the ball been bounced by　　4.02
the boy?

아. Hasn't the ball been bounced by　　3.58
the boy?

(30나-라)는 원문에서부터 각각 수동태, 부정문, 의문문이 적용되어 도출된 문형이고, (30마-사)는 이 변형 중 두개가 한꺼번에 적용된 문형이며, (30아)는 세 종류의 변형이 모두 적용된 문형이다. 회상된 단어의 수치에 나타나는 일반적인 특징은, 하나의 변형이 적용된 문형이 원문보다는 회상도가 낮지만, 두개 이상의 적용된 문형보다는 높다는 사실이다.

그러나, 위 실험에서 제시하는 회상 단어의 수치의 문제점은 비록 하나 혹은 두 종류 등, 적용된 변형의 숫자가 같다고 하더라도, 단어 회상도가 서로 다르게 나타난다는 사실이며, 더 나아가 (30바)의 수동-부정형보다 (30아)의 수동-부정-의문형의 경우가 회상도가 높게 나타난다는 사실이다. 즉, 세 종류의 변형이 적용된 경우가 가장 회상도가 낮아야함에도 불구하고 두 종류만 적용된 경우보다 회상도가 높게 나타나는 것은 통사적 복잡성이 언제나 회상도에 반영되는 것이 아니라는 증거가 된다.

또한 변형규칙에 의한 통사적 복잡성과 회상도 실험의 원천적 문제점은 변형이 대부분 새로운 어휘나 형태소의 추가로 문장의 길이가 대체로 길어져서 그만큼 회상도가 변형에 의해서 뿐만 아니라 정보의 추가 부분에 의한 부담으로 인한 결과일 수 있다는 것이다. 더 나아가 Sachs(1974)는 입력되는 문형의 구조나 형식이 기억되는 것이 아니라, 일단 해독이 성공적으로 일어나고 나면, 그 문장의 의미만 기억되고 초기 입력된 통사적 정보는 기억되지 않기 때문에 회상도에는 통사적 복잡성이 영향을 미치지 못한다고 주장한다.

Chomsky(1969), Cook(1973), D'Anglejan and Tucker(1975) 등은 문장 해독에서 흔히 나타나는 오류 중에 표면상의 최소 거리(minimal distance) 요소의 영향이 통사적 구조보다 우선한다는 사실을 밝혔다.

(31) 가. The doll is eager to see. (예상오류: doll does all the seeing)
      나. Bozo promised Mickey to sing, (예상오류: Mickey does all the singing)

다. Tell Bozo what to eat. (예상오류: Bozo does all the
   eating)

언어 습득과정에서 어린 아이들은 주어-동사 관계를 설정함에 있
어 '옆자리(nextness)' 요소를 이용하는 경향이 높아 (31)와 같은 해석
을 하게 되는 오류를 범한다는 것이다.

Park(2007)에서 논의한 원거리 의존성 문형 중의 하나인 뒤섞이를
생략구문과 함께 사용된 경우를 살펴본다.

(32) 가. 철수가 물약을 먹고, 영희가 알약을 먹었다. (기본 어순)
     나. 철수가 물약을 먹고, 영희도 그랬다. (생략)
     다. 물약을 철수가 먹고, 알약을 영희가 먹었다. (뒤섞이)
     라. 물약을 철수가 먹고, 영희도 그랬다. (뒤섞이와 생략)

(33) 가. 피실험자: 부경대학교 대학원 영어영문학과 재학생 16명
         과 학부생 23명(나이, 23-32세, 남 15, 여 24명)
     나. 절차: 단어 단위로 자기-제어에 의해 스크린에 나타나는
         문장 해독의 반응 속도를 측정함. 피실험자는 각 단어를
         해독하게 되면 스페이스 바를 눌러 다음 단어로 넘어간
         다. 각 문장의 해독이 모두 끝나면 그 내용을 묻는 질문
         에 답하게 되고, 오답을 하게 되면 통계 자료에서 제외
         시킨다.
     다. 응용 프로그램: Eprime 1.02V, IMB 호환 컴퓨터

라. 결과 1

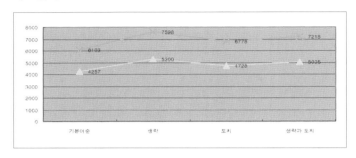

(33라)는 각 문형의 해독 총 시간과 질문과 답을 할 때 걸린 총 시간 이렇게 두 가지의 시간을 보이고 있다. 여기서 흥미로운 사실은 뒤섞이와 생략이 한꺼번에 적용된 문형(5035)이 생략만 적용된 문형(5300)보다 반응 시간이 더 빨랐다는 것이다. 더욱이 생략구문은 정상 어순(4257)의 경우와 뒤섞이의 경우(4728)보다 단어수가 더 적었음에도 불구하고 반응 속도가 느리다는 것은 그만큼 생략이 미치는 부담이 훨씬 크다는 것을 의미한다.

(33)　마. 결과 2

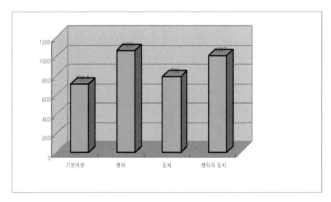

(33마)에서 보듯이, 각 문형을 단어 수로 나눈 평균치에서 생략 (1060)이 가장 반응 속도가 늦은 반면, 뒤섞이(788)는 오히려 빠르며, 흥미롭게도 생략과 뒤섞이가 함께 적용된 경우(1007)는 생략만 적용된 경우보다 더 빠른 반응이 나타난다.

이 결과를 통해, 적어도 통사적 복잡성 가설이 언제나 적용될 수 있는 것이 아니라는 사실과, 뒤섞이가 생략에서는 오히려 선호되는 경향이 있다는 사실, 그리고 언어의 경제성이라는 것이 언어 능력에서뿐만 아니라 언어 수행에서도 확대 적용될 수 있다는 사실을 알 수 있다.

언어 수행에서의 효율성과 관련하여 연속성 효과(connectivity effects)를 살펴보자.

(34)   가. Was glaubst Du, wovon sie träumt?
        'What do you believe she dreams of?'
       나. Was glaubst Du, was Susi denkt, wovon Maria träumt?
        'What do you think Susi thinks Maria dreams of?'

(34가)에서 독일어 의문사 'was'가 문두에 나올 때, 종속절에는 소위 허사 의문대명사 'wovon'이 나타난다. (34나)에서처럼, 첫째 종속절에는 주절에서와 같은 의문사가 나타나고 있다.

이처럼 중간 복제가 음성적 및 형태론적으로 출현하는 예는 다음에서도 찾을 수 있다.

(35) 가. Wen glaubst Du, wen sie getroffen hat?

　　　'Who do you think she has met?'

　　나. Wer tinke jo wêr't Jan wennet?

　　　'Where do you think where that-CL Jan resides?'

　　다. Waarvoor dink julle waarvoor werk ons?

　　　'What do you think we are looking for?'

　　라. Kas o Demiri mislenola kas I Arifa dikhla?

　　　'Who does Denmir think Arifa saw?'

문장 앞에 나와 있는 의문사 'wen,' 'wêr,' 'waarvoor,' 및 'kas'는 모두 종속절의 앞자리에 같은 형태의 의문사를 남긴다. Frazier and Clifton(1989), Gibson and Warren(2000, 2004), Legate(2004), 그리고 Boeckx(2003) 등은 중간복제의 형태론적 실현을 의문사가 문두로 이동할 때 내포절의 [Spec C]를 거치게 되고, 그곳에서 일종의 일치(AGREE)가 일어난 결과라고 주장한다.

　원거리 의존성에서 중간 복제의 형태론적 실현은 아동 영어(Child English)에서도 나타난다.

(36) 가. What do you think what Cookie Monster eats?

　　나. Who do you think who the cat chased?

　　다. How do you think how Superman fixed the car?

아동영어에서 내포절 속의 의문사가 현시적으로 문장 앞에 나올 때, 내포절이 시작되는 곳에 동일한 의문사 형태가 출현한다. 이와 유사한 예가 다음에서도 발견된다.

(37) 가. Why did the farmer didn't brush his dog?
     나. What did Mary claim did they steal?

(37가)에서 의문사 이동과 주어-동사 도치가 일어날 때, 종속절에서
도 동일한 조동사가 다시 반복되어 사용되고 있다. (37나)의 Belfast
English에서도 역시 주절의 조동사 'did'와 동일한 조동사가 종속절
에서도 도치 어순으로 나타난다.

이상 (34)-(37)에서의 예문들은 모두 원거리 의존성에서 의문사가 문
두에 나올 때, 종속절에도 같은 어휘 형태가 출현하는 경우들이다. 이러
한 형태론적 실현은 연산 작용의 최소화(minimization of computation)
라는 원칙을 어기는 것이 된다. Park(2007)은 이러한 현상을 설명하기
위하여 경제성(economy)의 개념을 최소 통사부(NS)에서 뿐 아니라 언
어 실행(performance)이라는 측면에서의 경제성으로 확대를 제안한다.
즉, PF 접합부에서도 최소화라는 경제성이 요구되는데 동일한 복제가
중간에 모두 실현되는 것이 최소화에 어긋나기 때문이다.

연산 작용의 두 과제는 다음 (38)에서처럼, 연산 작용의 최소화와
정보처리의 편리함이다.

(38) 가. Minimization of Computation
     나. Ease of Processing

즉, 언어에는 연산 작용을 최소화 하려는 언어 기능상의 경제성 (38 가)와 그 언어 정보를 생산하고 이해하는데 적용되는 언어수행 상의 경제성 (38나)가 있는데, 중간 복제의 출현은 후자, 즉 정보처리의 수월함을 위해서 필요한 수단이라는 주장이다.

이러한 언어수행에서의 경제성과 관련하여 Smith(2004)는 음운규칙, 예를 들어 음운동화 현상(assimilation)도 같은 맥락으로 설명할 수 있다고 제안한다.

(39) 가. ten bears/ten pears
     나. n → [bilabial] / __ [bilabial]

일련의 연음에서 두 음이 서로 조음점을 닮아 가려는 경향이 바로 이 경우에 해당하는데, 위 (39a)에서 앞 단어의 끝 음 /n/과 뒤 단어의 첫 음 /b/와 /p/는 각각 치경음과 양순음의 조음점에서 둘 다 양순음의 조음점으로 변하게 되는 이유가 바로 언어 수행상의 경제성을 도모하기 위한 것이라고 주장한다.

Smith(2004)는 더욱이 화용론적 측면에서의 경제성의 근거로 다음의 경우를 제시한다.

(40) 가. Chomsky has changed the way we think of ourselves. After all he's a genius.
     나. Chomsky has changed the way we think of ourselves. So he's a genius.

(40가)에서 'he's a genius'라는 사실이'Chomsky changed the way we think of ourselves'에 대한 일종의 설명이고, 그 사실이 이미 청자에게 알려져 있는 것이라는 암시가 있음에 반해, (40나)에서는 'Chomsky has changed the way we think of ourselves' 사실 때문에'he's a genius' 라는 결과를 얻게 되었고 따라서 청자에게는 (40가)와 같은 암시는 없다. 이처럼, 언어 수행에서 어떤 어휘나 표현을 사용할 것인가는 제시되는 언어정보를 이해하는 과정에 필요한 청자의 노력을 덜어주는 기능을 하게 된다는 것이다.

여기서 중요한 사실은, 원거리 의존성에 나타나는 중간 복제의 음성 및 형태론적 실현이 모든 언어나 상황에 나타나는 것이 아니라는 점이다. 또한 음성 영역의 동화현상 역시 모든 언어가 겪게 되는 현상이 아니며, 화용론적 영역에서의 연결사 역시 언어마다 모두 다르게 표현된다. 따라서 언어 수행에서의 경제성은 획일화되고 보편적이라기보다는 그 언어 화자가 가지고 있는 자기 언어의 직관에 대한 지식의 수행이라고 볼 수 있다.

언어 표현과 구성이 인지 학습 체계를 반영하기 때문에, 언어 정보에 대한 전략을 관찰함으로써 인간의 개념적 언어처리 과정을 이해할 수 있게 된다. 이러한 전략은 입력되는 정보의 양과 내용에 따라 적절하게 실현되는데, 일반적으로 입력정보의 양과 관련하여 일정 양의 뭉치화를 통해 처리속도를 최적화 하는 것으로 알려져 있으며, 이 과정에서 정보들의 의미적, 구조적, 품사적 관련성 등이 모두 영향을 미치게 된다.

본 저서에서는 통사적 복잡성에의해 야기되는 문장 구조상의 부담을 언어수행자가 어떻게 처리하는가를 살펴보았다. 통사적 복잡성을 높이게 되는 구조로 원거리 의존성 문형을 선택하였고, 그 중에서 특히 의문사 의문문, 인상 구문, 및 뒤섞이 구문을 대상으로 조사하였다. 본 연구는, 더 나아가, 통사적 복잡성 가설을 검증하기 위하여, 뒤섞이와 생략구문이 모두 적용된 문장을 하나씩 적용된 문장과 실시간 독해 시간 측정을 통해 서로 비교 분석하였다. 그 결과 뒤섞이와 생략의 경우 각각 대체로 늦은 반응 속도를 보임으로써 이 두 문형이 모두 통사적 복잡성을 높이는 것으로 나타났다.

그러나 흥미로운 것은, 생략구문에 뒤섞이가 동시에 적용된 경우, 각각 따로 적용된 경우보다 오히려 반응 속도가 빠르게 나타났는데, 이것은 통사적 복잡성이 높아졌음에도 처리속도는 오히려 빨라졌다는 것이 된다. 이 결과가 옳다면, 통사적 복잡성 가설이 언제나 적용되지 않는다는 결론을 얻게 되고, 그렇다면 왜 뒤섞이가 해독 시간을 단축시키는 역할을 하게 되었는지에 대한 설명이 요구된다. 이를 위해 본 연구에서는, 언어 도출상의 경제성 개념을 언어 수행으로 확대 적용하여, 언어 수행자가 해석의 편리함을 위하여 선택하게 되는 정보처리 효율성 전략들도 일종의 언어 수행상의 경제성으로 간주하였다.

4.3 최소 연산과 운용

최소주의 이론에서 경제성(economy)은 가장 핵심적인 개념으로 이용되고 있다. 이론 형성과정의 기본 틀에서 경제성은 불필요한 상징이나 표시들을 제거하는 것에서부터 시작되었다(Chomsky 2001, 2004, 2005, 2006). 문장에서 모든 항목들은 존재의 이유가 있어야 하며, 특히 완전 해석 원리(Principle of Full Interpretation)에 따라 개념적 역할을 수행하지 못하는 요소들을 제거하고, 만일 그것이 성공적으로 수행되지 않은 도출은 파산되는 것으로 이론이 구성되어 있다.

한편, 연산 작용에서의 경제성은 여러 형태로 나타난다. 협소 통사론(NS)에서 경제성 개념은 소위 국부성(locality)으로 표현될 수 있는데, 이는 연산 작용이 적용되는 영역의 제한을 의미한다(Collins 1997; Legate 2004). 국부성 효과는 원거리 의문사 이동과 같은 원거리 의존성(long-distance dependencies)의 연속성(connectivity) 효과나 대용사의 재구성 효과에서처럼 국면 이론(Phase Theory)과 관련한 다중 내부 병합(Internal Merge: IM)의 허용과 함께 나타나게 된다.

원거리 의존성에서 중간 복사들(copies)은 경제성의 또 다른 영역인 PF 접합부의 조건에 따라 최상위의 복사만 음성적 및 형태론으로 실현하게 된다. 그러나 문제는 Felser(2003), Gibson and Warren(2000), 및 Radford(2004)가 제기하는 것처럼, 어떤 언어들에는 중간 복사가 형태론적 실현이 일어나고 음성적 값을 받게 되는 경우가 있다는 것이다. 이것은 최소주의에서 추구하는 연산 작용의 최소화(minimization of computation)에 반하는 현상으로 이론 내적으로 해결해야 하는 부분이다.

본 논문은 먼저 국부성의 증거 및 중간 복사가 형태론적으로 실현되는 이러한 예들을 제시하고, 이러한 현상이 나타나게 되는 이유를 경제성의 개념을 확대하여 새롭게 재해석함으로써 해결하려고 한다. 즉, 이러한 예들은 결국 경제성을 언어능력(competence)에 국한하게 되면 생기게 되는 문제들임을 지적하고, 경제성을 언어수행(performance)으로까지 확대하여 해결할 것을 제안한다. 이것은 중간 복사들이 음성 및 형태적으로 실현되면 연산 작용의 측면에서는 최소화를 어기지만, 언어수행, 즉 언어정보 처리에 수월함(ease of processing)을 줄 수 있는 경제성이 유지되는 것으로 본다(Smith 2004).

이러한 언어정보 처리의 편리함, 혹은 경제성은 음성 및 화용론적 언어 수행에서도 나타난다. 본 논문은 연상 작용에서의 최소화라는 경제성뿐만 아니라, 언어정보 처리, 즉 언어 수행에서의 편리함이라는 경제성 역시 문법에서 광의의 경제성으로 간주한다. 그 이유는 중간 복사의 음성적 및 형태론적 실현이 모든 언어나 상황에서 나타나는 것이 아니며, 아동 영어나 몇몇 언어들에만 나타나는, 즉 언어 내적 문법 현상이기 때문이다.

본 저서에서는 먼저 해양 언어인 영어, 힌디, 일본어 그리고 한국어에서 국부성의 증거를 보여주는 예들을 제시한다. 재구성 효과(reconstruction effects)의 예를 제시한 뒤, 소위 순환 이동의 경우에 나타나는 연속성 효과와 전치 구문에서 나타나는 재구성 효과의 예를 소개한다. 국부성과 관련한 예에서 중간 복사가 음성적 및 형태적으로 실현되는 경우 및 아동 영어에서 나타나는 조동사 복사 등의 문제점을 제기한다. 그리고 이러한 예들에 대한 설명을 위해 경제성의 개념을 확대 재해석한다.

LF 및 PF 접합부라는 언어 기능(FL)에 국한되어 있는 이론 내적인 경제성 개념을 언어수행 측면에서 언어정보 처리의 편리함이라는 개념으로 해석함으로써, 이러한 경우들도 모두 경제성의 범위 안에서 해결할 수 있음을 제안한다. 생략 구문과 관계절 구문의 회생 대명사(resumptive pronoun)에 대한 심리적 실체를 알아보는 실험의 결과를 보여준다. Eprime v1.02를 이용하여 개인-제어 실험 결과에서 관계절 속의 복사가 회생되는 경우가 그렇지 않는 경우보다 해독 속도가 빠른 것을 보여준다.

먼저 재구성 효과를 살펴보자. 재구성은 일반적으로 내부 병합 (Internal Merge: IM) 이후에도 최초 병합 자리의 복사(copy)에서 해석이 일어나는 경우를 통틀어 지칭한다. 국부성을 유지해야 하는 대용사(anaphors) 결속의 경우를 보자.

(41)   About himself every man can speak ⓒ

(42)   서로의 비밀을 그들은 ⓒ 끝까지 지켜주었다

(43)   apni kOn sii kitaab us aadmii-ne jusne use ⓒ pahr liyaa phNk dii
       'Which book of himself did the man who read it throw away?' (Mahahan 1991)

(44)   Wieviele Gedichte über sich wird Schulze noch ⓒ schreiben
       'How many more poems about self is Schulze going to write?' (Webelhuth 1993)

(41)-(44)에서 전치된 어구에 포함되어 있는 대용사 'himself,' '서로,'

'apni' 그리고 'sich'는 최초 병합 자리인 ⓒ에서 해석이 되는 경우에만 각각 'every man'과 '그들,' 'the man,' 'Schulze'에게 결속될 수 있다.

아래 (45)에서 문두의 'which guy' 역시 ⓒ에서 해석이 이루어져 재귀대명사 'himself'의 선행사 역할을 할 수 있다.

(45) Which guy does John think ⓒ would contradict himself in such a blatant way?

즉, 종속절 주어인 'which guy'가 주절 앞으로 의문사 이동을 하면 재귀대명사 'himself'에 가장 가까운 선행사로 'John'이 된다. 그러나 여전히 'which guy'와 결속해석을 유지하기 위해서는 처음의 병합 자리, 즉 ⓒ로 표시된 곳에서 해석을 해야 한다.

또 다른 재구성 효과는 다음에서와 같이 문두 의문사의 작용역 (scope) 해석에서 찾을 수 있다.

(46) dono honi-o Mary-ga John-ga ⓒ tosyokan-kara karidasita ka siritagatteiru (koto)
'Mary wants to know which book John checked out from the library.' (Saito 1992)

(47) 어떤 차를 우리는 김선생님이 ⓒ 주문하셨는지 알고 싶었다.

예문 (46)에서 Saito(1992)는 일본어에서 의문사 'dono honi-o (which book)'이 비록 주절 앞에 나타나지만 그 작용역 해석은 내포절로 제한되어 있음을 보인다. 예문 (47)의 한국어에서도 같은 해석이 가능한데, 어떤 차가 역시 의문사의 최종 출현인 문두의 자리가 아니라, 최초 병합된 ©자리의 복사가 해석에 관련해야 한다는 것을 보여준다.

한편, 대용사 결속에서 재귀대명사의 최초 병합이 내포절의 목적어 자리에 나타나는 경우를 보자. 앞의 예문들과 같이 이 경우도 최초 병합의 복사가 결속 해석에 관여함을 기대할 수 있다.

(48)   Disguise himself, we found that he did ©

(49)   Proud of himself, we found that he is ©

(50)   Herself, we know she admires ©

예문 (48)-(50)에서 전치된 어구의 재귀대명사는 종속절 주어인 'he' 혹은 'she'에 각각 결속된다. 이는 앞의 예문에서와 같이 최초 병합인 © 자리에서 결속 해석이 이루어진다는 것이다.

다음의 예문들도 같은 현상을 보인다.

(51)   How proud of herself, does Max think that Lucie is ©

(52)   ek duusre-ko kamlaa socti He ki raam Or siitaa ©pasand karte
       'Kamla thinks that Ram and Sita like each other.' (Mahajan
       1991)

(53)   자신의 어느 아들에게 김변호사는 (그)아버지가 © 유산을
       넘겨준다고 말했니?

(51)에서 문두에 있는 의문사 속의 대용사 'herself'는 종속절 주어인 'Lucie'에게 결속되며, (52)의 Hindi 대용사 'duursre-ko (each other)'은 'Ram and Siitaa'에게, 그리고 (53)의 자신은 내포절의 주어 아버지에게 결속되는 해석을 각각 가질 수 있다. 이와 같이 재구성 효과는 최초 병합의 자리에서만 가능한 해석임을 보여주는 예이다.

재구성의 경우 중에는 문장의 해석이 최초 병합의 복사에서 이루어질 뿐 아니라 중간 복사에서도 해석이 가능하다. 이를 소위 연속성(connectivity) 효과라고 한다. 이를 위해 다음의 예문 (54)-(58)을 살펴보자.

(54) What might Mary think Harry stirred?

(55) Which car do you think Mary said John would fix?

(56) Who do you hope that the candidate said that he admires?

(57) What did the reporter that criticized the war eventually praise?

(58) Who seems to be likely to have kissed Mary?

소위 원거리 의존성에서 의문사가 최초의 병합 자리에서 한 번에 문두의 출현이 생기는 것이 아니라, Kayne(1984), Epstein(2002) 등의 주장처럼, 일종의 국부성이 지켜지는 것으로 알려져 있으며, 이에 대한 많은 증거들이 제시되어 왔다.

그 첫 번째 증거는 간접 의문문에서 의문사가 이를 포함하는 절을 벗어나지 않는다는 것이다. 다음의 예 (59)-(62)에서 의문사는 상위 절의 동사를 넘지 못하고 종속절의 범위 내에 위치한다.

(59) I wonder which car John fixed?

(60) John wonders which pictures of himself Bill say?

(61) The father knows what his son likes for breakfast?

(62) I wonder which dish that they picked? (Belfast English)

아래 예문들은 원거리 의존성에서 거리의 제약을 보여주는 또 다른 증거를 제시하고 있다.

(63) *What do you wonder where John bought?

(64) *Who did the candidate read a book that praised?

(65) *Who did the fact that Bush supported upset voters in Florida?

(66) *Who seems it is likely to solve the problem?

Ross 및 Chomsky의 제약으로 잘 알려져 있듯이, (63)에서 의문사 'what'은 또 다른 의문사 'where'를 넘지 못하고(wh-섬 제약 조건), (64)의 의문사 'who'는 복합 명사구를 넘을 수 없으며(복합 명사구 제약), (65)는 절 주어 조건을, 그리고 (66)은 'it'으로 채워진 주어 자리를 넘어 갈 수 없는 광-인상(super-raising) 조건을 보여준다. 이는 모두 의문사가 최초 병합 자리에서 최상위에 나타나는 과정에 어떠한 제약이 있음을 보여주는 예들이다.

국부성은 이처럼 원거리 의존성의 경우에 의문사가 문두에 출현하는 과정에 중간 단계에서 내부 병합을 거치는 것으로 볼 수 있다. 그 이유는 다음의 예문에서처럼 문두의 어구 속 대용사가 문장 중간의 복사에서 그 해석을 가지게 되기 때문이다.

다음의 예문들을 살펴보자.

(67) How proud of himself does Max think ⓒ that Lucie is ⓒ

(68) 신랑과 신부를 철수는 ⓒ 서로의 부모들이 ⓒ 더 좋아했다
      고 말했다.

(69) Peter hat die Gaste ohne anzuchaun ⓒ einander ⓒ vorgestellt
      'Peter introduced the guests to each other without looking at
      them.' (Webelhuth 1993)

(67)에서 'himself'는 주절의 주어인 'Max'에게 결속되는 해석을 받기
위해서는 최초 병합자리가 아니라 종속절 앞 또 하나의 중간 병합 자
리 ⓒ를 설정해야 한다. (68)의 경우에서 역시 종속절 목적어인 '신랑
과 신부를'이 종속절 주어의 일부인 대용사 '서로'의 선행사 역할을
할 수 있는 국부성을 유지하기 위해서는 ⓒ로 표시된 중간 병합을 가
정해야 한다. 독일어 이중 목적어 구문인 (69)에서 직접목적어 'die
Gaste (the guests)'는 간접 목적어 대용사'einander (each other)' 뒤에
처음 병합한 뒤, 그 앞에 다시 내부 병합한 다음 현재 위치에서 마지
막 병합을 한 것으로 간주된다. 이러한 순환적 내부 병합은 국부성을
지켜 연산 작용의 최소화를 도모할 수 있는 경제성의 표현이다.

  앞에서 살펴본 국부성과 관련한 연상 작용은 언어 능력, 즉 언어
기능 내부에 대한 경제성을 만족하기 위한 것으로 간주할 수 있다.
그러나 이러한 예문들에 반하여 어떤 언어들은 중간 복사가 음성적
및 형태론적으로 실현되는 경우가 있다.

다음의 독일어 예문을 살펴보자.

(70) Was glaubst Du, wovon sie träumt?
    'What do you believe she dreams of?'

(71) Was glaubst Du, was Susi denkt, wovon Maria träumt?
    'What do you think Susi thinks Maria dreams of?'

(70)에서 독일어 의문사 'was'가 문두에 출현하는 과정에 종속절에는
소위 허사 의문대명사 'wovon'이 나타난다. (71)에서는 상위 종속절
에 의문사와 문두 의문사와 동일한 의문사 'was'가 'wovon'과 함께
나타나는 것을 볼 수 있다.

이처럼 중간 복사가 음성적 및 형태론적으로 출현하는 예는 다음
(72)-(75)에서도 찾을 수 있다.

(72) Wen glabut Du, wen sie getroffen hat? (German)
    'Who do you think she has met?'

(73) Wêr tinke jo wêr't Jan wennet? (Frisian)
    'Where do you think where that-CL Jan resides?'

(74) Waarvoor dink julle waarvoor werk ons? (Afrikaans)
    'What do you think we are looking for?'

(75) Kas o Demiri mislenola kas I Arifa dikhla? (Romani)
    'Who does Demir think Arifa saw?'

문두의 의문사 'wen,' 'wêr', 'waarvoor' 그리고 'kas'는 모두 종속절 앞

에 동일한 형태를 남긴다. Frazier and Clifton(1989), Gibson and Warren(2000, 2004), Legate(2004), 그리고 Boeckx(2003) 등은 그 이유를 의문사가 문두로 이동할 때 종속절의 [spec C]를 경유하게 되고, 그 곳에서 일치(agreement)에 의해서 형태론적 실현이 일어난다고 주장한다(Du Plessis 1977)

원거리 의존성에서 중간 복사의 형태론적 실현은 영어에도 나타난다. 다음의 예 (76)-(78)을 보자.

(76) What do you think what Cookie Monster eats?
(77) Who do you think who the cat chased?
(78) How do you think how Superman fixed the car?

아동 영어에서 종속절 속의 의문사가 현시적으로 문두에 나올 때 종속절이 시작되는 곳에 동일한 의문사 형태가 출현한다.

이와 유사한 예가 다음에도 발견된다.

(79) Why did the farmer didn't brush his dog?

(79)에서 의문사 이동과 주어-동사 도치 현상이 일어날 때, 종속절에도 동일한 조동사가 다시 반복되어 사용되고 있다. Belfast English에도 다음과 같은 예를 찾을 수 있다.

(80) What did Mary claim did they steal? (Belfast English)

(80)에서 주절의 did 조동사가 나올 때, 종속절에서도 같은 did동사가 주어와 도치를 이루며 나타난다.

지금까지 살펴본 예문들은 모두 원거리 의존성에서 의문사가 문두에 나타날 때, 종속절에도 같은 어휘의 형태가 나타나는 경우들이었다. 이것이 앞에서 논의한 바와 같이 순환적 내부 병합에 의한 중간 복사들이 음성적 및 형태론적으로 실현된 것이라면 연산 작용의 최소화를 어기는 것이 된다. 즉 PF 접합부에서도 최소화라는 경제성을 요구하는데 동일 복사가 모두 실현되는 것은 최소화에 어긋나기 때문이다.

이의 설명을 위해서 본 논문은 연산 작용의 최소화라는 경제성의 개념을 확대해석 한다. 즉 LF와 PF 접합부에 적용되는 언어 기능(FL) 상에 대한 경제성을 언어수행(performance)으로까지 확대 해석한다.

(81) 가. 연산 작용의 최소(minimization of computation)
      나. 정보 처리의 편리(ease of processing)

즉, 언어에는 연산 작용을 최소화 하려는 언어기능상의 경제성(81a)가 있는 반면에, 한편 그 언어정보를 생산하고 이해하고 적용되는 언어수행 상의 경제성(81b)가 있다. 2장에서 논의된 예문들은 전자에 대한 증거이며, 3장에서 소개된 예문들은 후자에 대한 증거이다.

이처럼 언어수행에 대한 경제성은 다른 영역에서도 발견된다. 일반적으로 일련의 연음에서 조음점이 다른 경우가 같은 경우보다 힘들다는 것

을 전제로 할 때, 다음에서와 같이 /n/은 'ten bears' 혹은 'ten pears'에서
처럼 /m/으로 변한다. 그 이유는 이어지는 소리가 /b/ 와 /p/로 양순음이
기 때문에 치경음인 /n/인 양순음 /m/으로 바꾸어 발음을 편하게 하기 위
한 노력이다. 이처럼 조음점의 동화현상(assimilation) 역시 언어 수행
상의 경제성을 도모하는 현상으로 볼 수 있다.

언어 수행상의 경제성은 화용론적 측면에서도 나타난다. Smith(2004)가
제시한 바와 같이, 다음 두 문장의 차이는 문장 내부 의미의 차이가 아니라
두 문장을 연결하는 연결사의 차이 때문이다.

(82) Chomsky has changed the way we think of ourselves. After
      all, he's a genius.
(83) Chomsky has changed the way we think of ourselves. So he's
      a genius.

(82)는 '그가 천재'라는 것이 '그가 우리의 사고방식을 바꿀 수 있
었다'는 것에 대한 일종의 설명인 반면에, (83)에서는 '그가 우리의
사고방식을 바꿀 수 있었기 때문'에 이러한 결과를 얻게 된다는 점
을 시사한다. 더 나아가 (82)는 그 점이 이미 청자에게 알려져 있었
던 사실이라는 암시가 있음에 반하여, (83)에는 그러한 암시가 존재
하지 않는다. 이처럼 언어 수행에서 어떠한 어휘나 표현을 사용할
것인가는 제시되는 언어정보를 이해하는 과정에 필요한 청자의 노
력을 들어주는 기능을 하는 것이다.

여기서 논의하고 있는 언어수행에서의 경제성도 일종의 문법, 즉

인간의 I-language에 대한 개념이라고 볼 수 있다. 그 이유는 원거리 의존성에 나타나는 중간 복사의 음성 및 형태론적 실현이 모든 언어나 상황에 나타나는 것이 아니기 때문이다. 또한 음성 영역의 동화 현상 역시 모든 언어가 유사한 현상을 겪는 것이 아니며, 화용론적 영역에서의 연결사 역시 언어마다 모두 다르게 표현된다. 이것은 그 언어 원어화자만이 가지고 있는 자기 언어의 직관에 대한 지식이기 때문이다.

앞에서 논의한 언어수행에서의 경제성이 언어정보 처리에서 심리학적으로 어떻게 실현되는지를 살펴보기 위하여 문장해독 시간 (reading time) 측정 실험을 실시한다. 먼저, Ko(2005)의 실험을 다시 살펴보자. 그녀는 주격 관계절에서 수동태 부분이 생략되는 경우와 그렇지 않는 경우의 반응시간을 다음과 같이 측정했다.

피실험자는 대학원생 14명과 학부생 및 대학부서 직원 소속의 영어 원어민 화자 4명이다. 단어 단위로 자기-제어에 의해 스크린에 나타나는 문장 해독의 반응 속도를 측정했다. 피실험자는 각 단어를 해독하게 되면 스페이스 바를 눌러 다음 단어로 넘어간다.

(84) 가. The goods ordered last month did not arrive yet.
      나. The goods which were ordered last month did not arrive yet.

문장(84)은 실험에 사용된 자료이며 문장의 해독이 모두 끝나면 그 내용을 묻는 질문에 답하게 되고 오답이 되는 경우는 통계에서 제외시켰다. 실험결과는 다음과 같다.

(85) 가 '.

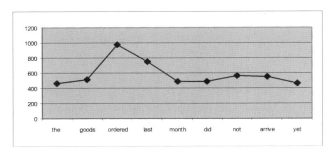

          나 '.

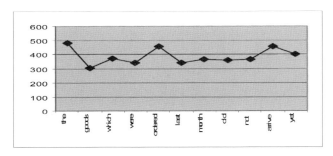

위의 결과가 보여주듯이, 관계절이 생략된 부분의 해독 시간이 생략
되지 않은 부분보다 훨씬 높게 나타났다.

계속된 실험에서 사용된 문장과 그 결과는 다음 (86)와 같다.

(86)　가. Jessica can't eat caviar and Sue eat beans.

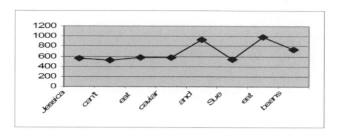

나. Jessica can't eat caviar and Sue can't eat beans.

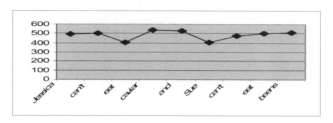

첫 문장에서 부정어의 작용역은 앞 절 뿐만 아니라 뒤 절에도 미치
는 해석이 나올 수 있다―뒤 절의 동사가 원형이기 때문에 앞 절의
'can't'가 생략된 것이다―즉, 하나의 부정어가 두 절에 모두 작용하
는 해석을 하기 위해서는 뒤 절에서 부정어가 나올 것으로 여겨지는
부분(eat beans 앞)에서 해독 시간이 길어지게 될 것이고 위의 표는
그것을 증명해준다.

　　Park(2007, 2013)은 여기서 더 나아가, 다음과 같이 타동사 구문의
목적어가 다른 곳에 나타나는 경우의 해독 시간을 측정했다. 역시
Eprime(v. 1.02)를 이용하여 자기-제어 실험을 학부 재학생 13명과 영
어 원어민 7명을 대상으로 다음의 문장을 가지고 실험을 실시했다.

앞의 실험들과 동일한 절차로 진행하였고 실험문장과 그 결과는 다음과 같다.

(87) 가. Which pictures of himself did John think that Mary likes?

가'.

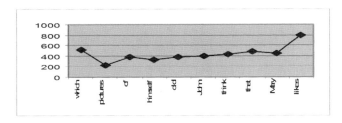

나. Bush appears not to be admired.

나'.

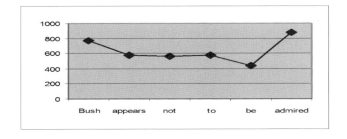

문장의 첫 단어는 대체로 내용에 관계없이 높은 반응시간을 보여준다. 여기서 흥미로운 것은 문장의 끝 부분 역시 800, 889로 각각 상대적으로 높게 나타나는데, 그 이유는 모두 타동사로서 목적어를 취해야 하지만 나타나지 않은 채로 끝났기 때문이다. 동사 바로 다

음에 나타나지 않는 목적어를 문장 앞에서 다시 찾아야 하는 부담이
있다는 것을 보여준다.

반면에 다음과 같이 관계절 속에 회생 대명사(resumptive pronoun)가
나타나는 경우의 반응 시간을 보자.

(88) He is someone who I don't know anyone that likes him
      (Pesetsky 1998).

(89)

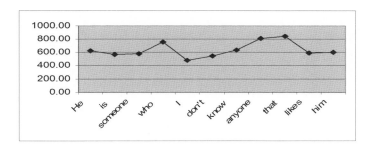

위의 문장은 관계절 속에 회생대명사 'him'을 표시한 경우인데, 표에
서 보듯이 해독반응 속도가 이전의 타동사 구문 실험과는 현저히 낮
음을 보인다. 이는 연산 작용의 최소화에 역행하는 회생 대명사의
출현이 문장정보 처리에는 도움이 된다는 것을 의미한다.

지금까지 경제성의 개념이 최소주의 이론에서 어떻게 이용되고
표현되는지를 살펴보았다. 협소 통사론에서 경제성은 국부성을 유지
하며 연산 작용의 최소화로 실현된다. PF 접합부의 최소화 조건에
따라 원거리 의존성에서 중간 복사들은 음성 및 형태적으로 실되지

않는다. 그러나 어떤 언어 혹은 상황에서 중간 복사들이 실현되는 경우들이 발견되는데 이것은 최소주의의 기본 개념에 반하는 예외일 수밖에 없다.

　본 저서는 이러한 문제점을 해결하는데 그 목적을 두었다. 언어의 경제성을 언어기능 뿐만 아니라 언어수행으로 확대 해석함으로써 해석에 편리함을 도모하는 경우에도 경제성을 적용시킬 수 있음을 제안했다. 따라서 언어에 따라서 혹은 사용자의 언어정보 처리 능력에 따라서 언어수행의 경제성을 선택할 수도 있다는 것을 의미한다. 또한 이러한 재해석은 연산 작용에서 뿐만 아니라, 음성적 및 화용론적으로도 적용될 수 있음을 보였다.

　실험 심리학적 자료는 언어수행상의 경제성을 증명해준다. 문장 해독 시간을 측정한 결과, 실제로 초기 혹은 중간 복사의 음성 및 형태론적 실현이 언어정보 처리에 편리함을 준다는 사실을 제시했다. 더 나아가 이러한 경제성 개념의 확대가 결국 문법이라는 내재화 언어의 테두리 내에서 이루어지는 것임을 제안했다.

제 5 편

노화와 신경

5.1 연속 이론

일반적으로 뇌의 작용은 소위 연속 이론(Serial Theory)으로 설명되어 왔다. 하나의 뇌신경이 다른 신경과 연결되어 있어 정보 신호가 연속적으로 전달된다는 것으로, 이 주장은 아주 정교한 현미경의 개발로 비교적 설득력 있게 적용되어 왔다. 이러한 견해는 여러 학파에서 받아들여졌는데, 그 중에서 행동주의(Behaviorism)는 신경 조직의 연결이 '조건(stimulus)-반사(response)'의 연쇄(chain)를 이루어, 하나의 정신적 자극이 다른 자극으로 이어지는 것으로 보았다. 이와 유사하게, 생성철학과 인공지능학에서도 뇌신경 사이의 관계는 정신 상태에서 지시사항들(instructions)의 연속이라고 간주한다. 이처럼 연속 이론은 하나 혹은 일련의 세포 방(들)에서 다른 세포 방(들)으로 정보가 연속적으로 전달된다는 것이다.

연속 이론은 한 번에 하나의 정보에만 집중해서 처리하고 기억하며, 노출된 정보를 순차적으로 입력한다는 의미에서 심리 인지학에

서 제안하는, 소위 기억-변환-기저 장치(memory-shift-base system)와
유사하다(Aho and Ullman, 1972; Earley, 1970, 1986). 그러나 연속
이론은 초기에 실시된 여러 실험 결과들을 비교적 잘 설명할 수 있
었지만, 인지적 및 언어학적 현상에 있어서는 몇 가지 문제를 해결
하지 못한다. 그 대표적인 문제가 소위 활형 학습 곡선(bowed
learning curve), 즉 일반 학습 과정에서 나타나는 초기 효과(primacy
effect)와 최근 효과(recency effect) 이다. 아동이 'one'부터 'ten'까지
의 숫자를 배울 때, 흔히 'one,' 'two,' 'three,' 'eight,' 'nine,' 'ten' 식
으로 숫자를 세곤 한다. 일련의 순서에서 첫 부분과 마지막 부분을
중간 부분보다 잘 암기하거나 학습하는 경향이 있다는 것이다. 이를
그림으로 나타내면 다음과 같다.

(1)   활형 회상도

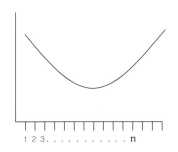

(1)의 그림에서 보듯이, 아동은 숫자를 기억하는 과정에서 중간
부분을 상실하는 현상을 보이는데, 만일 행동주의에서 주장하는 '조
건-반사'의 연쇄를 따른다면 연쇄의 제일 마지막 부분이 기억의 부
담으로 상실되어야하기 때문에 연속 학습(serial learning) 이론은 적

용될 수 없다. 그렇다면 아동은 어떻게 앞부분과 마지막 부분을 중간 부분보다 더 잘 기억할 수 있는 것일까?

언어정보 처리 과정에서 연속 이론의 적용 여부를 확인하기 위하여 인지 심리학과 두뇌 과학에서 많은 연구가 실시되었다. Murdock(1961)과 Murdock and Hockley (1989)는 피실험자들에게 일련의 단어를 제시하고 그것을 기억해내도록 하는 실험을 실시하였다. Waugh and Norman (1965)은 기억력 실험을 통해 입력된 정보가 단기 저장 정보로 넘어가는 과정에 일련의 단계(stages)가 있음을 제안하며, 이 정보가 장기 저장 정보가 되는 것과 동일한 정보의 노출 정도와는 상관관계가 없다고 주장한다.

또한 인간의 기억 능력은 입력되는 정보의 양에 따라 결정되는 것이 아니라 노출 정보들 사이의 관련성에 의해 결정된다는 주장이 제기되었다. 이것은 인간이 정보를 처리할 때 어느 일정한 정도의 양으로 뭉치화하여 저장한다는 소위 뭉치 이론(Chunking theory)인데, 이러한 과정을 통해 정보 처리의 양을 극대화 할 수 있다는 것이다. 뭉치 이론에 따르면, 인간이 한 번에 처리할 수 있는, 즉 단기 저장 정보로 취급할 수 있는 정보의 양이 일반적으로 3-5개의 정보 수 (tokens) 혹은 7+2의 정보 수인 것으로 알려져 왔다.

그러나 언어정보 처리 과정에서 뭉치의 양은 일정한 것이 아니라 몇 가지 요인에 의해 달라질 수 있다는 제안이 등장하였다. 그 중에는 노출 언어 정보들의 의미적(thematic) 관련성(Mednick, 1964; Johnson-Laird, 1983; Solomon and Pearlmutter, 2004), 구조적(configurational) 관계 (Viglicocco and Nicol, 1994; Barker, Nicol and Garrett, 2001), 및 품사적

(grammatical categorial) 관계(Bock and Miller, 1991; Bock and Cutting, 1992) 등이 있는데, 이런 제안들은 모두 정보 제시의 내용에 따라서 뭉치의 양이 달라질 수 있다는 것을 의미한다. 이는 Cowan(2000)과 Pothos and Juola(2000)가 지적하듯이, 언어 표현과 구성이 인지 학습 체계(cognitive learning systems)를 반영하기 때문에, 언어정보에 대한 뭉치 전략을 관찰함으로써 인간의 개념적(conceptual) 언어처리 과정을 이해할 수 있음을 시사한다.

한편, 뭉치 이론을 받아들이지만 위의 그림 (1)에서 보았듯이 뭉치화된 정보들 사이에서도 서로 회상도(recall)에서 차이가 나는 현상을 설명하기 위하여 Loritz(2002)는 연속이론 대신 다음과 같은 대뇌 해부학적으로 평행적 정보처리 과정을 제안한다.

(2)   장기 기억(1차적 효과)

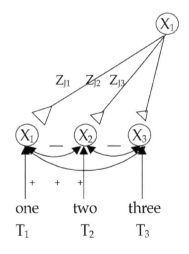

먼저 (2)에서처럼 X_1, X_2, X_3의 층위가 존재한다고 가정하자. 그 위에 X_j라는 상위 정보처리 층위가 설정하는데, 이 곳에 하위 정보인 숫자 'one,' 'two,' 'three'의 연속 정보가 뭉치로서 한꺼번에 저장된다.

(1)에서 초기 학습 곡선이 떨어지는 이유는, 시간대 T_1에서 'one'의 정보가 입력되어 X_1이 활성화되고, Z_{j1}이 발달한 다음, 다음 시간대 T_2에서 'two'의 정보가 입력되어, X_2가 활성화될 때 X_2는 X_1로부터 지속적인 저해환경 속에서 방해를 받게 되기 때문이다. 다음 시간대 T_3에서 역시 'three'의 입력으로 X_3이 활성화되지만, 이 경우에는 X_1과 X_2로부터 동시에 방해를 받게 되고, 따라서 Z_{j3}은 Z_{j2} 만큼, 그리고 Z_{j2}는 Z_{j1}만큼 빨리 발달할 수 없게 되기 때문이다. 이러한 정보를 반복 학습하면, 장기 기억(long time memory) 장치에서의 기억력은 $Z_{j1}>Z_{j2}>Z_{j3}$의 순서로 남게 되어, 결국 Z_j는 'one,' 'two,' 'three'의 연속 형태로 기억된다. 따라서 Z_j가 활성화되는 순간, 아동은 X_{1-3}을 하나의 연속형태의 뭉치로 기억하고 발화하게 된다.

앞에서의 소위 초기 효과와 다르게 최근 효과에 해당하는 'eight,' 'nine,' 'ten'의 숫자가 더 잘 기억되는 것은 다음으로 설명된다. 즉, 아래 (3)의 그림에서, 'nine'이 입력될 때, X_9는 그 다음 정보에 해당하는 X_{10}을 방해할 뿐 아니라, 앞의 정보인 X_8을 뒤에서 방해한다.

(3)   장기 기억(최근 효과)

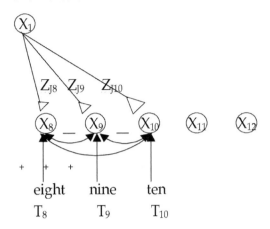

또한 X_{10}이 학습될 때, X_{10}은 X_8과 X_9를 모두 방해하지만, 자신을 방해하는 새로운 정보가 없기 때문에 뒤에서의 방해 작용이 없고 앞의 X_9로부터만 방해를 받기 때문에 X_{10}이 방해를 가장 덜 받는 셈이고, 그 다음이 X_9, X_8 순서가 되는 것이다. 따라서 $X_8<X_9<X_{10}$의 단기 저장(short time memory) 활동이 발달하며, 시간이 지속될수록 $Z_{j8}<Z_{j9}<Z_{j10}$의 장기 저장 기억 정보를 형성하게 된다.

이와 같이 아동이 숫자를 3-4자리씩 한꺼번에 기억하거나 상실하는 것은 학습 과정에서 정보를 뭉치로 기억한다는 것을 의미하며. 이것을 처리할 수 있는 상위 층위가 존재한다는 것이다. 다음 절에서는 노출 정보에 대하여 여러 층위의 처리과정을 거친다는 제안이 실제 어떠한 언어 현상에 적용될 수 있는지를 살펴본다.

뇌신경학과 언어심리학에서는 소위 말실수(slips of tongue)라는 음운론적 현상에 많은 관심을 보여 왔다. 이러한 관심은 Spoonerism 이 소리의 단순한 말실수(장난)이 아니라 언어학적으로 의미있는 발화라는 Lashley(1951)의 주장에 의해 시작되었다. 아래 (4)의 예는 'tons'와 'soils'의 첫 음인 /t/와 /s/이 서로 교환되어 발화된 음운 변환(phonological metathesis)의 경우이다.

(4)   sons of toils (tons of soil)

또 다른 예 (5)를 보자. 여기서 'deans'의 /d/와 'queen'의 /qu/가 서로 음운 변환으로 교환된 경우이다.

(5)   to our queer old dean (to our dear old queen)

(5)의 현상에 대한 설명으로 연속 이론을 적용한다면 다음과 같은 문제가 제기될 수 있다. 즉 두뇌에서 'to our queer old dean'이라는 소리의 연속을 마치 여러 종류의 소리 조각들(segment)이 자리가 뒤바뀌며 발화되는 것으로 간주한다면,

(6)   가. 어떻게 /qu/가 발화되기도 전에, 이 소리가 /d/ 소리 자리에 미리 대체될 수 있는가?

나. (qu)een의 /qu/ 자리에 /d/가 대체될 때까지 아직 발화되지도 않은 /d/는 어디에 보관되는가?

다. 어떻게 dear old queen our이나 our dean old queer과 같은 발화를 하지 않고, /d/가 정확하게 /qu/ 자리에서 발화되도록 기억되는가?

(6)의 문제점들을 고려할 때, 음운 변환은 적어도 소리 조각들을 저장하고 있는 기억 세포들의 자리 바꿈에 의한 결과가 아닌 것은 분명하다. 그 이유는 기억 세포들이 두뇌에서 실제로 움직일 수 없을 뿐만 아니라, (6)에서와 같이 음운 변환이란 단순한 소리의 자리 바꿈만의 현상이 아니기 때문이다.

또 다른 음운 변환 현상으로 다음의 예를 살펴보자.

(7)   Romiet and Julio (Romeo and Juliet)

'Romeo'의 /eo/와 'Juliet'의 /iet/이 서로 변환되는 경우인데, Loritz(2002)는 이를 다음과 같은 변환 회로(Spooner's circuit)로 설명하고 있다.

(8)   변환 회로(Spooner's circuit)

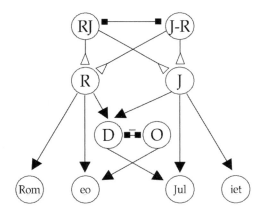

즉, 'Romeo'의 왼쪽 foot이 활성화되어 /Rom/이 발화된 후, 정상적인 경우라면 오른쪽 foot로 넘어가서 나머지 부분인 /meo/가 발화되어야 한다. 그러나 장기 기억 상에서 이미 존재하고 있던 또 다른 표현인 'Juliet and Romeo'의 기억이 갑자기 살아나서, 위의 (8)에서 보듯이 D(downbeat)에서 O(offbeat)로 변환 회로를 넘어가 'Juliet'의 오른쪽 foot이 활성화 되어 /iet/이 발화된다. 이때 여전히 'Juliet'이 활성화 되어있기 때문에 왼쪽 foot의 /Jul/이 발화되고, 다시 이번엔 O(offbeat)에서 D(downbeat)로 넘어가 'Romeo'의 오른쪽 foot의 /eo/가 /Jul/에 이어 발화된다는 것이다. 이와 같은 변환 회로의 제안은 음운 변환을 교체되는 소리의 물리적인 자리바꿈이 아니라, 소리 연쇄의 기존 틀에서 소리들의 활성화시키는 과정상의 오류로 간주한다는 점에서 흥미롭다.

언어 표현에서 변위(displacement)는 상당히 보편적인 현상으로 여러 가지 형태로 나타난다. 먼저 다음을 살펴보자.

(9)　가.　John kissed Mary.
　　　나.　Mary was kissed by John.

초기 생성통사론에서 (9)와 같은 수동태 구문은 두 개의 명사구 'John'과 'Mary'가 구조 기술(structural description)에서 서로 자리바꿈으로 형성된다고 설명하였다.

아래 예문 (10)의 주어-동사 도치(Subject-Aux Inversion) 구문도 역시 이와 유사하게 설명된다.

(10)   가. John is singing a song.

         나. Is John singing a song?

(10가)의 형상(configuration)은 (11)의 구 구조 규칙(phrase structure rules)과 (12)의 전산 입력으로 이루어진다.

(11)   가. S   -->   NP + VP

         나. NP   -->   (Det) + N

         다. VP   -->   V + (NP)

         라. Det   -->   a

(12)   (S (NP (N John)))

         (VP (V is singing))

         (NP (Det a))

         (N song)

모든 규칙들은 동일한 기본 구조를 가지고 있기 때문에, 반복 (recursiveness) 운용으로 모든 연산 작용(computation)이 일어날 수 있으며, 그 결과 (13)의 형상을 이끌어 낼 수 있다.

(13)

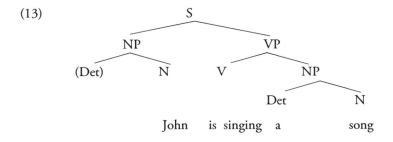

여기에서 (10나)의 의문문이 도출되기 위하여 is가 문장 앞으로 이동해야 하는데, 이를 위해서 (14)의 규칙이 필요하다.

(14)   S → NP + Tense + VP

규칙 (14)를 이용하면 (13)이 (15)가 될 수 있는데, (15가)에서 AUX의 'is'를 포함하는 TENSE 교점(node)이 S 교점위로 이동하여 (15나)의 형상을 이루어 소위 yes/no 의문문을 형성하게 된다.

(15) 가.

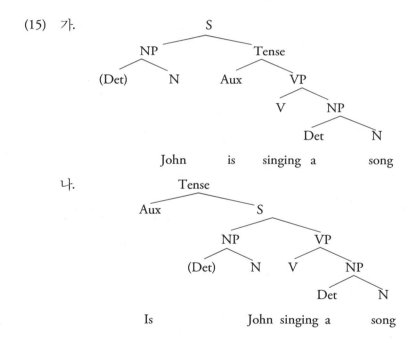

더 나아가 생성문법에서는 통사론에 관한 생득적 보편 문법을 제안하며, 아동은 이러한 생득적 규칙을 알고 있다고 가정한다. 다음

의 예에서 아동은 의문문을 정확히 구사할 수 있는데, 이 사실은 아동이 동사(핵) 이동(head movement)과 관련한 규칙이 있다는 것을 알고 있다는 것을 암시한다.

(16)　가. The man who is dancing is singing a song.
　　　나. Is the man who is dancing singing a song?
　　　다. Is the man who dancing is singing a song?

아동이 (16가)의 의문형으로 (16다)가 아니라 (16나)만을 사용하는 것은, 핵 이동에는 절 경계를 넘어 적용될 수 없다는 장벽(barriers) 이론을 생득적으로 알고 있기 때문이라고 한다.

변형과 관련하여 초기 생성문법에서는 이전의 행동주의에 반하여 이를 조건-반사의 연쇄(chains)가 아니라, 일종의 인지적 연쇄로 제안하고, 표시(representations)의 기본요소가 연쇄라고 주장했다. 그러나 이동에 대한 (15)의 소위 범주-교환(node-swapping)식 해결은 실제로 무엇이 이동하느냐에 대한 의문에 적절한 설명을 제공해주지 못한다. 'Is John singing a song?'과 같은 문장의 도출로부터 'Is$_2$ the man who is$_1$ dancing singing a song'을 발화를 한다고 할 때, 과연 'Is$_2$'의 신경세포가 실제로 두뇌에서 자리를 이동한다고 생각하기는 어렵다.

이러한 문제점을 해결하기 위하여 생성문법은 이동의 개념을 신경세포의 실제적 이동이 아니라 일종의 은유적인(metaphorical) 현상으로 간주하고 있다. 그러나 여전히 이동되는 것이 신경 세포가 아니라면 이동은 무엇에 대한 은유가 되는 것일까? 이러한 문제에 있어서 한 가지 분명한 사실은 적어도 이동이라는 변형에서 실제로 움직이는 것은 아무 것도 없다는 것이다. 언어학적으로 이동이라는 것은 이론적으로만 존재하는 것일 뿐 실지로는 존재하지 않는다. 그렇다면, 위의 예문들에서처럼 이동이 일어난 것 같은 문장은 두뇌에서 어떻게 생성되며, 또 이러한 문장들은 서로 어떠한 관계를 유지하는 것일까?

언어의 통사론적 정보 처리는 대개 Broca 구역과 그 주변에서 이루어지는 것으로 알려져 있다. 여기서 통사론적 정보란 변형에 의하여 이동된 요소와 이동되기 전 자리 사이의 연결성(connectivity)에 대한 연산 작용을 의미한다. 실제로 Broca 구역에서 일어나는 것으로 여겨지는 이동과 관련한 현상을, 음운 변환에 대한 Loritz(2002)의 대뇌 해부학적 평형계층 층위 제안과 유사하게 설명하고 있는 예들이 제시되고 있다. Felser(2003)는 아동 영어의 발달과정에서 원거리 의문사 의문문의 중간 도출 과정에 의문사가 복사되어 나타나는 현상(wh-copying)이 있음을 보고한다.

(17)   Who do you think who's in the box?

(17)에서 아동은 문장 앞으로 이동한 'who'를 원래의 자리에서 반복하여 발화하고 있다. 다중 소리화(multiple Spell-out) 이론에서 볼 때, 중간의 'who's'가 아동 영어에서 살아있다는 사실은 [who's in the box]를 하나의 해석 층위로 간주하고 있음을 의미하며, 더 나아가 언어정보 처리가 의미적 뭉치와 관련된다고 할 때, (17)에서 [who's in the box]가 하나의 뭉치, 즉 단기 저장 정보로 처리될 것이다.

Frazier and Clifton(1989)과 Gibson and Warren(2000)은 여러 언어들에 나타나는 *wh*-구의 연속 순환이동의 중간과정에서 중간 흔적이 문장 해석에 직접적인 관련이 있다고 주장한다.

(18) 가. Wen glaubt Du, wen sie getroffen hat? (German)
        who think you who she met has
        'Who do you think she has met?'
     나. Waarvoor dink julle waarvoor werk ons? (Afrikaans)
        wherefore think you wherefore work we
        'What do you think we are working for?'

이들 언어들에 나타나는 중간 *wh*-구들은 문두로 실제로 이동한 *wh*-구와 동일한 형태를 취하고 있는데, 그들은 이 형태들이 문장에 대한 개념적 표시의 일부라고 간주한다.

아래 예문 (19)은 아동영어에서 아동이 동사 'did'를 반복적으로 사용하고 있는 경우이다. 이러한 반복 발화 현상 역시 문장 도출의 일정한 단계에 해석 층위를 설정하고, 그 층위에서 음성적 실현(phonological realization)이 일어난다고 볼 수 있다.

(19) Why did the farmer didn't brush his dog? (Hiramatsu 2000)

최근의 생성문법은 이동이라는 통사적 운용에 대한 새로운 접근을 시도한다. 먼저, 연쇄(chain)의 개념을 동일한 요소의 출현(occurrence)의 집합으로 정의하고 있다.

(20) 가. John was kissed.

나.
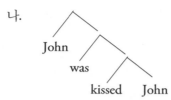

(20)에서 'John'이 연쇄를 구성하고 있는데, 목적어 자리의 'John'
은 'kissed'에 상응하는 요소이고, 주어 자리의 'John'은 '-- was kissed
John'에 상응하는 요소이다. 이와 같이 수동태 구문은 '목적어가 주
어자리로 이동한다'는 식의 설명이 아니라,'John'이 복제와 병합으
로 출현이 새롭게 생기면서 두 개의 출현이 연쇄를 이루고, 그 중에
서 최대화 원리(Maximization principle)에 의해 가장 상위의 'John'
이 표현(발화)되는 것으로 기술된다.

'John'을 복제하여 통사적 대상(syntactic object) 최상위에 출현시
키는 (20)의 제안 외에 다음의 가능성도 고려할 수 있다. 즉 목적어
의 'John'이 활성화되어 뇌신경 회로에서 T와 직접 연결(associated)
되면서 'John'의 모든 정보가 전달된 뒤, 기존의 VP와의 연결이 끊
어지는 과정이다.

(21)
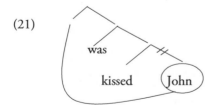

(21)에서, 특히 상위 층위와 연결이 끊어지는 현상과 유사한 제안이 Grodzinsky(2000)에 의해서 제시되었다. 그는 언어 장애인들을 대상으로, 주어 자리에 나타나는 어휘의 의미 역할(thematic role)을 알아보는 실험을 실시하였다, 그 결과 아래 (22)와 같은 유형의 문장에서 'the girl'을 행위자(agent)로 잘못 간주하는 경향이 평균이상으로 높다는 것을 발견하였다.

(22)   [the girl] wasn't admired t by [the boy]

이러한 현상에 대하여, 그는 흔적-삭제 가설(Trace-Deletion hypothesis)를 제안하며, 'the girl'을 'admired'의 목적어, 즉 피동자(patient)로 해석하지 못하는 이유는, 이동 후의 흔적이 VP와의 연결이 삭제되고 T와의 연결만 유지되어 행위자로서의 해석만을 갖게 되는 오류 때문으로 설명한다.

통사론적 변위에 대한 이러한 접근은 앞에서 지적하였든 이동의 실체에 대한 문제를 해결할 수 있는 새로운 방안이다. 'John'을 기억하고 있는 뇌세포가 두뇌 속에서 'was'를 기억하는 뇌세포 앞으로 이동하는 것이 아니라, 'John'의 기억정보만 (복사되어) 상의 층위에 출현되는 것이기 때문이다.

더 나아가, Chomsky(2001, 2004)는 도출과정에서 국면(phase)이라는 단위를 설정하고, 언어 표현이 일정한 단계로 확대되면 그 때까지 도출된 표현을 음성부로 넘기는 과정인 전달(Transfer) 운용을 제시한다. 여기서 국면은 명제(proposition)에 해당한다고 정의된다. 다시 말해, 국면은 의미/해석과 소리 정보의 단위를 뜻하며, 병합의 과정에서 각 어휘의 정보를 뭉치로서 저장하는 통사론적 단계에 해당한다.

(23)에서 보듯이 국면에 해당하는 것은 CP와 vP이다.

(23)
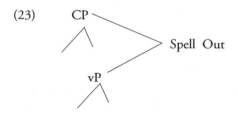

vP와 CP는 다중 소리화에 의해 음성부로 넘어가게 되는데, 일단 음성부로 넘어간 요소는 더 이상 통사적 도출 과정에 들어오지 못한다. 국면은 활형 학습 곡선이나 음운 변환 현상에 대한 설명에서와 같이, 대뇌 해부학적으로 통사론과 관련한 상위의 평형 층위들에 해당하는 단위라고 할 수 있으며, 의미 정보와 소리 정보를 뭉치로 저장해두는 역할을 한다. 국면과 소리화를 설정하는 이유는 연산 작용에서의 경제성, 특히 효과적 운용을 위한 운용의 부담(computational load)을 줄이는 방안으로, 순환적(cyclic)으로 적용된다는 것을 가정하기 때문인데, 이것은 앞에서 논의한 언어정보 처리 과정에서의 효율성을 위해 뭉치로 저장해두는 것과 일치한다(Chomsky 2004).

최소주의의 또 다른 흥미로운 제안은 자질 점검이 원거리에서 가능하다는 것이다. 이전의 국부적 점검(local checking) 형상을 만족하기 위해 현시적 뿐만 아니라 비현시적 이동이 필수적이었지만, 제자리에서도 일치(Agree)라는 통사론적 운용 방법으로 비해석성 자질을 상호 점검하고 값을 받을 수 있다. 비현시적 이동은, 특히 의미 정보와 소리 정보에 영향을 주지 않는 것으로 알려져 있기 때문에, 이동의 운용을 적용하는 것은 바람직하지 못하며, 일치 운용이 더 효과적인 설명 방법이 된다(Lasnik 1999, 2003).

일치는 이 운용에 참여하는 탐색자(probe)와 목표자(goal)가 모두 활성화(on)되어야 하고, 이들의 물리적인 이동 없이 제자리에서도 상호 값을 가질 수 있는데, 이것은 뇌신경학이 제시하는 언어 신경망(neural network)에서 각 신경세포가 활성화 되어야 한다는 언어정보 처리와 유사한 전개 방향이다. 뭉치 이론에서와 같이 순환적 국면 단계에서 일치 운용이 적용되며, 이 운용의 과정에 어떠한 결함요소가 존재할 때, 소위 결함 방해 조건(Defective Intervention Condition)이 적용된다. 여기서 결함 요소는 비활성화 정보에 해당하며, 신경망에서 중간의 비활성화 요소는 연결성(connectivity)를 방해하는 역할을 하는 것으로 해석된다.

이상에서 본 연구는 생성문법에서 제시하는 통사론적 이동, 즉 내부 병합 현상에 대한 이론의 흐름을 살펴보고, 이를 뇌신경학의 제안과 관련하여 논의하였다. 초기 생성문법은 구조적 기술에서 일선상(linear)에서의 자리-교체나 수형도에서의 교점-교체를 제안하였다. 그 이후 이동은 유인, 자질-이동, 병합, 그리고 일치 등으로 이론의 변화를 겪으며 통사론적 연산 작용에서의 경제성이 부각되었다. 본 논문은 이동과 관련한 여러 이론, 특히 국면과 일치를 언어정보 처리에서의 뭉치 이론과 관련하여 논의하였다.

이동과 일치는 국면의 단계로 진행되는데, 여기서 국면은 순환적 단위이며, 연산 작용의 효율성을 위해 정보처리의 부담을 최소화 하는 과정이다. 비해석성 자질의 값이 부여되는 단계이면서 의미와 소리의 정보가 저장되는 곳이기도 하다. 이러한 언어학 이론의 전개는 뇌신경학과 심리언어학 등에서 제시하는 언어정보 처리과정에서의 뭉치 개념과 유사하다.

활형 학습 곡선에서 연속 이론의 문제점을 보완하고, 저장 능력의 극대화를 위하여 인간이 처리할 수 있는 만큼의 정보만을 모아서 저장한다는 뭉치 이론이 제안되었고, 여러 실험을 통해 그 정보의 양이 3-5 혹은 7+2라는 것이 제시되었다. 그러나 인간이 한꺼번에 처리할 수 있는 정보 뭉치의 양이 일정한 것이 아니며, 또한 그 양이 반복학습 양에 비례하는 것이 아니라 노출 정보들 사이의 통사론적, 의미론적, 그리고 어휘론적 관련성에 비례한다는 주장이 제기되었다. 본 연구는 국면이 언어정보 처리의 단위가 되는 개념이며, 이 단위를 기준으로 통사론적, 의미론적 뿐만 아니라 음운논적 정보가 처리, 저장되는 것으로 보았다. 이를 증명하기 위하여 *wh*-구 복사현상, 조동사-복사와, 재귀대명사 결속의 현상이 국면에서 나타난다는 것을 보였다. 국면과 더불어 일치 운용은 불필요한 이동을 배제하고 운용의 부담을 줄이면서 그 효율성을 높이는 제안으로 뇌신경학과 생물신경학에서 제안하는 언어정보 처리과정에서의 신경망(neural network)에 해당한다.

언어에 대한 접근은 인간이 언어정보를 어떻게 처리하는가 하는 의문에 관한 것이다. 이러한 접근은 언어 생성과 언어 이해로 구분되는데,

각 분야는 서로 독립적인 연구방법과 목적으로 진행되어 왔다. 두 연구는 논리적인 이론과 실험적 검증을 바탕으로 나름대로의 이론을 전개하여 왔으나, 최근 정보처리 과정의 효율성(computational efficiency)이라는 측면에서 유사한 제안을 하고 있다. 이러한 시도들은 뇌파의 정교한 측정을 위하여 EEG보다 오류률이 낮은 MEG, 그리고 두뇌의 영상화(imaging)를 위한 CT, PET 그리고 fMRI 등의 실험 도구들로 보다 새롭고 정교한 결과들을 도출해냄으로서 가능하게 되었으며, 앞으로도 이 두 영역은 상호 보완적인 측면에서 진행되는 것이 필요하다.

5.2 노화와 언어 수행

인간은 정상인이라면 태어나서 주어진 환경에 따라 일정한 과정의 언어발달을 거치고, 비교적 어린 시기에 평생을 사용할 언어를 모국어로서 완전히 터득한다. 그리고 유아기에서부터 아동기와 청소년기까지의 언어 발달이 지나고 중장년기와 노년기를 거치면서, 인간은 여러 종류의 인지기능 저하와 더불어 언어 활동에서도 크고 작은 변화를 겪게 된다. 이와 같이 일생 동안에 걸쳐 변화하는 언어는 인지 노화(cognitive aging)라는 기능상 특수한 학문적 측면에서 뿐만 아니라, 사회공동체 생활에서 언어를 통한 적절한 의사소통이 삶의 유지에 아주 중요한 활동이라는 측면에서도 연구의 필요성이 있다.

생물학적 정상 노화에서 가장 현저하게 드러나는 것이 기억력 감퇴이고, 이러한 인지기능의 변화에 의존하는 것이 언어이다. 고령의 성인들을 대상으로 한 다수의 실험에서 이들에게 익숙했던 어휘들의 음성발화 성공률이 떨어지고, 설단현상이 더욱 빈번히 발생하며, 어휘철자 추출에 어려움이 심화되는 것으로 나타난다. 그러나 고령의 성인이라 하더라도 통사와 의미정보 처리기능의 변화 여부에 대하여는 이견이 있다(MacKay and Janes 2004). 뇌신경학적 증거를 토대로, 어휘들의 의미를 파악하고 문장 해독에 필요한 의미를 처리하는 능력은 노화에도 불구하고 큰 변화가 없다는 주장도 있다(Wechsle 1997). 특히, 뇌신경망 활동성에 관한 실험에서 인간은 노령화로 갈수록 뇌의 국부적 영역보다 영역들의 연결망(connectivity) 사이에서 보상 활성화(compensatory recruitment)가 일어난다는 사실을 제시한다(Burke and Shafto 2008). 이러한 제시 및 fMRI와 뇌파 실험의 N400/ P600 결과를 보건데, 인지노화에 따른 언어기능 변화가 모든 영역에서 동시다발적으로 발생하는 것이 아니며, 보상 활성화의 정도에 따라 일부 언어단위 정보처리는 오랫동안 유지될 수 있음을 시사한다.

그러나 인지노화에 대한 연구들은 대부분 일시적 기간과 제한적 대상으로 국한되고 있으며, 일생동안의 일반화된 결과도출의 추구는 그 동안 상대적으로 활성화 되지 못하고 있다. 인지기능 중에서 특히 노화에 따른 언어수행 변화 연구는 주로 기억력과 관련된 고유명사의 명명(naming)과 어휘단위 정보추출 지연, 그리고 음성언어 처리속도 저하가 주류를 이루고 있다. 언어가 기억력과 어휘단위 정보 및 실시간 정보처리 속도 등의 제한을 받는다는 사례들에 비해, 통사와 의미단위의 정보처리가 인지노화와 어떠한 관계에 있는지를 밝히는 연구는 상대적으로 많지 않았다.

따라서 본 연구는 기억력과 어휘단위 언어정보 변인(factor)을 측정하는 선행연구들과 다르게, 능동/수동 문형선택의 통사단위와 명사어구 수식여부의 의미단위 정보처리에서의 연령대별 변화를 살펴볼 것이다. 이러한 실험결과를 근거로, 본 연구는 인지노화에 따라 언어수행의 변화가 언제나 비례적으로 변화하는 것이 아니며, 언어정보 단위별 특성에 따라 순차적으로 발생하게 된다는 제안에 또 다른 증거를 제시할 것이다.

본 연구는 여기서 더 나아가 인지노화에도 불구하고 통사단위에 비해 의미단위의 정보처리 기능이 상당히 더 오랫동안 유지된다는 사실을 제안할 것이다. 이 과정에서 본 연구는 문장해독과 산출에서 선호도와 실시간 해독시간 자료를 추출할 것이며, 음성정보 처리에 대한 부담 변인을 배제할 수 있도록, 실험 참가자들에게 화면을 통해 문장들을 제시하고, 그 중에서 주어진 상황에 맞는 문형을 선택하는 방식으로 진행한다. 성인집단은 다시 두 그룹으로 나누어져 연령별 실험 결과치가 습득경험이나 노출빈도에 따른 변인에 영향을 받지 않도록 구성한다.

인지노화에 따른 언어변화의 특징들은 주로 소리언어 정보처리의 속도저하와 기억력 감소에 따른 어휘추출의 어려움 등이다. 소리언어 정보를 해독하는 동안, 화자는 다양한 정보처리 과정을 실시간으로 겪는데, 입력된 소리정보는 음향/음성 및 음운의 발성과 통사/의미의 어휘를 포함하는 중간의 다중 언어단위 체제로 전환되고, 이는 다시 통사적으로 일관성 있고 의미적으로 유의미한 정보로 전개되어 나간다. 이러한 복잡한 처리과정과 다양한 언어단위 체제들 사이의 상호작용에서 가장 큰 어려움은 음성발화라는 것이 쉽게 사라지는 정보라는 점에 있다.

따라서 청자는 들리는 정보를 효과적으로 해독하고 정보처리 지체로 정보가 순간적으로 과축적(overloaded) 되는 것을 방지하기 위해 유입정보 처리속도를 조절해가며 신속하게 해결해야 한다는 것이다. 인간은 정상적인 상태에서 소리언어 정보를 아주 효과적으로 처리할 수 있는 능력이 있어, 청자는 소리정보를 처음 입력한 때부터 해독하는 데까지 약 200ms정도 걸리며, 1/1000초 단위로 음성단위 정보표시 체제를 구축하면서 언어를 수행한다(Marslen-Wilson 1973, Thornton · Light 2006). 그러나 고령의 성인에게는 대화문맥이 유지되지 않는 조건에서는 대화가 너무 빠르게 진행되거나 주위에 소음이 있는 경우 해독에 다소 어려움을 겪게 된다.

노령의 화자들에 대한 언어정보 처리속도와 더불어 어휘추출에 관한 실험들도 보고된다. 신경생물학의 자료에 따르면, 어휘추출 동안 두뇌 양쪽 측두엽 중간피질의 활성화가 포착되고, 음성정보 해독과정에는 좌뇌 측두엽의 후상부와 좌뇌 전두엽 하상부에서 주로 반응이 나타나는 것으로 알려져 있다. 실제로 음성을 발화하면, 좌측 측두엽 후상부와 두정엽이 상호작용하며 활성화 되는데, 음성정보 해독과 마찬가지로 발화 역시 사진 속의 물체 명명을 위한 어휘추출 시간이 보통 600ms인 것으로 알려져 있다(Indefrey and Levelt 2004, Hickok 2009). 그러나 노화에 접어든 성인들에게는 젊은 성인들에 비해 어휘 추출과정에 현저한 속도 저하가 발생하고, 정확성도 떨어지며 따라서 설단현상 또한 빈번히 일어나게 되는 것이다. Miozzo

and Alfonso(1997)는 일련의 설단현상 실험에서 아래 (표1)를 통해
30대 초반에 이미 설단현상이 유의미하게 발생하고, 50대에서는 현
저하게 그 빈도수가 높아진다고 주장한다.

표 1. 연령에 대한 설단현상 빈도

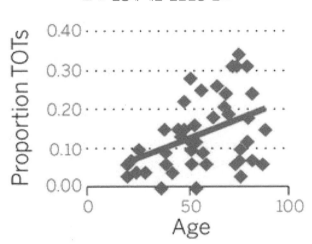

　　여기서 흥미로운 사실은 Wright et al.(2012)와 Geerligs et al.(2014),
등이 제기한 것처럼, 인지노화에 따라 언어수행의 변화가 나타나지만,
그 변화는 음성언어의 신속한 정보처리와 기억력에 연계된 어휘 및
어휘의미 추출에 국한된다는 것이고, 또한 두뇌의 노화가 훨씬 일찍
시작됨에도 불구하고, 언어수행의 변화는 상대적으로 늦게 나타난다
는 것이다. Thorton and Light(2006)와 Tun(1998)은 노화에 따른 청
력 감퇴가 언어정보 해독과 연관이 있는지는 분명하지 않지만, 적어
도 어휘 추출에서 노령의 성인들에게서 지체(delay) 혹은 오류가 발
생할 뿐만 아니라, 이들에게 분명 어휘들에 대한 지식이 오히려 증

가도 한다고 말한다.

또한, 노화로 인해 언어수행의 변화가 언제나 발생하는 것이 아니라는 주장도 꾸준히 제기되었다(Au et al. 1995, Rabaglia and Salthouse 2011). 심지어 Wechsle(1997)는 일련의 실험에서 어휘정보가 60세의 성인에게 있어서도 여전히 그 지식의 양이 증가하기도 하고, 적어도 그 나이까지 기존 정보가 잘 유지되며, 다만, 고령의 성인에게 이러한 어휘정보에 대한 접근능력은 현저히 떨어진다고 한다. 이처럼, 어휘단위 추출이나 소리정보에 대한 처리에서 변화를 보이는 예들은 비교적 잘 관찰되고 많은 보고들이 있지만, 통사 및 의미단위 정보처리 변화에 대한 연구는 상대적으로 많지 않다. 따라서 인지노화에 따른 통사와 의미단위 정보처리 변화를 추적하고, 그 결과를 주변학문의 결과들과 논의를 통해 타당성을 점검할 필요성이 있다.

이러한 취지에서 실행된 실험을 살펴보자. 인지노화의 진행에 따라 통사단위 언어정보 처리가 어떠한 변화를 겪는지를 알아보기 위해서 실험참가자를 연령대별로 세 집단으로 나누어 관계절 문장산출에서 능동/수동 문형선호(structure choice) 실험을 실시하였다. 일반적으로 관계절 문형은 선행명사의 유생성에 밀접한 것으로 알려져 있다. 즉 유생 선행명사인 경우 수동문형 관계절 선택이 우세한 반면에, 무생 선행명사의 경우 능동문형 관계절 선택이 우세하다는 것이다(MacDonald and Christainsen 2002, Montag and MacDonald 2009). 실제로 이러한 문형선호도는 한국어에서는 두드러지게 나타나지 않는다. 그 이유는 한국어 관계절은 선행명사가 관계절보다 뒤에 나오기 때문에 선행명사의 유생성 정보가 관계절 문형선택에 절대적인 영향을 줄 수 없기 때문이다. 그러나 선행명사의 유생성 여부가 문형 선택에 영향을 미칠 수 있는 가능성을 배제하기 위하여 선행명사를 유성생으로만 구성하여 실험을 실시하였다.

피실험자들은 연령대별로 크게 세 집단으로 나누었다. 첫 집단(A) 은 중고등학생들로 구성되어 있으면 연령은 14-16(평균15.1)세에 분포하고 있으며, 부산소재 중고등학교에 재학 중인 남자 11명과 여자 14명 등 총 25명이다. 두 번째 집단(B)은 부산소재 대학원 재학 중인 대학원생과 일반인으로 연령은 35-43(평균 39.6)세 사이에 분포하고 있으며, 남자 17명과 여자 28명 등 총 45명이다. 세 번째 집단(C)은 일반인으로 연령은 55-69(평균63.2)세 사이에 분포하고 있으며, 남자 11명과 여자 13명 등 총 24명으로 구성되어 있다. 모국어인 한국어를 대상으로 하기 때문에 나이의 변수를 제외하고는 차별화 하지 않았으며 유사 실험에 참여한 적이 없는 정상 언어화자들이다.

관계절 수식에서 능동/수동 문형선택의 선호도를 측정하기 위하여 각 표현을 컴퓨터 스크린에 나타나게 하고, 실험참가자의 의도에 따라 스페이스바를 눌러 다음 화면으로 넘어가도록 하였으며, 두 표현을 각각 본 후 개인적 선호하는 하나를 선택하도록 지시하였다. 측정대상 표현은 총 20개 표현의 두 표현, 즉 40개이며, 위장표현 (fillers) 40개의 두 표현, 즉 80개를 포함해 총 120개의 표현으로 구성되어 있다. 측정에 이용된 표현의 예는 다음과 같다.

(24) 가. 포수가 막은 주자
      나. 포수에게 막힌 주자

(25) 가. 경찰이 잡은 도둑

      나. 경찰에게 잡힌 도둑

위의 예시처럼, 유생성 선행명사 '주자/도둑'에 대한 능동(가)/수동
(나)의 표현을 제시하여 하나를 선택하도록 하였다. 연령대별 세 집
단의 수동형 선호도를 조사한 결과는 (표2)와 같다.

표 2. 연령별 유생성 선행명사에 대한 수동관계절 선택

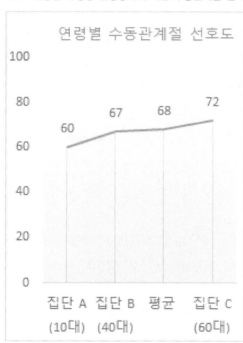

'주자/도둑'과 같은 유생성 선행명사에서 수동관계절 문형 선호도
를 표시한 분포를 보면, 집단A(10대)와 집단B(40대), 그리고 집단

C(60대)의 선호도가 각각 60%, 67%, 그리고 72%이며, 전체 평균은 68%로 나타났다. 여기서 흥미로운 것은 집단A와 집단B의 차이는 유의값(t(34)=2.62, p<.05)으로 나온 반면에 집단B와 집단C의 차이는 그렇지 않다(t(34)<1). 이러한 결과는 유생성 선행명사의 경우 연령이 높아질수록 수동관계절 문형의 선호도가 높아진다는 사실뿐만 아니라, 통사단위 정보처리에 대한 변화가 집단B(40대)에서 이미 나타나기 시작한다는 사실이며, 이것은 30대초에 시작되는 설단현상보다 늦은 변화이다.

이와 같은 취지에서의 다른 실험에서는 의미단위 정보처리에 있어서 인지노화 영향을 알아보기 위하여 수식관계(modification)에 대한 해독선호도 및 해독속도(reading time) 실험을 실시하였다. 실험 참가자들은 이전 실험 등 유사 실험에 참가한 적이 없으며, 구성된 세 종류의 실험을 모두 수행하였고, 각 실험 전 적절한 사전훈련과 충분한 지시를 통해 가능한 응답의 정확도를 높이려고 하였으며, 동시에 사전훈련과 지시가 실험결과에 영향을 미치지 않도록 하였다.

이 실험에서도 역시 피실험자들을 연령별로 두 집단으로 나누었다. 한 집단(A)은 실험1의 집단A와 같이 15-16(평균15.4)세의 중고등학생들이며, 남자 11명과 여자 17명, 총28명으로 구성되어 있고, 다른 집단(B)은 실험2의 집단B와 같이 36-48(평균41.6)세의 성인으로 남자 5명과 여자 16명 총 21명으로 구성되어 있다. 성별과 오른손/왼손의 변인은 실험1에서와 같이 본 연구결과에는 영향을 미치지 않는 요소로 무시하였다.

관계절 수식의 선호를 알아보기 위해 '(관계절) 명사1 명사2'의 복합명사구를 구성하였다. (실험a)는 관계절이 근거리 명사1을 수식할 수도, 원거리 명사2를 수식할 수도 있는 해석의 애매함을 가지고 있다. (실험b)는 명사1의 격조사 변인을 제거하기 참가자들은 다시 명사1과 명사2 사이에 소유격조사 '-의'가 나타는 경우와 그렇지 않는 경우 각각의 선호도와 해독속도를 별도로 측정하였다. (실험c)는 격조사가 나타나지 않는 경우 '명사1 명사2 '의 표현은 다시 논항구조상 NP1의 의미역 판단과 해독 속도를 추가로 측정하였다. 본 실험에 사용된 표현의 수는 격조사의 유무와 수식명사의 유생성 조합에 따라 10쌍, 즉 40개이고, 그 수의 배에 해당하는 80개의 위장표현을 포함해 총 120개의 표현으로 구성되었다. 이것을 정리 다음과 같다.

(26) 수식의 선호도와 반응속도
     가. 실험a: (관계절) 명사1-의 명사2
     나. 실험b: (관계절) 명사1 명사2
(27) 격 표시자 탈락과 의미역 선호도 및 반응속도
     실험c: 명사1 명사2

실험참가자들은 충분한 설명과 일정한 시간에 걸쳐 모의테스트를 실시한 다음, 모니터에 해당 두 표현을 순차적으로 각각 읽은 뒤 다음, 화면에서 수식관계를 묻는 질문에 대하여 키보드에서 해당 번호(1 혹은 2)를 누르게 하여 답하게 하였다.

(실험a)는 아래 예에서 보듯이, 괄호 속 (관계절)이 문맥에 따라 근거리 명사 '친구' 혹은 '창문'을 수식할 수도 있고, 원거리 명사 '아

들' 혹은 '손잡이'를 수식할 수도 있다.

> (28) 가. (운동 선수인) 친구의 아들
>   나. (재질이 튼튼한) 창문의 손잡이

유생성 변인을 제거하기 위하여 명사1과 명사2를 유생성에 따라 동수로 구성하였다. 실험참가자들은 문맥 없이 각 표현들에서 수식 선호도에 따라 NP1 혹은 NP2를 선택하였다.

(실험b)는 격조사 존재유무의 변인을 고려하여 (29)과 (30)에서 보듯이 격조사 '-의'의 탈락에 따른 의미단위 처리의 변화를 살펴보았다.

> (29) 가. (사고 당한) 장군의 딸
>   나. (사고 당한) 장군 딸
> (30) 가. (관리가 잘 된) 아파트의 공원
>   나. (관리가 잘 된) 아파트 공원

여기서도 역시 유생성 변인을 제거하기 위하여 각각 동일한 숫자의 유(무)생성 명사로 구성하였고, 참가자들은 (실험a)에서와 같이 각각의 표현을 모니터로 읽은 다음 관계절이 어떤 명사를 수식하는지를 선택하도록 하였으며, 그러한 과정의 (해독)속도는 기록되었다.

(실험c)는 '명사1 명사2 '의 구성에서 각 명사들 사이의 의미역 해석의 선호도에 관한 것이다.

(31)　가. 로마 침략

　　　나. 적군 공격

(31)에서처럼, 명사1(로마/적군)의 행위자성(agent)과 피동자성(patient) 해독의 여부에 대한 측정으로, 의미역의 선택은 결국 생략된 격표시자의 판단(-가/-를)에 달려있다.

　각 실험의 결과를 보면 다음과 같다. (실험a)에서 두 연령 집단 간의 수식 선호도에 대한 실험 결과는 (표3)이다. 실험참가자들은 수식대상을 관계절부터 먼 NP2를 선택하는 경향이 높았다. 구체적으로 집단A(10대)와 집단B(40대)에서 NP1의 수식은 45.5%와 29.8%이며, NP2의 수식은 54.5%와 70.2%로, 연령이 높아질수록 원거리 NP2에 대한 수식 선호도가 높아진다는 것을 알 수 있다.

표 3. 집단별 'NP1-의 NP2' 복합명사구 수식 선호도

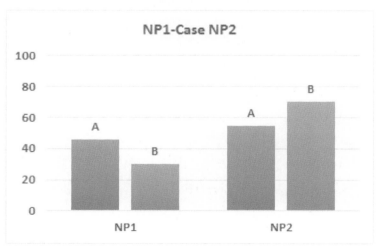

표4는 (실험b)의 격조사 존재여부에 대한 수식선호도 실험의 결과이다.

표 4. 집단별 'NP1 NP2' 복합명사구 수식 선호도

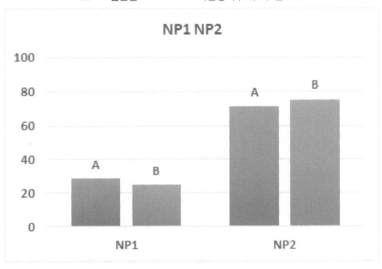

'-의' 격조사가 나타나지 않은 경우 연령별 집단과 무관하게 모두 원거리 명사 NP2 수식의 선호도가 높게 나타났다. 보다 구체적으로, 격조사가 나타나지 않는 경우가 격조사가 나타나는 경우보다 두 집단 간 유사성이 높은 것으로 나타났는데, 그 수치는 NP1에 대한 수식은 28.7%, 24.6%이며, NP2에 대한 수식은 각각 71.3%, 75.4%이다. 이러한 결과는 한국어에서 격조사 생략 여부가 수식표현의 선택에 영향을 주지 않는다는 것을 보여준다.

표5는 (실험c)의 생략된 격조사의 NP1 의미역 해석 결과이다.

표 5. 집단별 NP1 의미역 해석 선호도

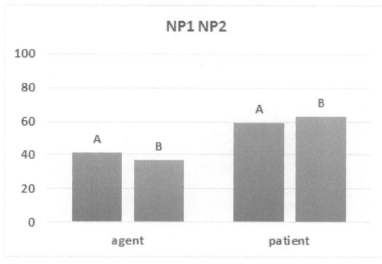

NP1에 대하여 집단A(10대)와 집단B(40대)의 행위자역(agent) 해석의 선호도는 40.9%, 36.8%이고, 피동자역(patient) 해석의 선호도는 각각 59.1%와 63.2%이다. 이러한 결과는 한국어에서 목적격조사(피동자역 해석)의 생략 선호도가 높고, 따라서 NP1을 피동자역으로 해석하게 되는 경향이 높게 나타나는 것으로 보인다.

한편, NP1의 의미역 해석에서 두 집단 사이의 해독속도에 대한 결과는 아래 (표6)과 같다.

표 6. 집단별 NP1 의미역해석 반응속도

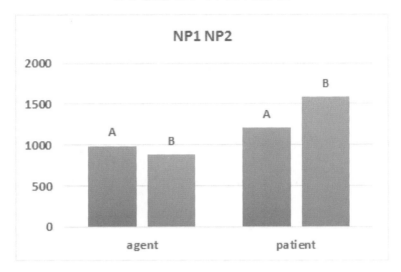

NP1의 행위자역 해석의 경우 두 집단의 해독속도는 988ms, 877ms이며, 피동자역 해석의 경우는 각각 1208ms와 1588ms이다. 이러한 결과가 시사하는 바는, 비록 목적격조사(피동자역)의 생략이 선호되지만 표현의 첫 어휘를 행위자가 아닌 피동자로 해석해야하는 부담에 대한 심리적 실체가 있음을 볼 수 있다.

이상의 세 가지 실험에서 두 집단 간 수식 선호도 및 의미역 해석에서 변화의 흐름을 포착할 수 있었다. 그러나 실험에서 집단 각각의 값에 대한 신뢰도는 만족하지만 집단 간의 차이는 유의하지 않았다. 비록 노화가 진행될수록 원거리 수식의 선호도가 높아지고, 격조사가 생략된 명사를 피동자역으로 판단하는 경향이 점차 늘어남에도 불구하고, 그 차이는 유의한 값(T=1.808, 1,723, 1,136, p>.05)

이 아닌 것으로 판명되었다. 이것은 통사단위 정보처리에서 인지노화에 대한 영향이 집단(B:40대)에 나타난 것에 비해, 의미단위 정보처리에서는 동일연령대 집단에서 유의한 변화를 보이지 않았다는 것이다.

두 실험의 결과에는 다음과 같은 시사점이 있다. 첫째는 인지노화에 따라 음성언어 정보와 같이 처리속도에 밀접하게 연관되거나, 기억력에 의존하는 어휘추출 등의 과정에는 비교적 일찍 기능저하가 감지되지만, 통사 및 의미단위 정보처리에는 그 변화가 비교적 늦게 나타난다는 점. 둘째는, 통사단위 정보처리(실험A)에서는 집단B(40대)에서 이미 유의한 언어변화가 나타나기 시작하지만, 의미단위 정보처리(실험B)에서는 같은 연령집단(집단B: 40대)임에도 불구하고 유의한 언어변화가 감지되지 않는다는 점에서 의미영역이 통사영역보다 더 오래 유지된다는 점. 따라서 셋째는 인지노화에 따른 언어변화는 각 영역에서 순차적으로 나타난다는 점이다.

실제로, 어휘추출과 음성발화의 경우는 언어기능 저하로 볼 수 있는 현상이 나타나지만, 통사와 의미단위에서는 인지노화에 따라 언어(추이)변화로 나타난다. 유의할 점은 비록 인지노화가 시작됨에도 불구하고, 어휘와 음성단위와는 달리 통사와 의미단위 정보처리 기능의 변화는 오랫동안 발생하지 않는 것에 대한 이유를 밝혀야 한다는 것이다. 여기에 관하여 최근 보고되는 신경영상(neuroimaging) 실험결과를 참고할 필요가 있다. 연구결과에 따르면, 노령 층의 성인들이 다양한 인지능력을 기반으로 하는 과업을 수행하는 동안 뇌활동량의 증가를 보인다고 한다. Burke and Shafto(2004)는 (그림1)에서 어휘를 정확히 추출하는 경우(좌측)와 설단현상을 보이는 경우(우측)를 비교하며 신경조직 사이의 연결망(connectivity)의 활동성 차이가 나타난다고 주장한다. 즉, 설단현상을 더 자주 보이는 노령 성인들에게는 전두엽 하부와 좌뇌 전엽섬, 우뇌 전두엽 중층부, 그리고 전두엽 대상피질 간의 상호연결망에서 현격한 활성화가 나타난다는 사실을 밝힌다.

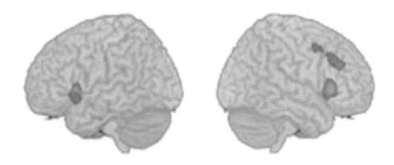

그림 1. 설단현상에서 신경조직 연결망의 활성화

인지노화로 인한 변화를 추적하는 최근의 연구들은 두뇌의 특정 활동영역을 개별적으로 포착하는데서 탈피하여, 두뇌의 여러 영역 간 신경조직 연결망의 활동성에 더 집중하고 있다. 일반적으로 피질은 광범위한 기능의 신경조직을 포함하는 부위이기 때문에, 언어를 포함하여 다양한 인지정보를 처리하는데 중요한 역할을 하는 것으로 알려져 있다. 신경조직은 두뇌의 다중 상호활동으로 형성하고, 부위별 상호 연결성에 따라 기능적으로 특성화(specialized) 임무를 맡게 된다.

Meunien et al.(2013)은 젊은 성인들의 두뇌 전반이 최적합의 조합 구성이어서 각 구역별 네트워크 융합(integrated)이 잘 이루어지기 때문에 상대적으로 네트워크 간의 연결성은 약하게 나타난다고 제시한다. 이들은 한편 휴지기(resting-state)와 과업수행(task-based) 중의 연구를 통해, 노화는 이러한 조합구성을 방해해서 네트워크들 내부의 융합을 저해하고, 따라서 네트워크 간의 연결성을 증폭시킨다고 한다. 이렇게 생물학적 두뇌 노화에 의해 떨어진 신경학적 전문성은 두뇌 전반에 걸친 네트워크 구성의 조합의 저하를 야기한다.

의미단위 정보처리에서 나타나는 뇌신경망의 활성화에 대한 연구는 Kahlaoui et al.(2007)에 나타난다. 이들은 두 연령대의 집단을 대상으로 의미단위 수행능력을 비교한 실험에서, 연령에 관계없이 두 집단은 모두 양반구체에서 특별한 혈중산소의 증가를 보이는 등 의미정보 처리 과정에서 유의한 반구체 반응차이를 보인다고 밝힌다. 그러나 노령 층의 집단에서만은 전두엽과 측두엽을 포함하여 양측에서 더 넓은 구역의 활성화가 두드러지게 나타났다. 이것은 노령층 집단에서 의미정보 처리과정의 변화가 직접 발견되지는 않지만 노화의 과정에서 생긴 언어기능 저하를 보전하기 위하여 양 반구체가 모두 활용하고 있다는 것이 된다.

이상에서 볼 때, 다양한 연구의 결과에서와 같이 인지노화가 언어수행의 변화에 큰 영향을 미치지만 모든 영역에서 일어나는 것이 아니라 정보처리 속도와 기억력과 같은 인지능력에 의존하는 영역 등 특히 언어산출 영역에서 비교적 일찍 나타나고, 통사와 의미단위 정보해독 능력은 상대적으로 오랫동안 유지된다고 본다. 이 처럼 인지노화에도 불구하고 그리고 실제로 두뇌 조직의 해부학적 노화가 시작되었음에도 불구하고, 언어수행의 일부 영역들이 오랫동안 유지될 수 있는 것은 인간이 두뇌노화로 신경학적 전문성이 떨어져 두뇌 전반에 걸친 신경조직망 구성조합의 저하를 감지하고 이를 보완하기 위해 조직망 간의 연결망을 보상 강화하는 일정 기간이 있기 때문이라고 여겨지며, 이러한 강화현상이 통사와 의미영역에서 일어난다고 보겠다.

노화는 인간의 많은 기인지능의 변화를 야기한다. 특히 언어수행에서 음성언어의 정보처리 속도가 느려지고, 특정 어휘 및 그 의미 추출이 지체되거나 오류가 발생하게 되는 경우가 빈번해 진다. 그러나 최근 신경인지 연구는 신경조직간 연결망 활성자료를 제시하며, 노화로 인해 언어의 모든 영역에서 변화가 발생하는 것이 아니며, 특히 통사와 의미단위 정보처리는 노화가 상당히 진행된 고령의 연령층에서만 나타날 수 있다고 제안한다.

본 저술은 이러한 주장을 근거로 생물학적 노화 이전 단계인 10대와 초기단계인 40대, 그리고 후기에 해당하는 60대의 세 집단에서 통사와 의미단위 정보처리에서 어떠한 변화가 포착되는지를 살펴보았다. 그 결과, 선행연구에서와 같이 어휘단위와 음성발화 기능에 비해, 통사와 의미단위 정보처리가 오래 유지됨을 확인하였고, 더 나아가 통사영역보다 의미영역의 기능이 더 오래 보존된다는 증거를 새롭게 제시하였다. 또한 인지노화에도 불구하고 통사 및 의미정보 처리가 유지될 수 있는 이유는, 노령 층의 화자는 두뇌 각 신경조직의 기능이 떨어진 만큼 조직 간의 연결성을 더 활성화하여 보상효과를 얻으려고 노력하기 때문이라는 제안을 수용하며, 이것에 대한 보다 구체적인 논의는 다음으로 미룬다.

5.3 신경과학

언어의 본질을 이해하려는 노력은 최근 20여 년 동안 가장 중요한 결과를 거두었다고 볼 수 있다. 초기 생성문법에서 제시한 생득적 언어 습득 장치(language acquisition device)에 대한 끝없는 추구에서 얻어진 소위 협소 통사론적(narrow syntactic) 제안은 언어에 대한 시각을 실증적 증거를 기반으로 하는 언어 내적 이론 정립에서부터 언어 수행(performance) 및 언어 이외의 기능이나 변화와 관련한 언어 외적 요인에 의한 내부로의 지시(instructions)를 모두 감안하는 새로운 시도들의 가능성을 제시하였다.

초기 생성문법은 인간 언어에 대한 생득적 능력을 제시하였고, 이러한 언어 기능은 소위 협소언어기능으로 분류되어 반복병합(recursiveness)의 경제적 통사 운용(syntactic operations)을 거쳐 가장 효율적인 방법으로 언어가 생산된다고 주장해왔다. 한편, 초기 인지 심리학은 이러한 언어학적 연산(computations)에 대한 심리적 실체(psychological reality)를 확인하기 위하여 기억력, 단어 회상도, 반응 속도, 및 ERP 관련 뇌파분석(EEG) 등 여러 모형의 실험들을 수행하였다(Waugh and Norman 1965, Murdock and Hockley 1989).

최근 두뇌 해부학은 여기서 더 나아가 생화학(biochemistry)의 spectroscopy 기술을 이용한 여러 화학물질 반응실험과 그 연구 결과들을 실어증(aphasia),

파킨슨병과 헌팅턴병의 증상 및 BG(Basal Ganglia) 장애 등 여러 종류의 언어 장애에 대한 발병 원인과 증상 및 치료에 응용하기 시작하였다(Paus et al. 2001, Lee and Schumann 2005, Koizumi 2004, Pettito 2005, Kahlaoui et al. 2007, Giorio et al. 2008, and Park and Park 2009). 이 과정에서 fMRI, PET, MEG 등의 실험이 수행되었고, 그 결과 뇌 속에서 구체적인 언어 기능의 좌표를 찾아냈다(Pinker 2003). 신경생물학은 진화인류학과 더불어 인간 진화를 유전학적으로 접근하고, Foxp2의 발견(Enard et al. 2002) 및 최근 소리새 게놈(songbird genome)의 완전 해석(Warren et al. 2010)으로 인간언어 진화와 기능에 대한 새로운 사실의 발견에 관심이 모아지고 있다.

이처럼, 인간 언어에 대한 연구는 어느 한 영역에 국한된 것이 아니라, 여러 관련 학문들의 연합 및 연계적 접근이 추세이며, 또한 이것이 바람직한 방향이라고 주장되어 왔다(Grodzinsky 2002, Atchley 2007). 본 연구에서도 이러한 추세를 따라, 특정한 언어학적 현상을 다루면서 그 이론적 배경을 소개하고, 통사적 운용에 대한 부담(loads)을 실시간 반응 시간(response time) 실험으로 심리적 실체를 검증하며, 더 나아가 신경과학적 실험결과를 근거로 실험적 및 실증적 증거들을 제시함으로서 보다 설득력 있고 효과적인 제안을 하고자 한다.

본 저술에서는 먼저 뒤섞이(Scrambling)와 생략(Ellipsis)의 두 운용에서 나타나는 연산 부담을 실시간 반응 시간 실험을 통해 심리적 실체에 대하여 논의한다. 그 실험의 결과에서 흥미로운 점은 개별 운용은 분명히 기본 문형에 비해 반응속도가 느려짐이 확인되지만, 특이하게도 두 운용이 함께 적용된 경우가 하나만 적용된 경우에 비해 오히려 반응속도가 짧게 나온다는 것이다. 본 연구는 이러한 결과를 언어 능력(competence)뿐만 아니라 언어 수행(performance)의 측면에서 그 설명을 시도한다. 언어 진화론적 설명과 더불어, 본 저술은 Hauser et al.(2002)의 협소언어능력(narrow language faculty: FLN)과 광의언어능력(broad language faculty: FLB)의 구별 하에서 논의의 관심이 되는 접합부(interfaces)도 언어 변화 및 언어 진화에 노출될 수 있다는 Gelderen(2006)의 주장에서부터 더 나아가, 신경 해부학적으로 두뇌 신경 세포 조직의 발달에서 확인되는 증거들을 제시한다.

일반적으로 아동에서 성인으로 성장하는 과정에서 두뇌의 가장 큰 변화는 백색질과 회색질의 비율 및 서로 상충적 물질인 가바(GABA)와 글루탄산염(glutaminate)의 비율이다(Baslow and Gulifoyle 2007, Paus et al. 2001, Park and Park 2009). 여러 장비를 통한 실험의 결과 두 비율에는 일관성 있다는 사실을 제시한다. 즉, 두뇌가 성숙되면서 신경 세포체와 같은 불필요한 뇌세포가 줄고 반면에 수초(myelinate) 신경세포로 구성되어 잇는 축색돌기(axons)의 수가 극대화된다는 것이다. 본 연구에서는 이러한 현상을 음성·음운과 의미 효과에 예민한 아동 언어의 특성에서 통사적 효과에 더 예민한 성인언어로의 성장에서 나타나는 특성과 연관되어 있으며, 언어진화와 변화에서 최적성의 도출이 지켜지지만, 그 과정에서 언어수행으로부터의 외부 지시가 일종의 선도 요인으로 작용함을 보이고자 한다(Jackendoff and Pinker 2005).

통사적 운용의 핵심인 결합성은 변위(displacement) 현상과 더불어 심리적 실체 검증에 가장 많이 논의되어 왔다. 기본 문형을 도출하는 과정에 결합성은 문장의 최적 조건을 요구하는데, 이러한 최적성은 변위 현상에도 동일하게 요구된다. 본 연구는 변위 현상 중에 주로 SOV 언어에서 나타나는 뒤섞이 현상을 연구 대상으로 선정하였는데, 그 이유는 뒤섞이가 음성·음운의 효과를 보여줄 뿐만 아니라 통사, 형태 및 의미적 변화를 유발하기 때문이다.

전통적으로 뒤섞이는 선택적 운용으로 간주되었다(Saito and Hoji 1983, Saito 1985). 그러나 Webelhuth(1993) 이후 뒤섞이를 다른 일반 변위 운용에서와 같이 통사적 효과를 유발시킬 수 있는 필수적 운용 방안임이 제시되었다(Mahajan 2003).

(32)   가. *자신이 철수를 비난했다.
        나. 철수를 자신이 __ 비난했다.
(33)   가. *주례 선생님은 [서로의 부모들이 신랑과 신부를 더 좋아한다고] 말했다
        나. 신랑과 신부를 주례 선생님은 [서로의 부모들이 __ 더 좋아한다고] 말했다
(34)   가. ?우리가 [기차로도 서울은 갈 수 있지만], [비행기로만 제주도는 갈 수 있다]
        나. 우리가 서울은 [기차로도 __ 갈 수 있지만], 제주도는 [비행기로만 __ 갈 수 있다]

(32)에서처럼, 목적어 철수가 원래의 위치에서 문장 앞으로 출현

하여, 음성·음운의 효과를 유발시킬 뿐만 아니라, 전치로 인해 재귀사 '자신'을 결속하게 되는 의미적 효과도 보여주고 있다. (33가)의 상호사 '서로'는 선행사 '신랑과 신부'에 결속되지 못하여 비문이 되지만, 뒤섞이로 선행사가 문장 앞으로 전치되면서 새로운 결속관계가 성립되어 (33나)처럼 정문으로 나타난다. 유사한 예로 (34)는 -은/는에 의한 대조(contrast) 문형에서 대조문구인 '서울은'과 '제주도'는 반드시 동사구 외곽으로 이동되어야 하는데, 이는 뒤섞이가 필수적 운용임을 보여주는 예가 된다.

본 저서에서 선택한 또 다른 운용은 생략구문이다. 생략은 변위와 다르게 통사·의미적 효과는 유지가 되지만 오히려 음성·음운 정보만 삭제되는 운용으로 간주될 수 있다.

(35) Dawn cleaned the window diligently, and Shawn did so, too.

(36) I talked to Mary on the street and Sue did so at the office.

동사구 삭제현상은 위에서 보듯이 뒤 병렬절(conjunct)의 동사구가 앞 병렬절(first conjunct)과 동일한 경우 'do so'로 대체되는 현상이다. 즉 (35)에서 'do so'는 'clean the window'를 (36)에서는 'talk to Mary'를 각각 의미적으로 지칭한다.

한국어에서의 동사구 생략도 유사한 유형을 보이고 있다.

(37) 무책임한 개발로 지구가 멸망하게 될 것이고, 따라서 인간도 그렇게 될 것이다.

(38) 당신이 나에게 은혜를 배푼 것처럼, 나도 다른 사람들에게
      반드시 그렇게 하겠습니다.

(37)의 병렬 구문에서 후절의 '그렇게 되다'는 '멸망하게 되다'를,
(38)에서 '그렇게 하다'는 '은혜를 배풀다'를 각각 암시하고 있다.

생략구문은 연산 작용에서 흥미로운 주제를 제시한다. 다양한 언
어 영역에서 연산 작용의 최소화라는 일종의 경제성 개념에 의해 생
략구문이 음성·음운 영역에서 선호된다는 사실이다. 즉 생략을 통
해 동일한 음성정보의 반복을 피함으로써 소리영역의 경제성을 지
킬 수 있다는 것이다. 그러나 연산 작용에서의 경제적 운용은 언어
정보 처리의 측면에서는 오히려 해독자가 생략된 부분을 찾아내야
하는 부담(loads)이 생기게 된다.

이러한 상호 모순(paradox)은 다음의 경우에 잘 나타난다.

(39) Wen glabut Du, wen sie getroffen hat?
      'Who do you think she has met?'
(40) Wêr tinke jo wêr't Jan wennet?
      'Where do you think where that-CL Jan resides?'
(41) Waarvoor dink julle waarvoor werk ons?
      'What do you think we are looking for?'
(42) Kas o Demiri mislenola kas I Arifa dikhla?
      'Who does Demir think Arifa saw?'

위의 예 (39)-(42)에서 의문사 wen, wêr, waarvoor, 그리고 kas가
문장 앞으로 전치되면서 모두 종속절 앞에 동일한 형태의 의문사를
남긴다. Frazier and Clifton(1989), Gibson and Warren(2004), 그리
고 Boeckx(2003) 등은 그 이유를 의문사가 문두로 연쇄 이동할 때
종속절의 [spec C]를 경유하게 되고, 그 곳에서 일치 운용에 의해서
형태론적 실현이 일어난다고 주장한다.

아동영어에서도 유사한 예 (43)-(45)를 찾을 수 있다.

(43)   What do you think what Cookie Monster eats?
(44)   Who do you think who the cat chased?
(45)   How do you think how Superman fixed the car?

종속절의 의문사가 문두로 전치될 때, 종속절 앞자리에 동일한 의문
사 형태가 출현한다. 의문사뿐만 아니라 조동사의 중복형태도 나타
난다.

(46)   Why did the farmer didn't brush his dog?
(47)   What did Mary claim did they steal? (Belfast English)

(46)과 (47)에서 의문사 이동과 주어-동사 도치 현상이 일어날 때,
종속절에도 동일한 조동사가 다시 반복되어 사용되고 있다.

언어학적 이론에 따르면, 소위 경제성 원리 혹은 최소 운용원리에
의해 도출과정에서 최소화가 선호되지만, 실제 언어 수행에서는 언

제나 이러한 원리들이 적용되는 것이 아니라는 것이 풀어야할 문제이다. 본 연구는 운용의 최소 연산(minimal computation)과 쉬운 처리(easy processing)라는 두 개념이 어떻게 상존될 수 있는 지를 심리언어학적 실험과 신경과학적 증거로 설명하고자 한다.

언어학 이론에 대한 초기 인지심리학의 접근은 언어 화자들의 특정 문형에 대한 심리적 실체를 증명하는 것이었다. 그 중에서 통사적 복잡성 가설(syntactic complexity hypothesis)이 대표적으로 논의되어 왔다. 즉, 어휘 기억 실험에서 피실험자는 통사적 운용이 복잡할수록 문장 해독(sentence comprehension)이 늦어진다는 것인데, 이를 근거로 언어 기능에는 통사적 운용이 실존하며 이것이 언어 수행에서 드러난다는 주장이다.

(48) 가. The boy has bounced the ball.
      나. The ball has been bounced by the boy.
      다. Hasn't the ball been bounced by the boy?

예를 들어, Savin and Perchonick(1965)의 실험에서, (48가)의 기본 문형에 대하여 피실험자들이 회상해 낸 단어의 수는 5.27개인데 반해, 수동형이 적용된 (48나)의 경우에는 4.55개, 그리고 여기에 의문형이 추가된 (48다)의 경우에는 3.58개로 현저하게 기억력이 떨어지는 것을 볼 수 있다. 이러한 회생 단어 수의 감소는 언어화자들이 문장 해독 과정에서 나름대로의 통사적 복잡성에 대한 부담을 가진다는, 즉 통사적 운용에 대한 심리적 실체를 반영하는 증거라고 주장해왔다. 이러한 결론과 주장에 대한 여러 반례들이 제시되고 있지만, 인지 심리학의 여러 실험증거들은 언어학의 이론적 및 경험적 증거에 대한 보완의 실험적 증거자료로서 언어 본질에 대한 이해라는 궁극적 목표 도달에 보다 나아갈 수 있는 역할을 수행해 왔다.

어순에 의한 통사적 복잡성에 대한 심리적 실체를 확인하기 위한 심리언어학적 실험들이 있었다. Kim(2008)은 중국어와 한국어 원어화자들의 관계대명사 구문에 대한 언어처리 과정의 차이를 밝히려는 실험을 실시하였다.

(49) 가. [＿ yaochang fuhao] de guanyan
　　　　　　invite　　tycoon RC official
　　　　'the official who invited the tycoon'
　　　나. [fuhao [yaochang ＿]] de guanyan
　　　　　'the official who the tycoon invited'

중국어 화자들은 (49가)의 목적격 관계대명사 구문을 (49나)의 주격 관계대명사 구문보다 더 쉽게 해독한다. 그러나 한국어 화자들은 아래 (50가)의 주격 관계대명사 구문을 (50나)의 목적격 관계대명사 구문보다 더 쉽게 이해하는 것으로 알려져 있다.

(50) 가. [＿ 남자를 좋아하는] 여자
　　　나. [남자가 [＿ 좋아하는]] 여자

Kim(2008)의 실험은 L2 한국어를 배우는 중국어화자들에 있어서 과연 (50)에서 어떤 어순의 문형을 더 쉽게 이해하는가를 확인하는

것이었다. 그 결과 중국어 화자들은 모국어에서 쉽게 이해했던 목적
격 관계대명사 구문이 아닌 L2 한국어 화자와 같이 주격 관계대명
사 구문을 더 쉽게 이해하는 것을 발견하였다. 즉 모국어의 문장해
독 패턴과 다른 오히려 통사적으로 더 복잡한 문형을 L2에서 받아
들인다는 것이다.

이와 같은 유형의 현상은 독일어에도 나타난다.

> (51) 가. *Warum haben wenige Linguisten wem geglaubt?
>   why have few linguists whom believed
>   'Why did few linguists believe whom?'
>   나. Warum haben wen wenige Linguisten geglaubt?

독일어에는 문장에서 의문사의 순서에 대한 제약이 있는데, Beck(1996)이 제
안한 소위 간섭효과(intervention effects)로 (52)에서 의문사가 양화사를 넘어
이동해야한다는 제약이다.

> (52) wh1   NP   wh2
>   └──────[topic]──────┘

이와 같은 현상은 다음의 경우에 근거하고 있다.

> (53) 가. Wer hat was geme/kormplett/sorgfaltig   gelesen?
>   why have what with-pleasure/completely/carefully read
>   'Who read what with pleasure/completely/carefully?'

나. *Wer hat geme/kormplett/sorgfaltig was gelesen?

다. Was hat wer geme/kormplett/sorgfaltig gelesen?

라. *Was hat geme/kormplett/sorgfaltig wer gelesen?

(53)에서 가능한 어순은 두 의문사가 서로의 어순과 무관하게 부사보다 선행하는 경우이며, 이를 위해서는 독일어에서 뒤섞이가 의무적이며 이는 결국 보다 복잡한 통사적 운용이 선호되는 예가 된다.

Wells et al.(2008)은 문장해독이 기본 어순과의 일치여부와 관련이 있음을 주장한다. 즉 영어 관계대명사 구문에서 주격 관계대명사가 목적격 관계대명사 구문보다 해독이 더 빠른 이유는 영어의 기본어순인 SVO 어순을 유지하고 있기 때문이라는 것이다. 즉, 중국어 화자가 L2 한국어 학습에서 중국어 기본어순이 아닌 통사적으로 더 복잡한 주격 관계대명사 구문에서 더 빠른 반응속도를 보이는 것과 독일어에서 의문사가 부사나 양화사보다 앞서 나타나기 위하여 의무적으로 뒤섞이가 적용되어야 하는 것 모두가 통사적 복잡성을 높이는 경우로 도출의 경제성을 역행하는 현상이다.

이와 관련하여 Park(2007)은 통사적 복잡성 가설에 대한 반례를 다음과 같이 제시하고 있다.

(54)　가. 철수가 물약을 먹고, 영희가 알약을 먹었다. (기본어순)

　　　나. 철수가 물약을 먹고, 영희도 그랬다. (VP 생략)

　　　다. 물약을 철수가 먹고, 알약을 영희가 먹었다. (뒤섞이)

　　　라. 물약을 철수가 먹고, 영희도 그랬다. (VP 생략 및 뒤섞이)

(54가)는 한국어의 기본어순이며, (54나)는 후절에서 전절의 술부에 해당하는 '물약을 먹다'를 그랬다(VP ellipsis)로 대체한 형태이며, (54다)는 전절 및 후절에서 모두 원거리 뒤섞이(long distance scrambling: LDS)가 적용되어 목적어 '물약' 및 '알약'이 각각 주어 앞으로 전치된 형태이다. 한편 (54라)는 54다)의 원거리 뒤섞이와 (54나)의 VP 생략이 모두 적용된 문형이다. (54) 문장의 각각에 대한 실시간 반응속도를 비교한 결과 (55)와 같은 결과를 얻었다.

(55)   가. 기본어순(54가: 4257) < 뒤섞이(54다: 4728)
　　　　나. 기본어순(54가: 4257) < VP 생략(54나: 5300)
　　　　다. VP 생략(54나: 5300) > VP 생략 + 뒤섞이(54라: 5035)
　　　　　　(단위 ms)

기본문형에 비해 생략과 뒤섞이가 적용된 문형은 모두 반응속도가 느리게 나타났다. 그러나 흥미로운 점은 생략과 뒤섞이가 동시에 적용된 문형이 생략만 적용된 문형보다 오히려 반응속도가 빠르게 보였다는 사실이며, 또한 뒤섞이와 생략이 각각 적용된 경우에서도 서로 반응속도가 다르게, 즉 생략이 뒤섞이보다 해독에서 더 큰 부담을 주는 운용이라는 사실을 알 수 있다. 그럼에도 불구하고 뒤섞이가 함께 적용된 (54라)에서는 반응속도가 훨씬 빨라졌다는 것은 뒤섞이가 나름대로는 별도의 운용이지만, 언어정보 처리에서는 오히려 연산의 부담을 줄여주는 기능을 하고 있다는 사실이다.

(55)에 관련된 뒤섞이는 목적어가 주어 앞으로 전치되는 문장 뒤섞이에 해당한다. 본 연구는 목적어가 동사구 외곽지정어 자리로 이동되

는 내부 뒤섞이(short distance scrambling: SDS)에서도 위와 같은 현상이 나는지를 확인하기 위하여 다음과 같은 실험을 실시하였다.

(56) 철수는 통사론 수업에서 A를 받았고, 영희는 통사론 수업에서 B를 받았다. (기본어순)

(57) 가. 철수는 통사론 수업에서 A를 받았고, 영희는 B를 받았다. (공백화)

      나. 철수는 통사론 수업에서 A를 받았고, 영희도 그랬다. (VP 생략)

      다. 철수는 A를 통사론 수업에서 받았고, 영희는 B를 통사론 수업에서 받았다. (뒤섞이)

(58) 가. 철수는 A를 통사론 수업에서 받았고, 영희는 B를 받았다. (공백화+뒤섞이)

      나. 철수는 A를 통사론 수업에서 받았고, 영희도 그랬다. (VP 생략+뒤섞이)

(56)는 한국어 기본어순의 문형이고, (57)은 후절에 각각 공백화(Gapping), VP생략(VP Ellipsis), 그리고 단거리 뒤섞이(SDS)가 적용된 문형이며, (58)에서는 공백화와 SDS 그리고 VP생략과 SDS가 각각 적용된 문형이다.

39명의 한국어 원어민 화자인 피실험자(남성 17명과 여성 29명)들에 대한 실시간 반응 실험에서 다음과 같은 결과를 얻었다.

(59)

None	Gapping	Ellipsis	SDS	Gapping+SDS	Ellipsis+SDS
(56)	(57가)	(57나)	(57다)	(58가)	(58나)
0	+93.40	+291.57	+80.11	+172.10	+208.59

(단위: ms)

(59)는 (56)-(58)에 제시한 실험 예문에 대한 반응시간 측정치를 나타낸 것으로 기본어순의 문형을 '0'으로 했을 때, 각 문형에 따라 후절의 VP영역에 대한 상대적 반응시간을 나타내고 있다. 이 결과에서 흥미로운 사실은 다음과 같다.

(60) 가. 기본 문형에 비해 추가적인 운용이 적용된 문형에서 반응시간이 느리게 나타났다.

나. 운용의 종류에 따라 반응속도가 다르게 나타나는 것은 각 운용에 대한 심리적 실체가 다르다는 사실, 즉 운용에 대한 부담이 다르다 것을 보여준다: 생략>공백화>뒤섞이 순.

다. 뒤섞이가 공백화와 같이 적용된 경우는 공백화만 적용된 경우보다 반응시간이 길지만, 생략과 함께 적용된 경우는 생략만 적용된 경우보다 오히려 반응시간이 짧아진다.

이 경우는 Park(2007)에서 제시된 결과와 더불어, 통사적 복잡성에 대한 반례가 될 수 있으며, 또한 뒤섞이가 문장 해독에 신속함과 편리함을 주기위한 의도로 적용될 수 있는 방안임을 보여주고 있다.

연산 부담에 대한 심리언어학적 증거들이 언어학적 접근과 상충된다는 점에서 도출과정에서 최적성의 경제성원리를 Hauser et al.(2002)에서 제시한 협소언어능력(FLN)과 광의언어능력(FLB)의 구별과 연계하여 논의할 필요가 있다. 즉 연산부담에 대한 언어학적 접근은 FLN에 국한된 것으로 반복병합 과정은 연산의 최소화를 만족하는 운용으로만 구성될 수 있다는 것이다. 그러나 이런 과정에 대한 심리언어학의 실증적 증거들은 실제로 FLN이라기 보다는 FLB에 혹은 적어도 접합부(interfaces)에 대한 사상(mapping)에 해당하는 것으로 언어 능력 혹은/뿐만 아니라 언어 수행적 측면에 집중한다고 볼 수 있다.

여기서 중요한 사실은 앞에서 논의해온 여러 실증적 증거들이 FLN의 최적성 유지를 위해서 FLB에서의 조건도 부합해야 한다는 것을 보여주고 있다는 것이다. 예를 들어, 아동영어에서 나타나는 의문사의 복제를 통한 음성·음운의 반복효과, 독일어에서 특정 문형에서의 제약을 만족하기 위한 뒤섞이 운용의 필수적 적용, 한국어에서 언어수행을 높이기 위한 뒤섞이와 생략의 동시적용을 통한 의도적 통사적 복잡성 유발 등이 그것이다. 따라서 연산과정에서 필수적으로 지켜야할 도출과정의 경제성은 언어 수행이라는 측면과 일치하지 않는 부분들로 인해, 이 두 영역에 대한 상관관계를 재조명할 필요가 있다. 언어수행 상에서의 조건들은 FLN 그리고/혹은 접합부에서 허용되지 말아야할 현상이기 때문이다.

먼저, 연산 부담에 대한 설명으로 FLN과 FLB에 대한 구별 및 언어 진화론적 측면을 살펴보자. Chomsky(2007)는 언어 기능의 출현이 C-I 접합부와 관련이 있고, 언어의 외현화(externalization)에 해당하는 SM 접합부와는 별개로 이루어졌다고 주장한다. 이러한 주장의 핵심은 접합부로의 사상이 FLN으로 간주되어 추가적인 언어진화와 무관하다는 것이다. Bickerton(2002), Odling-Smee et al.(2003) 및 Pinker(2003)는 언어 기능의 발생, 특히 어휘라고 간주할 수 있는 상징 단위들(symbolic units)의 발생이 생존을 위한 수단이었음을 제안한다.

그러나 Bickerton(2007)은 이러한 상징 단위들은 의사소통을 위한 것으로 인류 진화에서 특별한 신경학적 혹은 유전학적 변화를 요구하지 않았을 것이지만, 한편 통사부는 생물학적 요인으로 발생했을 가능성이 크며, 이는 인간 두뇌사의 실질적 변화와 밀접한 관련이 있음을 제안하고 있다. Fitch et al.(2005)와 Chomsky(2007)는 Tattersall(1998)를 근거로, 인류학적으로 풍부한 상상력과 언어 및 상징 단위들의 출현 및 자연 현상에 대한 기록물 등의 증거를 바탕으로, 언어의 출현은 갑작스럽고 의외였으며, 이로 인해 수학 등의 많은 다른 인간 능력이 발휘되는 계기가 되었다고 주장한다. 이러한 주장을 위해 그들은 최소주의에서 제시하는 두 접합부 즉 SM 접합부와 C-I 접합부 중에서 C-I 접합부로의 과정이 더 우선적이라고 주장하고, 따라서 언어는 의사소통을 위하여 발생한 것이 아니라 개인의 인지적 영상을 조장하고 상징화하며 현실성을 구성하여 사고와 계획의 능력을 수행하기 위한 것이라고 주장한다.

그러나, SM 접합부와 C-I 접합부의 차별화에 대한 반대 증거들도 존재한다. 그 첫 번째 증거가 심리언어학의 유사효과(similarity effects)이다. 통사적으로 애매한 문장에 대한 이해는 이와 유사한 문장의 사용 빈도와 그 규칙성과 관련이 있는 것으로 알려져 있다. 이를 확인하기 위하여 Juliano and Tanenhau(1993)는 영어 관계대명사 구문에서 주격 관계절이 목적격 관계절보다 문장 해독력이 더 빠른 이유는 주격 관계절이 영어의 SVO 어순을 유지하여 그 만큼 규칙적이고 사용 빈도가 높기 때문이라는 밝힌다.

FLN에 속하는 통사부에서의 유사효과가 접합부 영역의 음성, 음운부에도 적용되는지에 대한 실험을 MacDonald and Chirstianses(2002)이 실시하였다. 이들은 실험에서 발음이 애매한 어휘에 대한 실시간 이해도 실험에서 해당 어휘의 발화 속도와 해석의 정도가 해당 어휘 사용의 빈도와 규칙성에 비례한다는 사실을 발견하였다.

(61) 가. [int]
      나. [aynt]

영어의 -int는 (61가) 혹은 (61나)로 발음된다. 예를 들어, dint는 (61가)에, pint는 (61나)에 각각 해당하는데, 두 발화에 대한 실시간 반응속도 실험에서 dint가 pint에 비해 현저히 빠르게 나타난다. 그 이유는 전자가 후자에 비해 그만큼 일반적이고 사용빈도수가 높기 때문이다. 이러한 발견의 특징은 C-I 접합부와 SM 접합부에서 적용되는 운용체계가 같다는 사실을 보여주고 있다는 것이다.

두 번째 증거는 Gelderen(2006)에서처럼 언어 진화가 두 차례에 걸쳐 순차적으로 진행되었다는 주장에 있다. 즉, C-I 접합부로의 사상을 형성한 것은 외부 병합(external Merge)으로 제 1차적 진화에 해당하며, 기능범주, 전치사의 격 기능, 일치 등의 소위 내부 병합 (internal Merge)과 관련한 통사관련 진화와 한정성(definiteness), 특정성(specificity) 및 의미 무게(semantic heaviness)와 같은 의미적 개념의 진화가 일어났는데, 이것은 일종의 인지상의 경제성을 반영하는 것으로 제 2차 진화라고 주장한다. 그 이유로 Diessel(2004)에서 제시한 아동영어의 전치사 좌초(Preposition Stranding) 선호 현상을 설명하고 있다. 즉, 아동 영어에서 전치사를 문말에 두고 머리어 의 문사만 문두로 변위(displacement) 되는 이유를 소위 머리어 선호 원리(Head Preference Principle)에 의한 것으로, 이것은 변위에 해당하는 요소의 통사적 크기의 최소와 뿐만 아니라, 음성 정보의 양 또한 작은 것이 선호된다는 주장이다.

세 번째 증거는 병리학적 접근에서 찾을 수 있다. 문법-비문법의 언어학적 양분화는 언어장애인들의 언어 해독능력에 대한 설명에 적합하지 않다는 사실이다. 일반적으로 언어 장애에 대한 언어학적 접근은 손상된 두뇌 부위에서 특정 언어학의 이론적 구성이 파괴되거나 소실된 것으로 간주하는 것이었다(Grodzinksy 2000). 또 다른 심리언어학적 접근으로는 활동성 저장능력(working memory)의 손상 혹은 문장 해독에 필요한 '단서(cues)'의 확인 불가능 등으로 설명되고 있다(Bates et al. 1987). 그러나 언어현상을 설명함에 있어서 뇌신경 조직망을 이용하는 설명은 거의 없다. 언어학적 이론을 기반으로 하는 접근에는 실어증환자를 구분화(categorial)한다는 문제가 있다. 즉, 환자들은 손상의 정도나 병도에 따라 언제나 점차적인 회복이나 악화현상을 보이기 때문에 제한된 구분화로는 그 정도를 정확하게 표준화 할 수가 없다. 이러한 환자들의 반응현상은 언어가

C-I 뿐만 아니라 SM 접합부를 포함하는 복합적 해석의 계층적 구조를 가지고 있기 때문이다(Pulvermueller 1995).

언어학적 양분화의 또 다른 문제는 소위 문법성(grammaticality)과 수용성(acceptability)의 구별에 있다.

(62) 가. What does himself want for his supper?
      나. This is the house that I don't know its name.

(62가)는 himself를 재귀대명사가 아닌 강조(emphatic)형으로 해석될 때만 가능하다. (62나)에서 대명사 its는 소유격 자리에 올 수 없는 흔적의 대용으로 일종의 최후의 수단(last resort)으로만 가능하다(Ross 1967, Schlonsky 1992). 여기서 문제는 언어학적 이론으로 허용되는 것만 문법적이라고 규정되어 있음에도 불구하고, 그 이론이 허용하지 않는 표현이 사용되고 있다는 점이고, 그렇다면 이러한 문장들을 언어학적 이론에서 수용할 수 있어야 한다는 점이다. 이를 위해서는 Pullum and Scholz(2001)에서 제시되듯이, 언어에 대한 접근에는 언어 능력 뿐만 아니라 언어 수행에 관한 측면을 모두 고려해야 한다는 것이다.

네 번째 증거는 아동기에서 소년기로의 두뇌발달 과정에서 나타나는 병리학적 변화에서 찾을 수 있다. 반복병합의 출현이 아동이 처음 언어를 모국어로 습득할 때의 과정과 일치할 것으로 그리고 더 나아가 노령화(aging)에 근거한 다양한 언어변화와도 연관이 있을 것으로 간주하면, 아동의 두뇌 발달과정에서의 변화는 언어 수행과 언어 능력에 대한 중요한 사실들을 제공해줄 수 있다.

두뇌의 구성 요소간의 상대적 부피와 화학물질 비율에 대한 연구
가 있었다. 일반적으로 알려진 사실은 두뇌가 소년기를 지나면서 크
게 변화를 보이지 않는다는 것이었다. 그러나 Giedd(2008)는 1989
년부터 2007년까지 총 2000명의 피실험자로부터 2년 주기의 종단
적 실험에서 5000여건의 스캔자료를 입수하여 분석한 결과 다음과
같은 자료를 얻었다.

(63)　백색질　　　　　　　　　　회색질

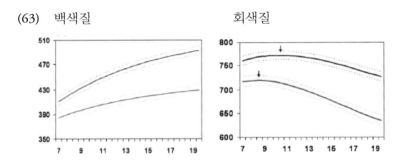

(63)은 청년기에 해당하는 생후 20세까지도 외피 회색질이 계속 증
가하고 있음을 보여준다(Paus et al. 2001, Giorio et al. 2008, 및
Caviness et al. 1995). Park and Park(2009)은 기존의 결과를 토대로 일
련의 실험에서 MR 스펙트로스코피를 이용하여 아동기 화자들의 두뇌
속 성장기 동안의 뇌화학물질 변화를 종단적으로 실시하였다. 그 결과
서로 상충적인 뇌화학물질인 가바(Gaba)와 글루탄산염(glutaninate)의
비율변화와 관련성이 있을 것으로 보았다.

(64)

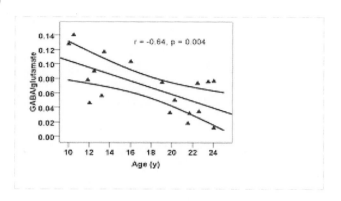

(64)은 피실험자의 두뇌 화학 물질의 표본으로, 대상자의 전체부
위의 평균치, 좌측으로부터 화학 변화 영상의 신호 양을 각각 보인
다. 좌측의 사각영역에서 신경화학 물질 신호가 나타난다. 이들의
실험 결과는 (65)이다.

(65)

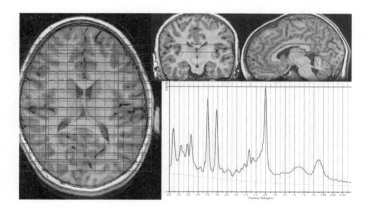

뇌를 구성하는 회색질과 백색질이 청년기가 될 때까지 계속 그 비율이 변화한다는 사실의 실체를 밝히기 위한 노력으로 뇌 활동에서 발생하는 화학 물질의 현저한 변화를 발견하고 그 상관성을 찾게 되었다. 수많은 화학물질 중에서 특히 노화와 관련되는 것들의 상관성을 비교한 결과 가바와 클루탄산염간의 비율 변화가 회색질과 백색질의 부피 변화와 밀접한 관계가 있음을 밝혀내었다. 회색질이 상대적으로 비율이 감소한다는 것은 백색질이 늘어났다는 것을 의미하는데 이러한 변화를 통해 추측할 수 있는 것은 신경세포체와 같은 불필요한 뇌세포가 소멸하거나 활동을 하지 않는 대신 수초 신경 세포로 구성되어있는 축색돌기의 수가 증가하였다는 것이고, 이것은 결국 정보 전달에 필요한 신경 조직망의 강화가 일어났다는 것을 의미한다.

특히 (65)를 통해 확인할 수 있는 사항은 일반적으로 회색질과 백색질이 수초 축색돌기의 양으로 규명하는데 수초 신경세포의 증가는 신경 네트워크에서 정보 전달력을 높힐 뿐만 아니라, 순간에 처리할 수 있는 정보의 양과 속도 및 신경 유형의 신호의 통제력도 높아진다는 것이다 (Clark and Clark 1977, Bond 1999, Jones 1989, Cross and Burke 2004, James and Burke 2000). 화자들의 연령별 실험의 의미와 효과는 신경병리학적으로 인간의 인지에 직접적인 영향을 줄 수 있는 것 중에 노화 (aging)의 변수를 언어 연구에서 감안해야 한다는 것, 그리고 더 나아가 C-I 및 SM 접합부에 대한 외부로부터의 입력(extraneous instructions)에도 관여할 수 있음을 시사한다.

연산(computations)은 언어학적으로 최소의 작용으로 운용되어야 한다. 그러나 연산의 종류와 방법에 따라서 그 부담(loads)이 다르게 나타나는 증거들이 많이 제시되면서, 연산과정에서의 부담이라는 주제가 주요 논의의 대상이 되었다. 본 저서에서 언어학적 운용 중에서 뒤섞이와 생략의 문형에 대한 운용상의 부담을 다중 학문적으로 접근하고 있다. 먼저 두 운용의 언어학적 배경과 효과를 살펴보고, 이 두 운용에 대한 심리적 실체를 확인하기 위해서 기존의 통사적 복잡성 실험에 추가하여, 단거리 뒤섞이와 공백화를 포함하는 실시간 반응시간을 측정하였다. 그 결과 삭제내용이 많을수록 반응 시간이 길어진다는 사실을 재확인 하였을 뿐 아니라, 뒤섞이는 통사적 복잡성을 높이게 됨에도 불구하고 해독에서 반응시간을 단축시킨다는 사실을 밝혔다. 이를 토대로, 본 연구는 최소 연산(minimal computation)과 쉬운 처리(easy processing)의 모순에 대해 논의하였으며, 이 과정에서 뒤섞이가 단순한 통사론적 운용이 아니라, 문장 해독의 효과를 가져 올 수 있는 언어 수행상의 운용임을 지적하고, 더 나아가 언어 능력과 수행의 두 측면에 대한 상호 고려의 가능성을 제안하였다.

연산 작용에서 반복병합에 대한 기능과 그 접합부로의 사상에 대한 논의를 진화인류학적 견해와 더불어 소위 FLN과 FLB를 중심으로 살펴보았다(Klein 2004). 특히 C-I와 SM 접합부에서 동일한 운용 원리가 적용된다는 사실을 제시하였고, 이에 대한 증명으로 심리언어학의 유사효과(similarity effects), Gelderen(2006)의 머리어 선호 원리, 그리고 문법-비문법/문법성-용인성의 양분법적 언어학의 접근에 대한 문제점을 지적하였다. 더 나아가 본 연구는 아동과 소년기의 두뇌 발달과정에서 발견되는 회식-백색질의 분포비율의 변화뿐만 아니라 가바와 글루탄산염의 병리학적 분포비율의 변화를 언어

수행과 능력의 구분과 관련하여 논의하였다. 언어 현상들에 대하여 실증적 및 실험적 자료를 바탕으로 하는 (심리)언어학적 설명과 함께, 언어출현과 진화 및 변화 그리고 생물학과 병리학적 특징들을 통한 다중-학문적으로 접근해야함을 제시하고 있다.

제 6 편

결론

언어의 보편 원리(universal principles)를 발견하고자 하는 연구들은 크게 두 가지의 접근으로 나눌 수 있다. 하나는, Greenberg(1963) 방식으로 보다 광범위한 언어 자료를 수집하여 이론 외적인 언어 자료집을 정리하여 기술적(descriptive) 보편성을 근거로 언어의 일반적 기조를 토대로 구체적 보편성을 확립하는 것이다. 다른 하나는, 소수의 언어에서도 보편성을 추출할 수 있다는 가정에서 표면상의 다양성이 심층적, 추상적 문법관계와 일반화에 대한 보편화를 추구하려는 Chomksy(1965)의 방식이다.

이 두 방식에는 큰 차이가 있는데, 그것은 Comrie(1989)가 지적하듯이 언어자료 수집의 양과 보편화의 추상성에서 나타난다, 예를 들어, 통사적 애매함(syntactic ambiguity)은 수식 대상의 선택이 가능한 문장에서 비교적 일정한 수식선호도를 보이고 있고, 그것이 그 언어 화자들이 갖는 보편적 성향이라고 판단하는 것이다. 이와 관련한 연구는 주로 심리언어학에서 진행되어 왔다.

심리언어학의 초기 연구는 언어학의 논리 및 실증적(empirical) 제시안들을 과학적 도구(tools)를 이용한 실험적 증거들로 증명하고 화자의 심리적 실체(psychological reality)를 밝히는데 그 목적이 있었다. 예를 들어, 술부(predicate)라는 술어중심의 어휘 묶음의 존재라든지, 문형이 변형에 의거 생성된다는 가설, 혹은 특정 문형에 대한 선입관(bias)이 언어활동으로 형성될 수 있다는 사실 등이다.

특히, 언어처리 과정에 나타나는 일정한 선입관(bias)은 언어정보 해독에 대한 많은 연구들의 핵심 주제가 되는데, 그 이유는 선입관이 개인에 따라서 그 현상이 다르게 나타날 수 있을 뿐만 아니라, 언어별로도 차이가 있기 때문이다. 이러한 차이가 어떠한 근원적 이유에 의한 것인지 아니면 개인적 성향에 따른 것인지를 밝혀내기 위하여 다양한 변인들을 확인하기 위한 실험기반 연구들이 진행되었다.

이러한 과정에서 초기에 집중되었던 연구는 문형에 대한 통사적 복잡성이다. 즉, 통사적 변형이 적용된 횟수가 많을수록 정보처리 지연이 심화된다는 것이다. 초기 생성문법의 변형에 대한 화자들의 심리적 실체를 증명하고자 평서문에서부터 의문사 의문부정문에 이르기까지 다양한 문형으로 화자들의 해독 및 반응속도를 측정한 것이다. 더 나아가 소위 정원길(garden path) 구문과 구조적 및 어휘적 애매성(ambiguity)를 이용한 문장의 특정 구역에서의 과다한 반응속도 지연현상을 감지하고 언어 판독의 과정에서 중요한 인지적 작동이 있음을 여러 방면으로 증명해왔다.

그러나 최근 심리언어학에서는 이러한 선입관의 차이에 반하여,

처리 선호도(parsing preference)에서 일종의 언어 보편적 특성이 있음에 주목하고 특정 언어에게 나타날 수 있는 특성이 다른 언어에도 존재하는지에 관심을 가지게 되었다. 그 예가, 통사구문에서의 복잡성(syntactic complexity)으로 영어를 중심으로 변형의 적용 회수가 언어처리 지연에 영향을 줄 수 있음을 주장했다.

일찍이 언어의 보편성과 다양성에 대한 논의는 언어철학에서 찾아볼 수 있다. Aristotle(384-322 BC)은 두뇌의 기능은 피를 식혀주는 기능이고 실질적인 지식은 심장에 있다고 했다. 이후 언어와 관련하여 획기적 생각을 한 철학자는 Descartes(1596- 1650)이다. 그는 물질과 정신의 이원론(dualism)을 제시하고 사고, 언어, 기학을 모두 형식관계(formal relations)의 추상적 모음이라고 했다. 특히 이성주의와 직관과 관련하여 생득성(innateness)를 주장하고 생성문법론자들의 바탕이 되는 연역법적 접근을 추구하였다. 한편 Bacon(1596-1650)은 실증주의를 표방하며, 지식이란 경험에서 얻는 것이며 언어의 문법은 근본적으로 모든 언어에 하나밖에 없고 다 같으며, 언어의 다양성은 우연한 차이에 불과하다고 주장한다. 행동주의의 Thorndike(1874-1949)를 거쳐 Piaget(1896-1980)는 인지적 발달을 생물학적 성숙(maturation)과 환경과의 상호작용의 과정으로 삼고 지식의 양적 발달에 대한 생각을 표명하였다. 그러나 이에 반하여 Chomsky(1928-)은 언어의 추상성(abstractness)의 개념을 유지하고 모든 언어에 공유되는 보편문법(universal grammar: UG)를 제안함으로써 언어 기능을 유전적 요소로 간주하고 접근함으로써 언어에 대한 연구를 과학의 영역으로 승화시키고 주변 학문들과의 연계를 조장함으로서 언어의 보편성과 다양성 문제는 새로운 전기를 맞이하게 되었다.

본 저서에서는 언어의 보편성과 다양성을 논의함에 있어 그 연구 대상은 해양 언어로 제한하였다. 보편성의 개념이 특정 어족이나 지역 혹은 부류에 국한되는 것만은 아니지만 그렇다고 모든 언어를 대상으로 하는 것 또한 현실적으로 불가능하다. 본 저서에서는 특히 해양의 어휘 개념에서 두 번째로 활용이 많은 태평양을 중심으로 사용되는 언어들을 대상으로 삼았다. 범-태평양 파트너십(The Trans-Pacific Partnership: TPP)에 해당하는 영어, 일본, 서반아어에 중국어, 미얀마어 그리고 한국어를 포함하여 상호 비교하며 보편성과 다양성을 살펴보았다.

코퍼스 언어학의 증거를 기초로 본 저서의 이론적 틀인 언어의 생산-분포-해독(production-distribution-comprehension: PDC)를 활용하여 언어 형태와 유형은 해당 언어 활용에서의 빈도에 따른다는 주장을 토대로 전개하였다. 즉, 발화하게 되는 상황과 상대의 문장을 해독해야 하는 상황이 공히 해당 언어에 대한 노출 정도에 달려있다는 것이다. 만약 분포(distribution)가 중요한 척도가 된다면 해양에 노출된 언어 집단들은 어휘와 문형 및 의미해석에서도 그렇지 않은 언어집단과 구별될 수 있는 특징이 있을 수 있기 때문이다. 이를 위해 Ooi(2017)의 코퍼스 자료와 'Ocean'의 어휘 개념 네트워크를 활용하였다. 해양을 근거로 사용되는 언어들은 이와 같은 어휘 자료들에 노출이 그렇지 않은 언어들에 비해 크다고 간주됨에 따라, 같은 언어 집단의 언어들은 나름대로의 보편성과 다양성을 포착할 수 있다는 전제에 따른다.

이어서 다양한 정의의 보편성을 소개하고 논의하였다: 절대적 보편성, 통계적 보편성, 그리고 암시적 보편성. 이 중에서 추상적 보편성에 해당하는 보편문법을 얘기할 때의 보편성은 절대적 보편성을 말한다. 이는 모든 언어에 자음과 모음이 있듯이, 본질적 보편성으로 (substansive universals) 언어에는 어휘 범주(word classes)와 음성적 변별자질이 있고, 형식적 보편성(formal universals)으로 하위인접조건 (subjacency)이나 결속이론(binding theory)이 존재한다는 견해이다. 그러나 최근 보편성에 대한 논의가 확대되면서 그 대안으로 통계적 보편성(statistical universals)의 중요성과 역할이 강화되고 있다고 본다. 즉, 언어 현상은 문법체제의 의존하는 것처럼 보일 뿐 아니라 환경 등에도 민감하게 반응을 함으로써 개인 및 언어간의 다양성이 존재하게 되고, 이러한 다양성을 보이게 하는 근본적으로 보편적인 양상 또는 패턴도 존재한다는 양면성을 주장하는 견해이다.

이러한 견해의 근간에는 생득성 가설(innateness hypothesis)이 있다. 언어를 사용할 수 있는 인간의 능력은 인간의 유전적 능력의 하나이며, 유전학적 요인들에 의해서 언의 형식과 구조의 세부적 사항들이 결정된다고 본다. 인간의 음성인식 시스템의 보편성으로 인간은 일찍이 경험치와 무관하게 언어학적 지식을 타고나는데 이 중에는 언어 지각과 습득에 필요한 음절 구조 인식 등이 있다고 한다. 해부학적 특징에서도 넓은 두정엽과 대뇌 측두엽 주변의 인술라(insula), 무수한 스풀 세포들이 그 예들이다. Lenneberg(1967), Bailey et al.(1974), Johnson and Newport(1989)에서 논의된 한계연령가설(critical period hypothesis) 또한 L1과 L2 언어 습득에서 언어가 생물학적 기능이라는 것을 증명하고 있다.

추상적 언어 보편성의 견해의 기본은 소위 통사적 반복적 운용에 있다. 즉, 같은 범주가 계층적으로 적용되어 구조가 확대되어 가는 형성과정이다. 예를 들어 다음과 같다.

(1) 병렬: XP -> XP conj XP

 [[[John] and [Mary]] and [Bill]]]

(2) 절보어: X -> YP ZP; ZP -> Z KP; KP -> K QP

 [John thinks [that Mary said [that the girl cried]]]

(3) 가.소유구문: NP -> NP's N

  [[[[John]'s mother]'s brother]'s house]

 나.소유구문: NP -> NP of NP

  [the house of [the brother of [the mother [of John]]]]

그러나 보편문법의 근간이 되는 반복성(recursion)은 논란의 대상이 되었다. Hauser et al.(2002)은 Chomsky(1957, 1965)를 따라 반복의 특성이 언어의 통사체 형성의 핵심이라는 견해에 반해, Evans and Levinson(2009) 등은 UG라는 것이 본질적으로 실증적 오류가 있다고 주장한다. 즉, 언어들에 반복성은 제한적으로 사용되거나 심지어 반복기능이 전혀 없는 언어도 있다는 것이다. Bininji Gun-wok어를 보자.

(4) 가. they_stood/they_were_watching_us/we_were_
   fighting_each_other.

 나. [They stood [watching us [fighting]]] (Evans 2003)

(5) 가. barri-kanj-ngu-nihmi-re (최대 하나의 내포문)

 나. they-meat-eat-ing-go (they go along eating meat) (Baker 1988)

Mithun (1984)은 또한 포합어(polysynthetic languages)의 문헌에서 종속적을 포함하는 분포를 조사한 결과 Bininj Gun-wok의 방언인 Gunwinggu어는 6%, Kathlamet어는 2%만 발견된다고 보고했다. Evans(1995)는 Kayrardid어는 종속구문이 필요한 경우는 반복을 이용한 복합문을 구성하지 않고 아래 예에서처럼 명사화로 대체하는 예를 제시하였다.

(6)   ngada kurri-ju dang ka-wu raa-n-ku banga-wuu-nth
      I watch-fut man-obj spear-nomzr-obk turtle-obj-obl
      'I will watch the man spearing the turtle.'

Everett(2005)는 더 나아가 아마존 유역의 언어인 Pirahá어를 대상으로 연구하던 중 반복이 거의 나타나지 않음을 발견하였다.

(7)

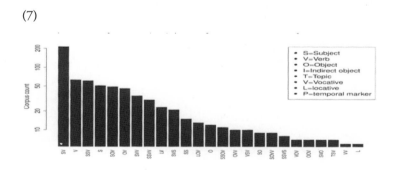

표(7)은 코퍼스 자료로서 Pirahá어 표현별 빈도를 보이고 있다. 그 대표적인 예를 보자.

(8)   Kóxoí higáísai. Kohoi hi goó gáísai. Xaogii báaxáí.
       (lit: Kpxoi said (that). Kohoi he what said. Foreign woman
       is pretty.)
       'Kokoi said that. Kohoi said THAT. The foreign woman is
       pretty.'

Fitch et al.(2005)는 이러한 반례에 대하여 주장하기를, 비록 일부
언어에서 반복의 기능이 없어 보이는 예들이 발견된다 하더라도 상
당한 수의 언어들에는 여전히 반복의 활용이 나타나기 때문에 인간
들에게 언어 지식에서 반복 기능이 있다고 말하는 것이 틀린 것은
아니라고 한다. 그러나 Jackendoff(2002)는 반복 기능이 절대적 보편
성이 아니라 언어에 따라 선택하게 되는 여러 구성 자질 중의 하나
이며, 언어 기능은 언어 형성에 필요한 도구를 제공할 뿐 그렇다고
해서 모든 언어들이 동일한 언어 도구를 보유할 필요는 없다고 주장
한다.

이처럼 언어의 보편성과 다양성의 큰 획을 긋는 제안이 등장한다.
소위 원리-매개변항 이론(principles and parameters theory)인데, 이는 제
한된 숫자의 보편원리가 존재하고 이 원리들이 어떻게 적용되는가는
각 언어의 변인에 의해서 결정되고 그 변이에 따라 언어의 다양성이
나타난다고 본다. 플라톤의 문제(Plato's problem)에서 시작된 L1 언어
습득 과업 논의에서 아동들은 지시 사항들(instructions)를 익히는 것이
아니라 모국어의 특징적 자질을 선택(selection)하는 과정이라고 본다.
언어 습득에서 일어나는 연속적 효과(cascade effects)와 후생 유전학 전
망(epigenetic landscape) 등은 350여개의 유형으로 발전하는 세포의 전

개방식(pathways), 그리고 Carnie(2003)이 컴퓨터 방식의 번역 시스템 구축과 관련하여 제시한 핵심 보편 문법의 모듈 설정 등은 모두 원리-매개변항 이론을 지지하는 증거들이다.

보다 구체적으로 각 언어들의 어순에 대한 현상을 살펴보자.

(9)　가. 어순

S[VO] 35%. S[OV] 40%, VS[(V)O] 7%, *[SV]

(McCloskey 1991)

나. 형태소 융합(incorporation)

VO 'the baby meat-ate,' *SV 'baby-ate the meat'

(9가)의 어순에서 대체로 S-O가 대부분인 반면 O-S는 거의 없다는 사실과, 집합어(polysynthetic)에서 동사와 목적어의 융합은 흔하지만 주어와 동사의 융합은 거의 발견되지 않는 유사점이 있다.

Rizzi(2005)는 국부성(locality) 관련 논항과 비논항간의 비대칭성이 언어보편적이라고 제안한다.

(10)　가. Quale problema non sai come resolvere?

'Which problem don't you know how to solve? '

나. *Come non sai quale prolema risolvere?

'How don't you know which problem to solve?'

(11)　Akiu xiang zhidao [women weishenme jiegu-le shei] ne?

Akiu want know [we why fire-pfr who] Qwh

'Who is the person x such that Akiu wonders [why we fired person x]?'

'What is the reason x such that Akiu wonders [whom we fired for reason x]?'

(10) 문장의 문법성의 차이는 의문사구의 보어/부가어의 차이로 설명이 가능하고, (11)에서도 두 가지 해석은 의문사를 보어와 부가어로 각각 간주함으로 해서 생기는 이중성이다.

Smith(2004)는 언어들 간 커다란 차이점들이 있는 것이 사실이지만 이러한 차이점들을 가만히 조사해보면 대부분 언어 내부에서의 변이들이다고 주장한다.

(12)   가. I sometimes eat caterpillars.

       나. Sometimes I eat caterpillars.

       다. I eat caterpillars sometimes.

그러나 Jackendoff and Pinker(2005)과 Gentneret et al.(2006)은 반복 기능이 인간의 언어 능력에만 제한적으로 존재한다는 생성론자들의 견해에 대한 반론으로 인간의 시각 능력에도 무한한 반복의 운용이 존재하며, 유럽의 찌르레기 새는 반복 기능을 처리할 수 있는 능력을 습득한다고 주장한다. Koster(2010)와 Boeckx(2009)은 원리와 매개변항 이론에 매개변항의 개념은 언제나 그렇듯이 미완성된 채로 남아있고, 원리들이 제거된 최소주의의 틀에서도 여전히 매개변항을 가지고 설명해야하는 모순이 있다고 지적한다.

언어 능력을 언어학에서부터 주변 학문으로 관심 영역을 확대하게 된 계기가 실어증(aphasia)이다. Broca(1861)와 Wernicke(1874)이 보고한 실어증 화자들은 모두 두뇌의 특정 부위의 손상을 입은 환자들이었고, 이후 Golgi(1873)와 Cajal(1917)은 뇌 신경세포와 신경 네트워크의 확인을 가능하게 했으며, Hubel and Wiesel(1959, 1962), Lennebrg(1967) 그리고 Kasamatsu(1979) 등의 두뇌 신경조직의 회복성(plasticity) 연구, 나아가 Hebb(1940)에서 시작된 연결주의(connectionism)에 이르기 까지 언어 능력에 대한 주제는 이제 범학문적 연구 대상이 되었다.

인접 학문에서 제시된 연구 결과 중에서 가장 획기적인 내용이 FoxP2 유전인자에 관한 것이다. Lai et al.(2001)과 Fisher et al.(1998)의 연구에서 인간 진화 과정에 안면 근육의 부드러움과 성대 하락에 관련한 유전자가 언어 능력의 영향을 주었다는 것이다. 일련의 가족 구성원들에 다수의 언어 장애자가 있는 집단을 종단적으로 조사한 결과 FoxP2 유전자의 단백질에 이상이 있음을 발견하고 동물들에서 그것과 비교 분석하고 이 유전자가 인간 언어 능력을 보유하게 한 유전자임을 제안했다.

신경학과 신경화학 영역에서의 접근은 언어 장애와 아동의 L1 습득 등의 자료를 분석하고 언어 활동이 신경 네트워크 상에서 설명될 수 있음을 제안한다(Grodzinsky2000). 생후 12년간의 두뇌 회색질과 백색질의 부피 비율 변화를 신경화학물질의 반응과 연계해서 백색질의 증가를 두뇌 특정 부위의 변화 그로 인한 언어 습득과 발달의 근거로 제시하기도 하였다(Baslow and Gulifoyle 2007, Paus et al. 2001, Park and Park 2012, Park 2009 및 Bonilha et al. 2007).

언어 능력 출현에 대한 생물학적 접근에는 두가지 방향이 있다. 하나는 현재의 생물학이론을 언어 연구에 적용시키는 방법이고 다른 하나는 생물학을 확장시켜서 언어 연구를 포함시키는 것이다. 언어학에서 추구하는 것은 후자의 방식으로 현재의 지연과학 테두리 내에서 언어 능력에 대한 통합적 연구를 모색하는 것이다.

진화 인류학에서 입장에서는 Klein(2004)에서처럼 두뇌의 질(quality) 면에서 갑작스러운 발달이 일어났고 그것이 언어 출현을 야기했다는 주장, Chomsky(1972, 1988), Guold(1987), 및 Guold and Lewonir(1979)의 돌연변이 혹은 다른 진화의 부수적 산물로 언어가 출현했다는 주장, 그리고 다윈적인 자연도태의 양식으로 언어가 가능해졌다는 주장(Pinker and Bloom 1990) 등이 있다.

생성문법이론과 기능주의 이론은 언제나 서로 다른 주장을 해왔다.

(13)

Chomskyan Linguistics	Functional Linguistics
Internalism	Externalism
Rationalism	Empiricism
Formalism	Functionalism
Universalism	Relativism

Chomsky(2005)는 언어 출현에 관한 지금까지의 논란에 대하여 다음과 같은 견해를 보인다.

(14) 가. 언어에만 제한적으로 적용되는 유전적 재능

　　　나. 경험

　　　다. 언어 기능에만 국한되지 않는 원리들

(14가)는 보편문법 즉 언어의 보편성을 지칭하는 것이고, (14나)는 자극의 빈곤(poverty of stimulus), 통계적 학습(Saffran 2003, Charter and Christiansen 2010)에 의한 언어 경험치, 그리고 (14다)는 효과적 연산 작용(computational efficiency), 최소 연결 조건(minimal link condition), 복사이론(copy theory) 등의 제약들이다.

(15) 가. 최소 연결 조건(MLC)

　　　　　What should [$_{TP}$ they [$_{VP}$ __ [$_{VP}$ discuss __]]]]

　　　나. 복사이론(copy thepry)

　　　　　What should [$_{TP}$ they should [$_{VP}$ what [$_{VP}$ discuss what]]]]

　지금까지의 절대적 보편성(absolute universals)에 대한 끝없는 논의와 무관하게 통계적 보편성(statistical universals)을 근거로 한 언어 보편성과 다양성의 논의가 있어 왔다. 심리언어학의 언어 생성과 해독에서 나타나는 경향(tendency)를 점검하는 것으로 화자들이 특정 문형에 대한 선호도 혹은 사용 빈도 혹은 해독의 속도 등으로 나름의 보편성을 찾을 수 있다고 한다. 그 중에서 흥미로운 것은 전개 확률(transitional probality)이다.

　8개월 된 아이와 빨간 엉덩이 원숭이(tamarins)는 소리의 연속에서 어휘 유형의 단위를 추출해낼 수 있다고 한다. 유아기를 지난 인

간들이 또한 발화를 분절해 낼 수 있을 뿐만 아니라 분절음을 최소 대립이지만 의미적으로 다른 단어들을 담고 있는 거대한 어휘부로 사상(map) 시킬 수 있다고 한다. 이러한 능력이 언어 보편적 특성이다. 따라서 언어기능에 대한 보편성과 다양성은 여러 종류의 보편적 개념에 따라 다르게 전개되고 그에 따라 다른 결과를 도출하게 된다.

이에 Yang(2004)은 보편문법(UG)과 통계학(statistics)은 언어 연구에 있어 분리될 수 없는 기준이라고 한다. 따라서 두 장치 모두를 사용하여 언어 기능을 탐구하고 일반화시킬 수 있는 모델이 필요하다고 역설한다. Bonatti et al.(2005)는 본질적으로 인간은 모음에 비해 자음에 대한 인지가 강하고 그럼으로 해서 어휘 분별이 자음에 의해 주로 가능하다고 주장한다. 그러나 Seidenberg et al.(2002, 2007)은 자음이 어휘 분별에 중요한 역할을 할 수 있는 이유는 본질적인 자음과 모음의 차이라기보다는 대부분의 언어들은 자음에 의해 구별되는 단어가 모음에 의해 구별되는 단어보다 더 많고 언어 화자들은 언어에 노출되는 동안 이러한 차이에 익숙하기 때문이라고 한다. 즉, 자음과 모음의 선천적 혹은 고유한 기능의 차이보다는 언어활동에 의한 경험치 즉 통계적 학습의 효과가 있기 때문이라는 것이다.

이와 더불어 기존 통사적 현상이라고 여겨졌던 많은 현상들이 음성부 현상으로 간주되고, 또 그렇게 분석되고 있다. 그 이유는, 추상적 보편성에 의해 심층의 보편성에 반하여 표면적 현상은 언어의 다양성을 대변하기 때문이다. 즉, 언어의 다양함은 결국 표면적 사상(representatives) 및 음성적 표현에 국한된다는 것이다.

다음의 예를 보자.

(16) *that*-흔적 효과(Sato and Dobash 2014)

Who do you think that *(according to the latest rumor) __ is quitting politics?

일반적으로 알려진 *that*-흔적의 비문법성 그 사이 삽입구가 있으면 정문으로 나타난다는 사실인데, 통사적으로 설명이 어려운 현상이다. 에데 Sato and Dobash(2014)는 운율 규칙을 이용하여 SM 접합부로의 해결을 시도하고 있다.

(17) 공백화

가. *John QUIETLY ate the beans, and Bill LOUDLY ate the beans.

나. John ate the beans QUIETLY, and Bill ate the beans LOUDLY.

(18) 뒤섞이

가. nani-o John-ga [Mary-ga __ kata ka] sitteiru (koto)
     what-acc -nom -nom bought Q knows (faoct)
     'What did John know Mary bought?

나. Mary-ni Tom-ga sono hon-o [John-ga __ ageta to] itta
          -dat   -nom that book-acc -nom gave that said
     'Tom said John gave that book to Mary,'

(17)의 공백화에서 특정 어순의 효과로 문법성이 달라지는 경우

및 (18)의 뒤섞이 역시 이동이라면 통사적 운용의 틀에서 해결되어야 하지만 어순 변화 이외에는 뚜렷한 효과를 보이지 않기 때문에 이 또한 SM 접합부에서의 현상으로 보아야 한다는 의견이 적지않다.

(19) 반국부성(anti-locality: Erlewine 2014)
      Acbike (*kanatzij) x-x-∅-u-tëj ri wäy?
      who   actually com-B3sg-A3sg-eat the tortilla

최근 Erlewine(2014)은 한 때 언어의 보편성으로 대변되던 국부성 (locality) 개념에 대한 재고의 필요성을 피력한다. 위 예(19)에서 보듯이 부사어구 'actually'가 삽입이 되어 'who'의 이동이 너무 국부적이지 않아야 정문이 되는 경우를 보고한다.

이러한 경향은 일찍이 Erteschiki(2001)에서 많은 논의가 되었던 스칸디나비아 지역의 언어들의 특징인 목적어 전환(object shift: OS) 현상을 근거로 한다고 볼 수 있다.

(20) 가. Han så [VP (aldri) tv [SC analysen løse oppgaven] (*aldri)]
          He was never the analysis solve the assignment never
          'He (never) saw the analysis solve the assignment'
      나. Han så [VP (*aldri) tv [SC den løse oppgaven] (*aldri)]
          he saw never it solve the.assignment never
          'He saw (*never) it solve the assignment'

예문(20)은 목적어의 전환을 위해서는 동사가 VP 범주에서부터 벗어나야 하는 전제조건을 보여주고 있다. 이와 유사한 음성부 현상으로 처리하는 기존 통사 운용에는 Holmberg(1999)와 Hur(2016)가 있다. 이들은 통사부와 음성-음운부와의 상호작용에 초점을 두고, 음성적으로 값이 없는(null) 요소들은 특별한 통사적 면허(licensing) 대상이 된다는 Chomsky(1981)의 제안에 따라, [P]-자질과 같은 특수한 음성 자질 중에는 특정 통사적 규칙에 적용받는 것이 존재할 수 있음을 제안한다.

최근 Chomsky(2015, 2016)의 표찰 알고리듬(Labeling Algorithm: LA) 제안은 언어의 보편성과 다양성에 대한 논의에 새로운 장을 개척하고 있다. 반복의 무한 병합(Merge) 장치의 보편성은 구체적으로 최소의 탐색 영역(minimal search domain) 제약에 따라 다음의 하위 체제를 요구한다.

(21)   가. {X, YP}   ->   X
        나. {XP, YP}   ->   IM of XP or IM of YP
                         ->   <phi, phi>

최소 탐색 영역에서 핵(머리어)가 확인되면 그 핵이 표찰이 되는 방식(21가)와 최소 탐색 영역에 핵이 확인 되지 않는 경우(21나)로 구별된다. (21나)는 다시 두 요소 중에 하나가 내부병합(internal Merge: IM)되어 이탈하는 방식과 두 통사체의 일치(phi) 자질의 공유로 표찰되는 방식으로 나누어진다.

(21)의 LA는 언어보편성을 보여주는 언어 기능이다. 한편, (21)이

어떻게 전개되느냐는 언어 다양성에 해당한다. 적어도 지금까지의
병합 체제에서는 다음의 가능한 도출 방식이 있다.

(22)   가. 외부 병합(external Merge: EM)

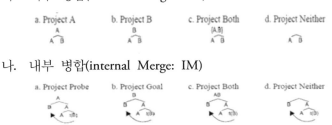

       나. 내부 병합(internal Merge: IM)

언어의 보편성과 다양성에 있어서 LA는 CI의 해석뿐만 아니라
SM의 음성화 즉 외현화를 구축하기 위한 핵의 자질을 결정짓는 역
할을 한다. 지금까지 살펴보았듯이, 언어의 보편성과 다양성은 오랜
기간 동안 논의되어 왔고 앞으로도 계속 해결해야할 주제이기도 하
다. 과거와 다른 점은 현재 언어 기능에 대한 접근은 언어학 분야의
주제이기 보다는 인류학, 생물학, 유전학, 뇌화학, 신경과학, 심리학
등 범학문적 대상이 되었고 그럼으로 해서 보다 분명하고 확고한 결
론을 도달할 수 있는 가능성이 높아졌다고 본다.

참고문헌

Adger, D. 2003. *Core Syntax: A Minimalist Approach.* Oxford University Press.

Ahn, S-M. 2005 *Phase and Chunk in the Minimalist Program.* MA Thesis, Pukyong National University.

Aslin, R., Johnson, E., Saffran, J. and E. Newport. 1999. Statistical Learning of Tone Sequences by Adults and Infants. *Cognition* 70, 27-52.

Atchley, R. and R. Vitevich. 2006. Language Processing Across the Life Span: New Methodologies to Study Old Questions. *Brain and Language* 99, 224-225.

Atchley, R., Rice, M., Betz, S., Kwasny, K., Sereno, J. and A. Jongman. 2006. A Comparison of Semantic and Syntactic Event Related Potentials Generated by Children and Adults. *Brain and Language* 99, 236-246.

Baker, M. 1988. *Incorporation.* University of Chicago Press.

Baker, M. and K. Hale. 1990. Relativized Minimality and Pronoun Incorporation. *Linguistic Inquiry* 21, 289-297.

Balthasar, B. 2005. Absolute and Statistical Universals. *Entry for the Cambridge Encyclopedia of the Language Sciences.*

Barslow, M. and D. Guilfoyle. 2007. Using Proton Magnetic Resonance Imaging and Spectroscopy to Understand Brain "Activation." *Brain and Language* 102, 153-164.

Beck, S. 1996. *Wh-constructions and Transparent Logical Form.* Ph.D. Dissertation. Eberhard-Karls-Universität Tübingen.

Behme, C. 2014. Review Article: A Galilean Science of Language. *Journal of Linguistics.*

Bickerton, D. 2007. Language Evolution: A Brief Guide for Linguists. *Lingua* 117, 510-526.

Bock, K. 1987. An Effect of the Accessibility of Word Forms on Sentence Structures. *Journal of Memory and Language* 26, 119-137.

Boeckx, C. 2009. Round table: Language universals: yesterday, today, and tomorrow. In Piattelli-Palmarini, M., Uriagereka, J. and P. Salaburu (eds.), *Of minds and language: A dialogue with Noam Chomsky in the Basque Country*, 195-220. Oxford, UK: Oxford University Press.

Bond, S. 1999. *Slips of the Ear: Errors in the Perception of Casual Conversation.* Academic Press.

Burke, D. and M. Shafto. 2008. Aging and Language Production. *Current Directions in Psychological Science* 13, 21-24.

Chomsky, C. 1969. The Acquisition of Syntax in Children from 5 to 10. *College Composition and Communication* 22, 77-79.

Chomsky, N. 1965. *Aspects of the Theory of Syntax.* Cambridge: MIT Press.

Chomsky, N. 1972. *Language and Mind.* Harcourt, Brace, and World. (Extended edition).

Chomsky, N. 1975. *Reflections on language.* Pantheon.

Chomsky, N. 1986. *Knowledge of Language: Its Nature, Origins, and Use.* Praeger.

Chomsky, N. 1995. *The Minimalist Program.* MIT Press, Cambridge, MA.

Chomsky, N. 1999. Derivation by Phase. In Kenstowicz, M. (ed.), *Ken Hale. A Life in Language,* 1-52. Cascadilla Press.

Chomsky, N. 2000. *New Horizons in the Study of Language and Mind.* Cambridge: MIT Press.

Chomsky, N. 2002. Beyond Explanatory Adequacy. MIT Occasional Papers in *Linguistics* 17, Cambridge: MIT Press.

Chomsky, N. 2005. Three Factors in Language Design. *Linguistic Inquiry* 36, 1-22. MIT Press.

Chomsky, N. 2006. *On Phase.* Ms. MIT Press.

Chomsky, N. 2007. Approaching UG from Below. In Sauerland, U. and H. Gartner (eds). *Interfaces+Recursion=Language?: Chomsky's Minimalism and the View from Syntax-Semantics,* 1-29. Berlin, New York: Mouton de Gruyter.

Chomsky, N. 2007. *Some Simple Evo Devo Theses: How True Might They Be for Language?* An edited version of a Talk at NY-Stony Brook.

Chomksy, N. 2013. Problems of Projection, *Lingua* 130, 33-49.

Chomsky, N. and H. Lasnik. 1993. The Theory of Principles and Parameters. In Jacobs. J., Stechow, A., Sternefeld, W. and T. Vennermann (eds.) *Syntax: An International Handbook of Contemporary Research* 65-87, Walter de Gruyter.

Chung, D-H. 2001. The Structure and Tense Interpretation of Tenseless -ko Coordination. *Studies in Generative Grammar* 11, 34-51.

Cinque, G. 1990. *Types of A'-Dependencies*. LI monograph 17, MIT Press.

Citko, B. 2005. On the Nature of Merge: external merge, internal merge, and parallel merge. *Linguistic Inquiry* 36, 475-497.

Clark, H. and E. Clark. 1977. *Psychology and Language: An Introduction to Psycholinguistics*. Brace and Javanovich: Harcourt.

Comrie, B. 1989. *Language Universals and Linguistic Typology*. Oxford: Basil Blackwell.

Crain, S. 1991. Language Acquisition in the Absence of Experience. *Behavioral and Brain Sciences* 14, 597-624.

Cross, E. and D. Burke. 2004. Do Alternative Names Block Young and Old Adults' Retrieval of Proper Names? *Brain and Language* 89, 174-181.

Darwin, C. 1859. *On the Origin of Species*. Reprinted by Harvard University Press, 1964.

Davies, W. and S. Dubinsky. 1999. Syntactic Variation in the Functional Attributes of Subject Position. *The Proceedings of West Eastern Conference On Linguistics* 9.

Déprez, V. 1989. *The Syntactic Roots of Semantic Partition,* Ph.D. Dissertation, the University of Massachusetts, Amherst.

Enard, W., Przweorski, M., Fisher, S., Lai, C., Wiebe, V., Kitano, T., Monaco, A. and S. Paabo. 2002. Molecular Evolution of FOXP2, a Gene Involved in Speech and Language. *Nature* 418, 868-872.

Enç, M. 1991. The Semantics of Specificity. *Linguistic Inquiry* 22, 1-25.

Everett, D. 2005. Cultural Constraints on Grammar and Cognition in Piraha: Another Look at the Design Features of Human Language. *Current Anthropology* 46, 4-36.

Felser, C. 2003. Wh-copying, Phrases and Successive Cycliclity. *Lingua* 114,

543-574.

Ferreira, V. and C. Clifton. 1986. The Independence of Syntactic Processing. *Journal of Memory and Language* 25, 348-368.

Ferreira, V. and G. Dell. 2002. Effect of Ambiguity and Lexical Availability on Syntactic and Lexical Production. *Cognitive Psychology* 40, 296-340.

Fitch, T., Hauser, M. and N. Chomsky. 2005. The Evolution of the Language Faculty: Clarifications and Implications. *Cognition* 97, 179-210.

Fox, D. 1999. Reconstruction, Binding Theory, and the Interpretation of Chains. *Linguistic Inquiry* 30, 157-196.

Frazier, J. 1987. Sentence Processing: A Tutorial Review. In Coltheart, M. (ed.) Attention and Performance XII: *The Psychology of Reading* 559-586, Hillsdale.

Gelderen, E. 2006. The Evolution of Language: Grammaticalization and Two Kinds of Merge. *url: http://ling.auf.net/lingBuzz/000378.*

Gennari, S. and M. MacDonald. 2009. Semantic Indeterminacy in Object Relative Clauses. *Journal of Memory and Language* 58, 161-187.

Gennari, S., Mirkovic, J. and M. MacDonald. 2012. Animacy and Competition in Relative Clause Production: A Cross-linguistic Investigation. *Cognitive Psychology* 65, 141-176.

Giedd, J. 2008. The Teen Brain: Insights from Neuroimaging. *Journal of Adolescent Health* 42, 335-343.

Golgi, C. and S. Ramon y Cajal. 1911. *Histologie du Systeme Nerveux de 'homme dt des vertebres,* Paris: Maloine.

Greenberg, J. 1966. *Universals of language.* MIT Press.

Grodzinsky, Y. 2000. The Neural Substrate of the Language Faculty: Suggestions for the Future. *Brain and Language* 71, 82-84.

Hauser, M., Chomsky, N. and T. Fitch. 2002. The Language Faculty: What is It and How did It Evolve? *Science* 298, 1569-1579.

Holmberg, A. 1986. *Word Order and Syntactic Features in the Scandinavian Languages and English.* Ph.D. Dissertation, University of Stockholm.

Holmberg, A. 1999. Remarks on Holmberg's Generalization. *Studia Linguistica* 53, 1-39.

Huang, J. 1982. *Logical Relations in Chinese and the Theory of Grammar*. Ph.D. Dissertation. MIT.

Hur, S-W. 2016. *PF Interface and Preposition Stranding*. Ph.D. Dissertation, Pukyong National University.

Jackendoff, R. and S. Pinker. 2005. The Faculty of Language: What's Special about It? *Cognition* 19, 707-784.

James, E. and M. Burke. 2000. Phonological Priming Effects on Word Retrieval and Tip-of-the-tongue Experiences. *Journal of Experimental Psychology: Learning, Memory and Cognition* 26, 1378-1391.

Jones, V. 1989. Back to Woodworth: Role of Interlopers in the Tip of the Tongue Phenomenon. *Memory and Cognition* 17, 69-76.

Kahlaoui, K., Vlasblo, V., Lesage, F., Seniadii, N., Benali, H. and Y. Joanette. 2007. Semantic Processing of Words in the Aging Brain: A Near-infrared Spectroscopu (NIRS) Study. *Brain and Language* 103, 144-145.

Klein, G. 2002. Suddenly Smarter. *url: http://www.standfordmag.org/ 2002July/August.*

Klein, G. and G. Edgar. 2002. *The Dawn of Human Culture*. New York: John Wiley & Sons.

Kleine, R. 2001. Human Evolutionary Genetics. In Smelser, J. and P., Baltes (eds.), *International Encyclopedia of the Social & Behavioral Sciences* 6984-6990. Pergamon: Oxford University Press.

Koizumi, H. 2004. The Concept of 'Developing the Brain': A New Natural Science for Learning and Education. *Brain & Development* 26, 434-441.

Lapointe, S. 1990. Two Analyses of Korean Verb Inflections, *Proceedigns of East Southern Conference on Linguistics*, 187-203.

Larson, R. 1988. On the Double Object Construction. *Linguistic Inquiry* 19, 335-391.

Lasnik, H. 1996. On Certain Structural Aspects of Anaphora. Ms. University of Connecticut.

Lee, N. and J. Schumann. 2005. The Interactional Instinct: The Evolution and

Acquisition of Language. Ms. UCLA.

Lee, S-W. 1983. *Syntax of Some Nominal Constructions in Korean.* Ph.D. Dissertation, the University of Wisconsin-Madison.

Lee, S-W. 1998. Feature Movement in Korean Control Constructions. *Proceedings of International Conference on Korean Linguistics* 11, 673-682, the University of Hawaii.

Lenneberg, E. 1967. *Biological foundations of language.* Wiley. Nicholas.

Levin, B. and M. Rappaport. 1995. *Unaccusativity: at the Syntax-Lexical Semantics Interface.* MIT Press.

Lieberman, P. 1984. *The Biology and Evolution of Language.* Cambridge: Harvard University Press.

Lin V. 2000. Determiner Sharing. In Billerey, R. and D. Lillehaugen (eds.) *Proceedings of the 19th West Coast Conference on Formal Linguistics.*, Cascadilla Press.

Lin, V. 2001. A Way to Undo A-Movement. *Proceedings of West Coast Conference on Formal Liguistics* 20. Cascadilla Press.

Loritz, D. 2002. *How the Brain Evolved Language.* Oxford: Oxford University Press.

MacDonald, M. and H. Christiansen. 2002. Reassessing Working Memory: Comment on Just and Carpenter (1992) and Waters and Caplan (1996). *Psychological Review* 109, 35-54.

Mahajan, A. 1991. Toward a Unified Theory of Scrambling. Ms. University of Wisconsin-Madison.

Manzini, R. and K. Wexler. 1987. Parameters, Binding Theory, and Learnability. *Linguistic Inquiry* 18, 413-444.

May, R. 1985. *Logical Form: Its Structure and Derivation.* Cambridge, Mass: MIT Press.

McLean, I., Prato, L., Kim, S., Wilcox, M., Kirkpatrick, D. and A. Burgasser. 2001. Near-infrared Spectroscopy of Brown Dwarf. *The Astrophysical Journal* 56, 115118.

Merchant, J. 2000. Antecedent-contained Deletion in Negative Polarity Items. *Syntax* 3, 144-150.

Meyer, S. and K. Bock. 1992. The Tip-of-the-tongue Phenomenon: Blocking or Partial Activation? *Memory and Cognition* 20, 715-726.

Miller, G. and N. Chomsky. 1963. Finitary Models of Language Users. In Duncan L., Robert, B. and E. Galanter (eds.) *Handbook of Mathematical Psychology* 2, 419-491, Wiley.

Miozzo, M. and C. Alfonso. 1997. Retrieval of Lexical-syntactic Features in Tip-of-the-tongue. *Journal of Experimental Psychology* 23, 1410-1423.

Miyagawa, S. 2001. *The EPP, Scrambling, and Wh-in-situ.* MIT Press.

Moffitt, N. 2009. *Piraha Language Universals and Linguistic Relativity.* Senior Honors Thesis, Oberlin College.

Montag, J. and M. MacDonald. 2009. Measuring Production Difficulty in Object Relative Clauses. Poster presented at t*he 22nd Annual CUNY Conference on Human Sentence Processing,* Davis, CA.

Mulders, I. 2005. Transparent Parsing: Phases in Sentence Processing. *MIT Working Papers in Linguistics* 49, 237-264.

Murdock, B. and W. Hockley. 1989. Short-term Memory for Association. In Bower, G. (ed.) *The Psychology of Learning and Motivation* 24, 71-108.

Muromatsu, K. 1998. Two Types of Existentials: Evidence from Japanese. *Lingua* 101, 245-269.

Ndayiragije, J. 2000. Strengthening PF. *Linguistic Inquiry* 31, 485-512.

Nicholas, E. and S. Levinson. 2009. The Myth of Language Universals: Language Diversity and its Importance for Cognitive Science. *Behaviorial and Brain Sciences* 32, 429-492.

Ooi V. 2017. A Corpus-based Linguistic Profiling of Marine Humanities Discourse. *Journal of Global and Area Studies* 2.

Ouhalla, J. 1994. *Introducing Transformational Grammar: from Rules to Principles and Parameters.* Edward Arnold.

Park, D-M., Park, S-Y. and S-H. Park. 2015. The Effects of Semantic Integration on Production in Korean. *Proceedings of Harvard-ISOKL.* University of Chicago.

Park, S-H. 1994. *A and A-bar Dependencies in Movement Theories: Scrambling and Binding,* Ph.D. Dissertation, The University of Wisconsin-Madison.

Park, S-H. 1999. EPP-feature and (un)interpretability, *Studies in Generative Grammar* 9, 199-227.

Park S-H. 2000. EPP, Edge Effects and Peripheral Positions. Paper Presented at the Fall Meeting of the Linguistic Society of Korea.

Park, S-H. 2002. Peripheral Positions in the Interfaces. *Studies in Modern Grammar* 27, 43-66.

Park, S-H, 2004. Coordination: the same size fits well. *MIT Working Papers in Linguistics* 45, MIT Press.

Park, S-H. 2005. Internal Merge in Phase Theory. *Proceedings of Workshop in General Linguistics 2005*, the University of Wisconsin-Madison.

Park, S-H. 2005. A Neuroscientific Approach to Syntactic Movement. *Linguistics* 30, 95-114.

Park, S-H. 2007. Against Minimizing Computation. *Language Sciences* 14, 109-126.

Park, S-H. 2008. A View of FLN and FLB. *Studies in Modern Grammar* 52, 111-131.

Park, S-H. 2008. Age Parameter in Derivation. *Language Sciences* 15, 267-288.

Park, S-H. 2009. Language Evolution and Language Change. *Studies in Modern Grammar* 55, 73-97.

Park, S-H. 2009. Counter-evidence of Syntactic Complexity. *British and American Literature and Language* 85, 71-89.

Park, S-H. 2010. An Analysis of Computational Loads in Scrambling and Deletion: from Biolinguistic and Neuroscientific Aspects. *Language Sciences* 17, 1-21.

Park, S-H. 2010. Language Changes and Brain Development: a physiological view. MS. Pukyong National University

Park, S-H. 2012. A Cross-linguistic Variation in Word Order: a PDC Account. *The New Korean Journal of English Language and Literature* 54, 225-242.

Park, S-H. 2012. The Effects of Neurochemical Changes on Language Developmen. *Language Research* 29.

Park, S-H. 2013. A PDC Account of Cross-linguistic Variation in Language

Processing, *Language Sciences* 20, 21-42.

Park, S-H. and J-H. Joh. 1993. Verb Raising, Negation, and Copy Theory in Korean Coordinate Structure. *Proceedings of the Harvard- International Society of Korean Linguistics* 5, Hanshin Press.

Park, S-Y. 2009. Reinterpretation of Foxp2. *Pukyong Herald*s. English Newspaper, Pukyong National University.

Park, S-Y. and S-H. Park. 2008. Syntax in the Life Span: Age Factor. Ms. University of Wisconsin-Madison.

Pathos, E. and J. Patrick. 2000. Linguistic Structure and Short Term Memory, *Behavioral and Brain Sciences* 24, 138-139.

Paus, T., Collins, C., Evans, G., Leonard, B. and A. Zijdenbos. 2001. Maturation of White Matter in the Human Brain: A Review of Magnetic Resonance Studies. *Brain Research Bulletin* 54, 255-266.

Petroff, O., Errante, L., Rothman, D., Kim, J. and D. Spencer. 2002. Glutaminate-glutamine Cycling in the Epileptic Human Hippocampus. *Epilepsia* 43, 703-710. Wiley.

Pettito, L. 2005. How Brain Begets Language: On the Neural Tissue Underlying Human Language Acquisition. In McGilvray, J. (ed). *The Cambridge Companion to Chomsky*, 84-101. Cambridge: Cambridge University Press.

Phillips, C., Kazanina, N. and S. Abada. 2005. ERP Effects of the Processing of Syntactic Long distance Dependencies. Ms. University of Maryland, College Park.

Piantadosi, S., Stearns, L., Everett, D. and E. Gibson. 2007. A Corpus Analysis of Piraha Grammar: an investigation of recursion. Ms. MIT.

Piattelli-Palmarini, M. and J. Uriagereka, 2002. The Immune Syntax: the evolution of the language virus. Ms. University of Arizona.

Piattelli-Palmarini, M. and J. Uriagereka. 2005. The Evolution of the Narrow Faculty of Language. *Lingue e Linguaggio,* 1-52.

Pinker, S. 1994. *The Language Instinc*t. New York: Morrow.

Pinker, S. 2003. *The Blank Slate.* New York: Penguin.

Pinker, S. and P. Bloom. 1990. Natural Language and Natural Selection.

Behavioral and Brain Sciences 13, 707-784.

Pinker, S. and R. Jackendoff. 2005. The Faculty of Language: What's Special About It? *Cognition* 17, 1-36.

Pesetsky, D. 1997. Some Optimality Principles of Sentence Pronunciation. In Barbosa, P., Fox, D., Hagstrom, P., McGinnis, M. and D. Pesetsky (eds.). *Is the Best Good Enough?* 337-385, MIT Press.

Pritchett, B. 1988. Garden Path Phenomena and the Grammatical Basis of Language Processing. *Language* 64, 539-576.

Rabaglia, C. and T. Salthouse. 2011. Natural and Constrained Language Production as a Function of Age and Cognition. *Language and Cognitive Processes* 26, 1505-1531.

Radford, A. 2004. *English Syntax: An Introduction.* Cambridge: Cambridge University Press.

Ramon y Cajal, S. 1955. *Histologie du Systeme Nerveux.* Madrid: Consejo Superior de Investigationes Cientificas, Instituto Ramon y Cajal.

Rayner, K., Carson, M. and L. Frazier. 1983. The Interacton of Syntax and Semantics during Sentence Processing: Eye Movements in the Analysis of Semantically Biased Sentences. *Journal of Verbal Learning and Verbal Behavior* 22, 358-374.

Reinhart, T. 1983. *Anaphora and Semantic Interpretation.* The University of Chicago Press.

Ross. J. 1967. *Constraints on Variables in Syntax.* Ph.D. Dissertation, MIT.

Saffran, J. 2003. Statistical Language Learning: Mechanisms and Constraints. *Current Directions in Psychological Sciences* 12, 110-114.

Saito, S. 1985. *Some Asymmetries in Japanese and their Implications.* Ph.D. Dissertation. MIT.

Saito, S. and H. Hoji. 1983. Weak Crossover and Move alpha in Japanese. *Natural Language and Linguistic Theory* 1, 245-259.

Schlonsky, U. 1992. Resumptive Pronouns as a Last Resort. *Linguistic Inquiry* 23, 443-468.

Schütze, C. and E. Gibson. 1999. Argumenthood and English Prepositional Phrase Attachment. *Journal of Memory and Language* 40, 409-431.

Seidenberg, M. 1994. Language and Connectionism: The Developing Interface. *Cognition* 50, 385-401.

Shlonsky, U. 1992. Resumptive Pronouns as a Last Resort. *Linguistic Inquiry* 23, 443-468.

Smith, C. and R. Wheeldon. 2004. Horizontal Information Flow in Spoken Sentence Production. *Journal of Experimental Psychology: Learning Memory and Cognition* 30, 675-686.

Smith, N. 2004. *Chomsky: Ideas and Ideals. Cambridge.* Cambridge University Press.

Solomon, E. and N. Pearlmutter. 2004. Semantic Integration and Syntactic Planning in Language Production. *Cognitive Psychology* 49, 1-46.

Song J., Birn, R., Boly, M., Meier, T., Nair, V., Meyerand, M. and V Prabhakaran. 2014. Age-related Reorganizational Changes in Modularity and Functional Connectivity of Human Brain Networks. *Brain* 1-74.

Taraldsen, K. 1995. On Agreement and Nominative Objects in Icelandic. In Hubert, H., Olsen, S. and S. Vikner (eds). *Studies in Comparative Germanic Syntax,* 307-327. Dordrecht: Kluwer.

Thornton, T., MacDonald, M. and J. Arnold. 2000. The Concomitant Effects of Phrase Length and Informational Content in Sentence Comprehension. *Journal of Psycholinguistic Research* 2, 195-203.

Tomioka, S. to appear. Topic/Focus Structure and Two Existential Readings in Japanese. *Proceedings of West Coast Conference on Formal Liguistics.*

Tomlin, R. 1984. The Frequency of Basic Constituent Orders. *Papers in Linguistics* 17, 163-196.

Travis, L. 1984. *Parameters and the Effects of Word Order Variation.* Ph.D. Dissertation, MIT.

Traxler, M. and M. Pickering. 1996. Plausibility and the Processing of Unbounded Dependencies: An Eye-tracking Study. *Journal of Memory and Language* 35, 454-475.

Traxler, M., Morris, R. and R. Seely. 2002. Processing Subject and Object Relative Clauses: Evidence from Eye Movement. *Journal of Memory and*

Language 47, 69-90.

Trueswell, J., Tanenhaus, M. and K. Christopher. 1993. Verb-Specific Constraints in Sentence Processing. *Journal of Experimental Psychology* 19, 528-553.

Uriagereka, J. 1998. *Rhyme and Reason: An Introduction to Minimalist Syntax.* MIT Press.

Uriagereka, J. 1999. *Multiple Spell-Out, Working Minimalism.* Cambridge: MIT Press.

Waddington, C. 1957. *The Strategy of the Genes.* Geo Allen and Unwin.

Warren, W., Clayton, D. and H. Ellengren. 2010. The Genome of a Songbird. *Nature* 464, 757-762.

Wasow, T. 1997. Remarks on Grammatical Weight. *Language Variation and Change* 9, 81-105.

Watanabe, A. 1993. *AGR-Based Case Theory and its Interaction with the A-bar System.* Ph.D. Dissertation, MIT.

Waugh, N. and D. Norman. 1965. Primary Memory. *Psychological Review* 72, 89-104.

Webelhuth, G. 1989. *Syntactic Saturation Phenomena and the Modern Germanic Languages,* Ph.D. Dissertation, University of Massachusetts, Amherst.

Webelhuth, G. 1993. A Necessary Condition for the Postulation of Functional Heads. Talk given at the colloquium of the Department of Linguistics, the University of Wisconsin-Madison.

Wechsle, J. 1987. Manual for the Wechsler Adult Intelligence Scale. *The Psychological Corporation,* 309-319. Thousand Oaks, CA: Sage Publications. Inc.

Wells, J., Christiansen, M., Race, D., Acheson, D. and M. MacDonald. 2009. Experience and Sentence Processing: Statistical Learning and Relative Clause Comprehension. *Cognitive Psychology* 58, 250-271.

Wernicke, C. 1874. *Der Aphasische Symptomencomplex.* Breslau: Cohn and Weigert.

Wilder, C. 1997. Some Properties of Ellipsis in Coordination. *Studies on Universal Grammar and Typological Variation.* Artemis A. and A. Hall (eds). John Benjamins, 59-107.

William, E. 1978. Across-the-board Rule Application. *Linguistic Inquiry* 9, 31-43.

Wolfgang, E., Simon, P., Cecoloa, L., Victor, W., Takashi, K., Anthony, M. and P. Svante. 2002. Molecular Evolution of FOXP2, a Gene Involved in Speech and Language. *www.nature.com/nature vol418/22August2002.*

Wright, P., Randall, B., Marslen-Wilson, W. and L. Tyler. 2012. Dissociating Linguistic and Task-related Activity in the Left Interior Frontal Gyrus. *Journal of Cognitive Neuroscience* 23, 403-411.

Yafei, L,. Lin, V. and R. Wakai. in progress. Neurobiological Correlates of Relativized Minimality Effects. The University of Wisconsin-Madison.

Yafei, L. 1996. An Optimized UG and Biological Redundancies. *Linguistic Inquiry* 32, 617-629.

Yang, C. 2002. *Knowledge and Learning in Natural Language.* Oxford: Oxford University Press.

Yang, D. 1994. *The Theory of Grammar.* Hankook Mwunwhoa Press.

Yoon, S. 1997. Scrambling as THEME-feature Driven Movement. *Proceedings of Seoul International Conference on Linguistics* 4, 310-325.

Zanuttini, R. 1997. *Negation and Clausal Structure: A Comparative Study of Romance Languages.* Oxford University Press.

Zec, D. and S. Inkelas. 1990. *The Phonology-Syntax Connection.* The University of Chicago Press.

Zurif, B. 1995. Brain Regions of Relevance to Syntactic Processing. In L. Gleitman and M. Lieberman (eds.), *An Invitation to Cognitive Science*, 2nd edition. MIT Press.

박순혁

University of Wisconsin, Madison 언어학(심리학) 박사
부경대학교 교수

저서 및 논문
A Note on Passives in Kristang 2018
Wh-Questions in Singapore English Revisited 2018
절대적 보편성과 최소주의 2018
수동문의 범언어적 통사 및 의미 특성에 대한 다학문적 접근 2018
English Middles Revisited 2017
Linearization Strategies in Korean Language Production 2017
영어 전치사 of에대한 재고찰 2017
Grammar in Context 2016
Modern English Grammar I, II 2016
Information and Processing: a psycholinguistic approach 2016
Effects of Semantic Integration on Production in Korean 2016
인지노화와 언어 2015
Noun Accessibility and Semantic Planning among Age Groups: a PDC Account 2015
A Semantic Constraint on Syntactic Choices among Age Groups 2015
The Effects of Neurochemical Changes on Language Development 2015

해양 언어의
다 양 성 과
보 편 성

초판인쇄 2018년 3월 5일
초판발행 2018년 3월 5일

지은이 박순혁
펴낸이 채종준
펴낸곳 한국학술정보㈜
주소 경기도 파주시 회동길 230(문발동)
전화 031) 908-3181(대표)
팩스 031) 908-3189
홈페이지 http://ebook.kstudy.com
전자우편 출판사업부 publish@kstudy.com
등록 제일산-115호(2000. 6. 19)

ISBN 978-89-268-8346-4 93790